Evolution, Integration And Development Of
Dispute Resolution Mechanisms For
International Trade And Investment

# 国际贸易与投资争议解决机制

## 演进、融合与发展

王军杰　著

法律出版社
LAW PRESS · CHINA
北京

**图书在版编目（CIP）数据**

国际贸易与投资争议解决机制：演进、融合与发展 / 王军杰著. -- 北京：法律出版社，2025. -- ISBN 978 -7 -5197 -9285 -5

Ⅰ. D996.4

中国国家版本馆 CIP 数据核字第 20246DM623 号

**国际贸易与投资争议解决机制：演进、融合与发展**
**GUOJI MAOYI YU TOUZI ZHENGYI JIEJUE JIZHI：YANJIN、RONGHE YU FAZHAN**

王军杰　著

策划编辑 沈小英
责任编辑 毛镜澄
装帧设计 鲍龙卉

**出版发行** 法律出版社
**编辑统筹** 法治与经济出版分社
**责任校对** 杨锦华　裴　黎
**责任印制** 吕亚莉
**经　　销** 新华书店

**开本** A5
**印张** 10.375　　**字数** 313 千
**版本** 2025 年 2 月第 1 版
**印次** 2025 年 2 月第 1 次印刷
**印刷** 固安华明印业有限公司

地址：北京市丰台区莲花池西里 7 号（100073）
网址：www.lawpress.com.cn
投稿邮箱：info@lawpress.com.cn
举报盗版邮箱：jbwq@lawpress.com.cn

销售电话：010 - 83938349
客服电话：010 - 83938350
咨询电话：010 - 63939796



**书号**：ISBN 978 - 7 - 5197 - 9285 - 5　　**定价**：88.00 元

凡购买本社图书，如有印装错误，我社负责退换。电话：010 - 83938349

# 序　言

推进国际关系和国际治理的法治化，自上而下地建构“以规则为基础”的国际法治秩序，实现从“丛林”到“契约”法治治理与文明转型，是人类历经无数次战争浩劫、杀戮牺牲后的“无奈与顿悟”，是国际社会的千年探索与百年共识，亦是国际法学人及国际法律共同体长期以来的“光荣与梦想”。

而国际争端解决机制是实现国际法治的最重要途径之一，是迈向国际法治进程中的标志性领域，因为它为国际条约的效力与实施装上了“牙齿”，是国际法治秩序中的“硬法”范式，是以规则为驱动的程序正义与实体正义的优雅呈现，更是各国权利义务关系的妥协平衡与结构性协同。

在追求国际法治的应然理想、迈向国际法治的征程中，国际纠纷解决的理论探索和实践创新，从规则移植和制度互鉴的视角，历经了从商事仲裁到世界贸易组织（World Trade Organization，WTO），再到国际投资争端解决中心（The International Center for Settlement of Investment Dispute，ICSID）的演进融合、调适与发展。发端于国内商事仲裁的国际商事仲裁机制是现代国际争端解决的缘起和基础，无论是案件受理、仲裁庭组成、仲裁规则，还是仲裁时限、仲裁形式和裁决监督，抑或是去司法化和常设机构等价值理念，WTO 与 ICSID 争议解决程序中处处隐含了国际商事仲裁的影子，并在后续融合发展中呈现“反之亦然”的趋势与脉络。

商事仲裁原本是解决平等主体之间纠纷的国内法制度，相较调解和法院诉讼具有独特的制度优势，如充分的意思自治、一裁终局、保密性强、灵活高效等。因此，20 世纪以来，国内仲裁的国际化蓬勃发展，通过仲裁解决国际商事争议获得各国法律的普遍认可。国际商事仲裁可以有效规避法院诉讼的属地保护，尤其是 1958 年《纽约公约》确立了成员承认与执行域外仲裁裁决的法定义务，由此推动国际商事仲裁成为最受欢迎的纠纷解决途径。尽管国际商事仲裁受理的是跨境平等主体之间的商事纠纷，但其独特的制度优势和程序规则不断地被其他争端解决机制所移植和借鉴，如 WTO、ICSID 等。

作为全球首个成功运行的多边贸易组织，WTO 与国际货币基金组织（International Monetary Fund，IMF）、世界银行（World Bank，以下简称世行）被誉为世界经济的“三驾马车”，其争端解决机制（DSU）更被誉为 WTO“皇冠上的一颗明珠”，是多边贸易机制的支柱。每个成员加入 WTO，《DSU 协定》是必须接受的“一揽子”协定之一，如此即实现了对所有成员关于 WTO 经贸规则违反争议的强制性管辖，非成员纠纷除外，该机制具有统一性、效率性和强制性的突出特征。从传统国际商事仲裁程序的自愿选择，到 WTO 争端解决机制对其成员的“硬”管辖，是国际争端解决演进中的重大变革，尤其是其上诉机制是国际法治的一次创举。WTO 成功运行的 20 余年极大地促进了国际经贸纠纷的公平解决和经济全球化的飞速发展，尽管由于美国的阻挠上诉机构已于 2019 年停摆，但专家组报告中一段段严密自洽的法律论证和精彩绝伦的法治思辨，犹如播撒在法治夜空里的璀璨繁星，熠熠生辉、光彩夺目。但是 WTO 争端解决机制除程序上天然的缺陷外，只解决公法人即成员之间的经贸纠纷。换言之，如果一个成员违反 WTO 规则，如国民待遇和最惠国待遇原则，受害者可能是其他成员的出口企业，但该企业无法直接诉诸 WTO 的争端解决机制，只能通过本国政府向 DSB 针对另一成员提起诉讼请求。简言之，私法人并未成为 WTO 争端解决机制的适格当事人，WTO 争端解决程序仅实现了对公法人（成员）之间的有效管辖。ICSID 在此方面进行了更大胆的改革与尝试，推动实现了国际争端解决机制对私法人当事人的有限管辖，即ISDS机制。

作为全球首个解决“投资者—国家”争议的专门性投资仲裁机构，ICSID虽然比WTO成立早，但切实发挥作用却是在20世纪90年代以后，前期的案件数量较少。尽管各国有权选择不加入《解决国家与他国国民间投资争端公约》(以下简称《ICSID公约》)，或者选择加入后对其管辖有权进行保留，但ICSID投资仲裁机制首次实现了“民告官”的国际化、机制化与法治化，从案件管辖权判定到裁决的撤销及执行，ICSID是一个自成体系的闭环式自足机制，堪称国际投资争端解决机制的典范，这是国际法治进程的又一标志性创举。60多年来，ICSID推动了国际投资法的发展，改善了东道国投资营商环境，促进了国际投资的自由化流动。但任何机制都难称完美，ICSID也不例外。上诉机构缺失、透明度缺失、矛盾裁决不断、仲裁员中立等问题始终困扰ICSID的发展，甚至一度引发国际社会的信任危机。由此触发了ICSID新一轮的改革进程，本书对主要成员的改革立场，如是否设立上诉机制、如何设立上诉机制、上诉审查的范围及模式选择、又该如何鉴戒WTO上诉机制的经验和教训等关键问题，进行了比较分析和深入论证。联合国国际贸易法委员会(United Nations Commission on International Trade Law，UNCITRAL)须努力协调各方分歧，追寻利益平衡、规则均衡的最大公约数，持续推动ICSID争议解决机制的规则完善与制度优化。

寻此论证可以发现，国际争议解决机制的演进与发展呈现4个规律：一则国际化，即内国商事仲裁制度的国际化发展，这也是整个国际争议解决制度演进、融合与发展的基石，无论是WTO和ICSID，还是世行争议解决制度，均承袭了商事仲裁的血脉和基因。二则条约化，以自愿签署生效的条约作为争议解决框架以及机构设立的法律依据，条约是其正常运行的合法性基础，也赋予了争端解决机构独立的国际法人资格。三则机构化，争端解决机制通常以常设机构为依托，如秘书处、办公室、理事会等，成为其法治化运行以及各成员展开磋商的依托和平台。四则融合化，传统商事仲裁、WTO 争议解决和 ICSID 投资仲裁在规则制度塑成方面，呈现相互移植、相互渗透、相辅相成的演化发展路径。传统商事仲裁制度对 WTO 初审专家组程序具有较大的启示，ICSID 改革中的上诉程序亦在鉴戒 WTO 上诉机构的经验和教训。以商事仲裁、WTO 争议解决和投资仲裁为代表的国际多元化争议解决框架的每次改革与优化，就各自领域而言可能是一小步，却是国际法治与国际治理征程中的一大步。

在国际争端解决中，国际金融机构的争端解决机制长期以来是一个独立而又个性化的存在，尤其是成员关于协定条款的纠纷争议，无论是世行，还是亚洲基础设施投资银行（以下简称亚投行）和亚洲开发银行(以下简称亚开行)，为国际争议解决机制的创新与发展提供了“另类式”的实证范例。为此，本书以国际金融机构亚投行争端解决机制为起点，通过对亚投行和世行、ICSID 及 WTO 争端解决机制的比较论证，试图探究不同争议解决机制内在的演进路径及逻辑关系，以及制度规则之间的互鉴与影响、治理框架的融合与调适，进而证成多元化的国际争议解决范式对实现国际法治的重大意义。

行笔至此，落笔为终，是终点亦是起点。国际争议的多元化解决范式与国际法治的内在逻辑关系的研究与证成，依然在路上，大胆假设、小心求证，成功不必在我，而功力必不唐捐。国际法治是所有国际法学人的“光荣与梦想”，学术研究犹如在沙滩拾贝，偶尔为发现一枚漂亮的贝壳而欢欣鼓舞。但抬头望去，面前是未知的真理之海，不求成大器而利天下，以期无愧于心，尽情享受思维顿悟带来的片刻欢愉。

天府　成都

2024 年 5 月 19 日

目录

# 绪　论

WTO 和 ICSID 的成功实践表明，科学、独立的争端解决机制是推进经济一体化和多边金融机构成功运行的司法保障。一方面，争端解决机制为机构化解矛盾纠纷提供了一个超越国家属地管辖的新途径，进而保障了机构稳定、透明、可预期的良好运行；另一方面，独立的争端解决机制还可以避免矛盾升级和争端的政治化，促进纠纷的法治化解决。亚投行是我国牵头设立的首个政府间多边金融机构，也是“一带一路”倡议发展的重要金融支撑，完善的解纷机制不但可以提升自身的治理能力，而且可以助力其规范、良好地运营，进而赢得成员认同，提升国际声誉。为此，需要对亚投行现有的争端解决机制进行深入研究，并为其后续改革探明路径和方向。

## 一、研究背景及意义

### （一）研究背景

21 世纪以降，缘于世界经济发展的严重不均衡，WTO 多边主义趋于停滞，全球化呈现区域化、阵营化趋势。2010 年中国 GDP 超过日本，一跃成为世界上第二大经济体、第一大贸易国。美国由于制造业空心化，产业工人实际收入不升反降，贫富差距进一步拉大，民粹主义和保护主义抬头。对内，奥巴马提出“再工业化”战略，[1] 旨在降低制造业生产成本，增强国际竞争力，提振实体经济，创造更多就业岗位。为此，奥巴马抛弃多边，转向诸边，通过 TPP[2]、TTIP[3]和

〔1〕美国2008年金融危机的根源始于20世纪80年代的“去工业化”，该政策造成美国产业“空心化”，制造业大转移，失业率攀升，出现多个“铁锈地带”。为此，奥巴马明确将“再工业化”作为美国复兴战略的核心内容。2009～2012年，美国政府采取了一系列措施和法案，其先后推出了《美国制造业振兴法案》（United State Manufacturing Enhancement Act）、《清洁能源与安全法案》（The American Clean Energy and Security Act）、《“先进制造业伙伴”计划》（Advanced Manufacturing Partnership Plan）和《先进制造业国家战略计划》（National Strategic Plan for Advanced Manufacturing Industry）等系列法案和政策，同时对海外生产迁返回国的公司予以税收优惠刺激，对没有迁返回国的公司征收惩罚性税收等，旨在帮助制造业降低生产成本，增强国际竞争力，提振实体制造业，创造更多就业岗位。后来，无论是特朗普政府还是拜登政府都延续了奥巴马时期开始的制造业回归政策。

〔2〕《跨太平洋伙伴关系协议》（Trans-Pacific Partnership Agreement，TPP）。其前身是《跨太平洋战略经济伙伴关系协定》（Trans-Pacific Strategic Economic Partnership Agreement），成员只有新西兰、智利、文莱和新加坡。2008年美国加入并开始组织重新谈判，谈判过程中先后有澳大利亚、秘鲁、马来西亚、越南、墨西哥、加拿大和日本加入谈判。这12个国家GDP占世界经济比重约40%。2015年10月5日，美国、日本、澳大利亚等12个国家结束《跨太平洋战略经济伙伴关系协定》（TPP）谈判，达成TPP贸易协定。2017年1月23日，特朗普正式宣布美国退出TPP。2017年11月11日，日本和越南共同宣布除美国外的11国将继续推进TPP，并更名为《全面与进步跨太平洋伙伴关系协定》（Comprehensive and Progressive Agreement for Trans-Pacific Partnership，CPTPP）。2018年3月8日，除美国外的11国代表在智利首都圣地亚哥举行协定签字仪式。2018年12月30日，《全面与进步跨太平洋伙伴关系协定》正式生效。

〔3〕《跨大西洋贸易与投资伙伴协议》（Transatlantic Trade and Investment Partnership，TTIP）。2013年7月12日，美国与欧盟在华盛顿展开TTIP首轮谈判，已进行8轮谈判，2016年停滞，至今未果。欧美两大经济体占全球经济总量一半、全球贸易额1/3。如果欧美达成协议，将会建起世界最大的自贸区，涉及全球40%的经济产出和50%的贸易活动。

TISA[4]（以下简称3T）把日本、欧盟、加拿大、澳大利亚等主要经济体团结在一起。尽管2017年特朗普上台后抛弃了3T，直接采取背离了WTO多边自由贸易的对抗措施，单边提高对华商品的关税。2021年拜登上台后，延续了奥巴马时期的政策，重拾多边主义（重返世界卫生组织、巴黎气候协定等），进一步强化与西方伙伴盟友之间的经济、军事与政治协同关系，全面孤立、抵制中国，中美关系将迎来有限合作、全面竞争的新时代。

在此背景下，我国牵头倡议设立了专门性投资金融机构，来改善提升"一带一路"沿线基础设施状况。经过长期酝酿，多轮磋商谈判，2015年，57个意向创始成员成功签署《亚洲基础设施投资银行协定》（以下简称《亚投行协定》）。2016年1月，亚投行在北京正式成立。全球迎来了首个中国倡议设立的多边金融发展机构。截至2021年3月底，其正式成员增加到了103个经济体。[5] 亚投行的成立有利于缓解亚洲经济体面临的融资"瓶颈"，通过贷款支持亚洲基础设施建设，推动区域互联互通和一体化；有助于推进亚洲经济增长和社会发展，进而为全球经济发展提供新动力。同时，亚投行的成立将有助于与现有多边开发银行形成互补，推进亚洲经济实现持续稳定增长：一则可以推动IMF和世行创新改革；二则可以补充当前亚开行等区域金融机构在亚太地区的投融资与国际援助职能。

---

[4] 《国际服务贸易协定》（Trade in Service Agreement，TISA）。与货物贸易相较，采取正面清单开放承诺的《服务贸易总协定》（GATS）协议项下的服务贸易自由化水平偏低，在2000年WTO首轮多边谈判（多哈回合）中服务贸易成为重要协商议题之一，但由于多种矛盾，本轮谈判经历了多次停滞、多次重启，最后未能达成任何实体性新协议。在WTO多边谈判受阻的情况下，2013年美国为首的发达成员另起炉灶，启动TISA谈判，企图推动服务贸易自由化的小圈子，由于种种分歧，至今未果。

[5] 载亚投行网，https：//www.aiib.org/en/about-aiib/governance/members-of-bank/index.html#regional，最后访问日期：2021年3月30日。

## （二）研究意义

国际经贸关系相互嵌入的越深入，对国际治理水平的要求就越高。当前，无论是双边经贸安排（EPT〔6〕、CETA〔7〕），还是多边国际协定（USMCA〔8〕）；无论是经贸类国际组织（WTO），还是金融类国际机构（世行、ADB），科学、高效、多元的解纷机制是其成功运行的重要的司法保障。因此，完善亚投行争端解决机制具有重要的现实意义。首先，可以为各成员、亚投行及其他相关主体提供更明确的法律预期。无论是想要加入亚投行和已经加入亚投行的成员，还是亚投行的业务当事人，完善的争端解决机制不仅可以解决纠纷、预判纠纷结果，也是避免纠纷的最佳途径。其次，促进纠纷解决的法律化，提升亚投行的治理能力。政府间国际组织及其相关争端发生后，有两种途径可以借助：一是政治

---

〔6〕《欧日经济伙伴关系协定》（Economic Partnership Agreement Between Euroup and Jepan，EPT），于2019年2月1日生效。根据协定，日方对农林水产品等94%的商品，欧盟对99%的商品实施零关税。此外，投资、服务以及政府采购等广泛领域的贸易规则也将进一步自由化。日本政府估算协定生效后，贸易和投资将趋于扩大，日本的实际国内生产总值每年增加约5万亿日元，还将增加约29万人的就业岗位。该协定确立了完善的磋商机制和国际投资法庭机制，这将为其后续实施提供司法保障。参见漆彤、窦云蔚：《日欧经济伙伴关系协定：国际贸易投资规则新发展》，载《区域与全球发展》2018年第3期。

〔7〕《欧加全面经济与贸易协定》（Comprehensive Economic and Trade Agreement，CETA），2017年9月21日生效。该协定针对争端解决机制的改革代表了投资者—国家争端解决（ISDS）发展的最新动向，诸如，把磋商作为启动仲裁的强制前置性程序以限制投资者对ISDS机制的滥用；弥补并澄清了《ICSID公约》对投资、投资待遇、征收标准等问题规定不明的疏漏；完善了仲裁员遴选和撤换制度，进一步强化了对仲裁员的监督；明确公开涉及公共利益的信息、支持法庭之友的参与，以增强仲裁的透明度；设立Institutional Body常设机构，暂时履行部分“上诉机构”职能，以确保裁决的一致性。

〔8〕《美墨加协议》（The United States-Mexico-Canada Agreement，USMCA），该协议是《北美自由贸易协定》（North American Free Trade Agreement，NAFTA）的升级版，于2020年1月29日生效。该协定对投资争端解决，尤其是ISDS类型的投资争端，进行了更灵活的安排，即美墨之间继承了ISDS国际仲裁途径，而美加之间则放弃了ISDS国际仲裁，这为协定的适用性提供了更大的便利。

化途径，主要是外交斡旋、协商、谈判等；二是法律化途径，把所涉的争端司法化，用法律途径解决纠纷。法律途径的优势是可以避免争端的升级，通过看得见的、可预期的程序和规则，有节有序地化解纠纷。最后，治理过程的法治化也有助于提升亚投行的公信力。截至 2024 年 7 月底，亚投行已经拥有 109 个成员，其中有“一带一路”沿线的不发达国家及中等收入国家，还有英国、德国、加拿大等域外发达国家，这些国家的法治化理念已经深入人心，法治化已成为国家治理的最重要途径。亚投行治理模式的法治化有助于在成员之间凝聚更大、更广泛的共识，为成员之间的高效合作，亚投行的快速发展，奠定坚实的法治基础。

## 二、国内外研究现状

国际金融机构的建设与治理（世行、IMF），主要是由加入了经济合作与发展组织的国家（OECD）国家在主导，因此西方学者对多边金融机构的研究较早，包括对国际金融机构的业务模式、内部治理、争端解决机制等方面的研究成果较丰富。伴随我国在全球化进程中渐趋由“边缘”向“中心”靠拢，国际金融机构的运行与治理也成为我国政府和学者必须面对和研究的课题，于是 21 世纪以降，我国学者对多边国际金融机构的研究开始繁盛。

### （一）国外研究现状

全面梳理、分析国外学者关于国际金融机构的研究成果，可以发现其主要著述大致可以分为以下 3 类：

第一类，是从国际多边金融机构运行与治理的视角，重点针对股权架构、管理模式、会议制度等方面进行探究。其代表性成果主要有：戴维叙·卡普尔（Devesh Kapur），约翰·P. 刘易斯（John P. Lewis）和理查德·韦伯（Richard Webb）3 人合著的 *The World Bank：In First Half*

*Century*,[9] 对世行前50年的经验与贡献进行了深入研判，客观评价了世行的贡献与不足，并提出了世行治理机构的改革建议。史蒂文斯（Stevens）则全面阐述了世行的治理机制和运行模式，充分肯定了世行的股权架构、会议制度和发展目标，并对世行治理模式的完善阐明了自己的主张。迈克尔·戈德曼（Michael Goldman）[10] 从国家主权让渡的视角，全面追溯了世行的权力来源。亚伯拉罕·F. 希哈塔（Ibrahim F. Shihata）从检查监督的角度进行了研究（*The World Bank Inspection Panel*[11]），充分论述了内部监督对世行运行的促进。史蒂文·布莱克（Stephen Black）重点从成员的资本与股权结构论述了治理权的分配与使用（*The Capital Structure of the Multiple Development Bank*[12]）。比特·W. H.（Buiter W. H.）等用比较的方法阐释了多边金融机构的功能与价值目标,[13] 并指出了国际金融机构价值目标的多元化趋向。黑德·J.（Head J.）针对多边金融机构对待不同经济体差异化的贷款标准和政策进行了批判，并重申了对发展经济体，尤其是最不发达经济体的支持政策。[14] 汉弗莱·C.（Humphrey C.）也对多边银行的贷款政策进行了批判（*The Politics of Loan Pricing in Multilateral Development Banks*[15]），尤其是贷款定价、担保规则在促进发展中经济体规范化监管的同时，也

---

〔9〕 Devesh Kapur, John P. Lewis & Richard Webb, *The World Bank: In First Half Century*, Brookings Institution, 1997, p. 215.

〔10〕 Michael Goldman, *Tracing the Roots of World Bank Power*, International Journal of Sociology and Social Policy, Vol. 25: 1, p. 10 – 29 (2005).

〔11〕 Ibrahim F. Shihata, *The World Bank Inspection Panel*, Oxford U. Press, 1994.

〔12〕 Stephen Black, *The Capital Structure of the Multiple Development Bank*, Oxford University Press, 2003, p. 321.

〔13〕 Buiter W. H. & Fries S. M., *What Should the Multilateral Development Banks Do?*, European Bank for Reconstruction and Development, 2002, p. 125 – 127.

〔14〕 Head J., *For Richer or for Poorer: Assessing the Criticisms Directed at the Multilateral Development Banks*, University of Kansas Law Review, Vol. 52: 3 (2004).

〔15〕 Humphrey C., *The Politics of Loan Pricing in Multilateral Development Banks*, Review of International Political Economy, Vol. 21: 3, p. 611 – 639 (2014).

给其带来了财政负担，对监管能力也提出了更高的要求。Evelyn C. 从世行对全球经济均衡发展、内部治理与价值目标之间的关系以及可能的改革方向进行了深入研究（*International Bank for Reconstrction and Development*[16]）。米歇尔·米尔·亚当斯（Michelle Mille-Adams)[17]、伊丽莎白·P. 麦克莱兰（Elisabeth P. Mclellan)[18]、平卡斯（Pincus）和温特（Winters)[19] 则重点研究了世行机制存在的主要问题以及未来可能的改革建议。绪塔（Ogata）以多边银行领导权力的转变为视角，对其治理能力的变迁进行了系统梳理，并提出了改进完善建议（*Shifting Power Relations in Multilateral Development Banks*[20]）。拉普金斯（Aapkin）和斯特兰德（Strand）在 *US-Japan Leadership Sharing in the IMF and World Bank*[21]一文中重点分析了美日对多边国际金融机构的影响力，并提出了其他成员积极参与的路径和建议。

相较而言，西方学者针对亚投行的研究成果较少，比较有代表性的如下：厦杜拉姆·M.（Syadullah M.）对亚投行的未来持有积极态度，并对运行与治理提出了可行性建议（*Prospects of Asian Infrastructure Investment Bank*[22]）。苏巴特·P.（Subacchi P.）的研究代表了部分西方国家对亚投行的偏见（*The AIIB is a Threat to Global Economic*

[16] Evelyn C., *International Bank for Reconstrction and Development*, South African Journal of Economics, Vol. 12 (2012).

[17] Michelle Mille-Adams, *The World Bank: New Agendas in a Changing World*, Routledge, 1999, p. 348.

[18] Elisabeth P. Mclellan, *The World Bank: Overview and Current Issues*, Nova Science Publishers Inc, 2003, p. 168.

[19] Pincus & Winters, *Reinventing the World Bank*, Cornell Univ Press, 2002, p. 84.

[20] Ogata, *Shifting Power Relations in Multilateral Development Banks*, Journal of International Studies, Vol. 13, p. 82 (1999).

[21] Apkin & Strand, *US-Japan Leadership Sharing in the IMF and World Bank*, Paper Presented at the IS Conference, 1996, p. 114.

[22] Syadullah M., *Prospects of Asian Infrastructure Investment Bank*, Journal of Social and Development Sciences, Vol. 5: 3, p. 155－167 (2016).

*Governance*[23]），实践中良好运行的亚投行打破了其西方部分学者的固有偏见。任翔·R.（Rens R.）充分肯定了我国对亚投行的发起和领导作用，同时提出了我国在亚投行运行中可能面临的挑战（*China as an Institution Builder*：*The Case of the AIIB*[24]）。纳尔逊·R. M.（Nelson R. M.）结合亚投行的章程，从比较法视角，对亚投行的内部会议、治理制度进行了全面考察（*Multilateral Development Banks*：*Overview and Issues for Congress*[25]）。赖森·H.（Reisen H.）把亚投行与现有多边金融机构进行了全面比较，认为尽管在义务领域和覆盖区域上存在激烈竞争，但依然有彼此借鉴、合作的机会（*Will the AIIB and the NDB Help Reform Multilateral Development Banking*？[26]）。我国学者万志红和李言[27]用横向比较的研究方法，对亚投行与多边金融机构的可持续发展进行了深入探讨，总结梳理了值得亚投行汲取的经验与做法。

第二类，是专门围绕国际金融机构争端解决机制而展开的研究。与第一类研究成果相较，此方面的研究成果明显偏少。较具代表性的著述有：韦弗·C. 的世行争端的解决与改革，[28] 对世行的内部争端解决机制进行了全面阐述，并对其改革完善提出了可行性建议。帕拉·R.（Parrar R.）从与ICSID相兼容的视角，对多边金融机构投资纠纷解决机

---

〔23〕 Subacchi P., *The AIIB is a Threat to Global Economic Governance*, Foreign Policy, Vol. 3, p. 149 – 151 (2015).

〔24〕 Rens R., *China as an Institution Builder*: *The Case of the AIIB*, Pacific Review, Vol. 29: 3, p. 435 – 442 (2016).

〔25〕 Nelson R. M., *Multilateral Development Banks*: *Overview and Issues for Congress*, Congressional Research Service, 2016, p. 62.

〔26〕 Reisen H., *Will the AIIB and the NDB Help Reform Multilateral Development Banking*?, Global Policy, Vol. 6: 3, p. 297 – 304 (2015).

〔27〕 Wan Zhihong & Li Yan, *The Study on Sustainable Development of AIIB*: *Conparative Analysis of Multilateral Development Banks*, Asia Pacific Econonics Review, 2015, p. 231.

〔28〕 Weaver C., *The Disputs Settlement and Reform of World Bank*, Princeton University Press, 2008, p. 172.

制进行了深入探讨，并就多边银行如何充分利用、借鉴 ICSID 成熟机制提出了具体建议。[29] 根茨 · D. A. （Gantz D. A.）专门对投资者—国家争端解决（ISDS）类型的国际投资争议的上诉监督机制进行了研究。[30] 帕西维尔塔 · E. J. （Paasivirta E. J.）对国家在国际投资争端解决中的角色与定位进行了深入研判，并提出了国家的双重身份的观点。[31] 奈瑞伍茨（Ngaire Woods）和阿梅丽塔 · 纳利卡（Amrita Narlikar）在 *The WTO, the IMF and the World Bank*[32]一文中，通过对世行、IMF 和 WTO 监督问责机制的比较，指出了多边机构存在的主要问题，并给出了以争议解决为导向的规则治理建议。

第三类，是对其他国际争端解决制度的研究，诸如 WTO、ICSID 等。相较而言，此类研究成果较丰富，但“主动”与多边银行争端解决机制进行关联的成果较少。研究 WTO 争端解决机制的代表性成果有：彼德斯曼（Petersmann）对《关税及贸易总协定》（GATT）到 WTO 争端解决机制的承继进行了全面梳理，[33] 并指出了 WTO 争端解决机制可能面临的挑战。恩思特 · 尤里奇彼德斯曼（Ernst-Urich Petersmann）有两

---

〔29〕 Parrar R. , *Provisions on the Settlement of Investment Disputes on Investments ICSID Review*, Foreign Investment Law Journal, Vol. 12: 1, p. 65 (1997).

〔30〕 Gantz D. A. , *An Appellate Mechanism for Review of Arbitration Decisions in Investor-State Disputes: Prospectsand Challenges*, Vanderbill Journal of Transnational Law, Vol. 39: 1, p. 39 (2006).

〔31〕 Paasivirta E. J. , *Participation of States in International Contracts and the Arbitral Settlement of Disputes* (Ph. D. diss. , University of Cambridge, 1988), p. 347.

〔32〕 Ngaire Woods & Amrita Narlikar, *Governance and the Limits of Accountability: The WTO, the IMF and the World Bank*, International Social Science Journal, Vol. 53: 170, p. 569 - 583 (2001).

〔33〕 Petersmann, *The Dispute Settlement System of the World Trade Organization and the Evolution of the GATT Dispute Settlement System since* 1948, Common Market Law Review, Vol. 31: 6, p. 1157 - 1244 (1994).

篇文章引用率较高，一篇是 *The GATT/WTO Dispute Settlement System*,[34] 该文全面论述了从 GATT 到 WTO 争端解决机制的历史沿革及发展变化，以国际法规则为主线，重点分析了 WTO 在推动争端解决机制改革进程中的重要作用。另一篇文章则专门对 WTO 的上诉机制进行了深入剖析，指出了其制度性缺陷，在对其未来表示担忧的同时，指出了可能的改革路径。[35] N. 戴维·帕尔米特（N. David Palmeter）、佩特罗斯·C.（Petros C.）和玛沃芮迪斯（Mavroidis）[36] 3 位作者对 WTO 争端解决的程序规则与程序设计进行了全面论证，并针对具体条款的修正提出了可行性建议。乔尔·特拉赫曼（Joel P. Trachtman）[37] 以争议主体的视角，重点论述了 WTO 争端解决机构的案件管辖权。约翰·柔斯塔（John Raosta）等[38]深入剖析了 WTO 争端解决机制的缺陷，并针对审理期限、听证程序、上诉机构成员遴选等制度的改革提出了可行性建议。克兰德·巴菲尔德（Clande Barfield）[39] 从国际贸易促进和内部运行的角度，全面分析了 WTO 的未来，并对争端解决机制予以了充分肯定。大卫·帕门特（David Palmenter）、佩特罗斯·C.（Petros C.）和迈柔

---

[34] Ernst-Ulrich Petersmann, *The GATT/WTO Dispute Settlement System*, *International Law*, *International Organizations and Dispute Settlement*, Kluwer Law International, 1997, p. 301.

[35] Ernst-UrichPetersman, *How to Promote the International Rule o Laws-Contributions by the World Trade Organization Appellate Review System*, Journal of International Economic Law, Vol. 1：1, p. 25 – 48 (1998).

[36] N. David Palmeter, Petros C. & Mavroidis, *Dispute Settlement in the World Trade Organization*：*Practice and Procedure*, The Hague：Kluwer Law International, 1999.

[37] Joel P. Trachtman, *The Domain of WTO Dispute Resolution*, Harvard International Law Journal, Vol. 40：2, p. 333 – 377 (1999).

[38] John Raosta et al. , *WTO Dispute Settlement*：*The System is Flawed and Must Be Fixed*, The International Lawyer, Vol. 37：3, p. 697 – 752 (2003).

[39] Clande Barfield, *Free Trade*, *Sovereignty and Democracy*：*The Future World Trade Organization*, Washington D . C, American Enterprise of Institute, 2001, p. 146.

蒂斯（Marroidis）[40] 则从专家组在审理具体案件中的法律适用为视角，对 WTO 案件的适格法律渊源进行了充分阐释，并强调争端解决机构的权限应严格限定在解释 WTO 规则，而不是创设规则。凯文·C. 肯尼迪（Kevin C. Kennedy）[41] 从 WTO 协定与区域贸易协定相竞争的角度，深入探讨了《WTO 关于争端解决规则与程序的谅解》（以下简称《WTO 争端解决谅解》）需要改革的具体问题。

研究 ICSID 投资争议解决机制的代表性成果有：J. 保尔森（J. Paulsson）在 *ICSID's Achevement and Prospects* 一文中，对 ICSID 的主要成就及其未来发展趋向进行了深入研究[42]。阿梅拉辛格（Amerasinghe）在 *The Jurisdction of the Inteational Centre for Settlement of Investment Disputes* 一文中，对 ICSID 的管辖权条件、缺陷以及改革方向进行了全面阐释[43]。J. 保尔森（J. Paulsson）在 ICSID's Achievement and Prospects[44] 研究中，对 ICSID 在促进国际投资自由化、保护投资者方面进行了充分肯定，同时指出了在尊重东道国规制权，实现纠纷裁决过程的透明度方面，可能面临的挑战。安德鲁·F. 洛文菲尔德（Andreas F. Lowenfeld）[45] 对 ICSID 公约的缘起、转变和发展进行了全

---

[40] David Palmenter, Petros C. & Marroidis, *The WTO Legal System: Sources of Law*, American Journal of International Law, Vol. 92: 3, p. 398 – 413 (1998).

[41] Kevin C. Kennedy, *Parallel Proceedings at the WTO and under NAFTA Chapter 19: Whither the Doctrine of Exhaustion of Local Remedies in DSU Reform?*, The George Washington Journal of International Law and Economics, Vol. 39: 1, p. 47 – 87 (2007).

[42] J. Paulsson, *ICSID's Achevement and Prospects*, ICSID Review, Vol. 6: 2, p. 380 – 389 (1991).

[43] Amerasinghe, *The Jurisdction of the Inteational Centre for Settlement of Investment Disputes*, Indian Journal of Interational Law, p. 166 (2009).

[44] J. Paulsson, *ICSID's Achievement and Prospects*, ICSID Review, Vol. 6: 2, p. 380 – 389 (1991).

[45] Andreas F. Lowenfeld, *The ICSID Convention: Origins and Transformation*, The Georgia Journal of International and Comparative Law, Vol. 38: 1, p. 47 (2009).

面阐释，并指出公约是 ICSID 机构的宪法性基础。A. 布洛克（A. Broches）[46] 是对 ICSID 机制的特色以及裁决执行效力研究最为深入的作者，总结了 ICSID 裁决具有终局性、承认性和执行力三大特征。奥勒·克里斯蒂安·福斯霍尔德（Ole Kristian Fauchald）[47] 以 ICSID 的成案为切点，对 ICSID 仲裁庭审理案件的推理逻辑以及论证方法进行了系统分析。乌迈尔·戈里（Umair Ghori）[48] 从区域投资仲裁和 ICSID 多边仲裁发展兼容的角度，提出了投资仲裁可能的多元化改革方向。赛尔吉奥·普伊格（Sergio Puig）[49]、弗兰克（Franck）和苏珊·D.（Susan D.）[50] 分别从 ISDS 与国际投资法以及国际投资条约的发展为出发点，对投资争端解决规则与国际投资法的内在张力进行了深入阐释，为 ICSID 的改革探明了路径。

综上所述，当前外国学者针对世行、亚开行及亚投行的研究成果，侧重多边金融机构的功能价值、内部治理以及运行监督几个方面，且主要从经济、金融和管理的视角进行切入。从国际法治的视角出发，聚焦争端解决（包括金融机构与成员国之间的争端以及投资纠纷）的研究较少。尤其是争端解决机制对多边银行治理能力的促进、价值目标的实现、稳定高效运行的研究比较鲜见。

---

〔46〕 A. Broches, *Awards Rendered Pursuant to the ICSID Convention: Binding Force Finality, Recognition, Enforcement, Execution*, ICSID Review, Vol. 2: 2, p. 287 – 334 (1987).

〔47〕 Ole Kristian Fauchald, *The Legal Reasoning of ICSID Tribunals-An Empirical Analysis*, The European Journal International Law, Vol. 19: 2, p. 301 – 364 (2008).

〔48〕 Umair Ghori, *Investment Court System or Regional Dispute Settlement is the Uncertain Future of Investor-state Dispute Settlement*, Bond Law Review, Vol. 30: 1, p. 83 – 117 (2018).

〔49〕 Sergio Puig, *Emergence &Dynamism In International Organizations: ICSID, Investor-State Arbitration & International Law*, Georgetown Journal of International Law, Vol. 44: 2, p. 570 (2012).

〔50〕 Susan D. & Franck, *Development and Outcomes of Investment Treaty Arbitration*, Harvard International Law Journal, Vol. 50: 2, p. 435 – 489 (2009).

### （二）国内研究现状

国内对国际金融机构的论述起步较晚，成果相对较少，有些研究沿循国外学者的路径，侧重金融机构的治理和运行；有些研究聚焦机构本身的纠纷解决机制。与国际学者一样，国内学者对其他争端解决机制（WTO、ICSID）的研究成果也相对丰硕，同样遗憾的是并未把这些制度经验用于多边金融机构争端解决机制的完善上，互为借鉴的成果不多。总览国内学者的研究成果，主要有以下几个方向：

一是对多边金融机构运行和治理的研究。亚投行首任行长金立群在《世界银行：寻求发展之路》〔51〕一书中，对世行的设立、治理机制、发展目标以及主要贡献进行了系统研究，并总结了可以借鉴的经验与做法。何曼青等主编的《世界银行集团》〔52〕全面论述了世行本身的组织架构和治理结构，并对世行集团5个成员之间的关系进行了框架性阐释。叶扬〔53〕、张长龙〔54〕、熊爱宗〔55〕、葛华勇〔56〕、祝青云〔57〕等从不同角度，对世行治理改革进行了深入探讨，并提出了可行性建议。汤凌霄〔58〕、杨宗芳〔59〕、

---

〔51〕 参见金立群主编：《世界银行：寻求发展之路》，北京工业大学出版社1994年版。

〔52〕 参见何曼青、马仁真编著：《世界银行集团》，社会科学文献出版社2011年版。

〔53〕 参见叶扬、张文：《世界银行治理结构改革与中国的应对策略》，载《西部论坛》2015年第3期。

〔54〕 参见张长龙：《论世界银行集团治理结构的改革》，载《国际观察》2007年第6期。

〔55〕 参见熊爱宗：《世界银行近期改革：进展及评价》，载《国际经济合作》2010年第1期。

〔56〕 参见葛华勇：《国际金融组织治理：现状与变革》，中国金融出版社2013年版。

〔57〕 参见祝青云：《世界银行治理机制改革的法律问题研究》，对外经济贸易大学2013年硕士学位论文。

〔58〕 参见汤凌霄、欧阳峣、黄泽先：《国际金融合作视野中的金砖国家开发银行》，载《中国社会科学》2014年第9期。

〔59〕 参见杨宗芳：《金砖国家开发银行内部治理结构的建构》，西南政法大学2014年硕士学位论文。

刘兴宏[60]、李娟娟[61]等聚焦在亚开行和金砖国家新开发银行，对其治理机制、功能与价值目标等进行了全面研判。贺平[62]对亚开行的历史发展、日本在其中的主导作用以及可能的未来进行了全面深入地探讨。

二是对亚投行本身以及与其他金融机构的比较研究。主要代表性学者及成果有：左海聪等[63]在研究世行、亚开行的基础上，总结出了亚投行可以借鉴的五个方面经验，并提出了相关的实施建议。廖中新等[64]对亚投行的运行模式及其前景进行了系统阐释。王惟晋[65]深入剖析了亚投行可能对国际融资体系带来的积极影响以及可能的竞争关系。王达等[66]重点研究了亚投行对全球金融治理的意义以及我国可能面对的挑战。张晓静[67]从公众监督的角度对多边国际金融机构的外部治理提出了新观点。罗伯特·奥尔[68]、倪建军[69]、吉

[60] 参见刘兴宏：《亚洲开发银行的决策过程及相关因素分析》，暨南大学2011年博士学位论文。

[61] 参见李娟娟、樊丽明：《金砖国家开发银行成立的经济学逻辑——基于国际公共品的视角》，载《中央财经大学学报》2015年第5期。

[62] 参见贺平：《日本主导下的亚洲开发银行：历史、现状与未来》，载《复旦国际关系评论》2015年第1期。

[63] 参见左海聪、安文靖：《多边开发银行决策机制探析——兼论对亚洲基础设施投资银行的启示》，载《中国高校社会科学》2015年第4期。

[64] 参见廖中新、蔡栋梁、高菲：《亚投行运营模式及其发展前景》，载《财经科学》2016年第3期。

[65] 参见王惟晋：《亚投行对国际发展融资体系的结构性影响——国家能力排序的变化》，载《中山大学学报（社会科学版）》2016年第4期。

[66] 参见王达、项卫星：《亚投行的全球金融治理意义、挑战与中国的应对》，载《国际观察》2015年第5期。

[67] 参见张晓静：《国际金融机构的公众问责制》，载《法学家》2014年第1期。

[68] 参见罗伯特·M. 奥尔、李笑然：《亚开行与亚投行：有条件的合作?》，载《国际经济评论》2016年第4期。

[69] 参见倪建军：《亚投行与亚行等多边开发银行的竞合关系》，载《现代国际关系》2015年第5期。

洁〔70〕、高天〔71〕、陈燕鸿〔72〕、黄梅波〔73〕等作者重点从比较法的视角，对亚投行与其他多边金融机构进行了比较研究，并对亚投行治理和争端解决机制的完善提出了较为中肯的建议。

三是针对 WTO 和 ICSID 争端解决机制的研究成果。由于 WTO 和 ICSID 成立时间较早，运行时间较长，历经的改革较多，因此针对二者的研究成果比较丰富。

首先，是针对 WTO 的研究，赵维田〔74〕、毛燕琼〔75〕、梁鹰〔76〕、张爱娥〔77〕、崔盈〔78〕等对 WTO 争端解决机制进行了全方位的研究，包括 WTO 争端解决的历史沿革、专家组和上诉机构的基本程序、争端解决机制推动国际贸易自由化的贡献与价值等，同时指出了 WTO 争端解决机制的局限与不足，并提出了改革完善建议。张东平〔79〕、吕微平〔80〕、卢

〔70〕 参见吉洁、国世平：《亚投行、亚行和世界银行的比较分析》，载《武汉金融》2016 年第 12 期。

〔71〕 参见高天、胡瑞法：《多边发展融资银行融资结构对亚洲基础设施投资银行的借鉴》，载《经济论坛》2016 年第 3 期。

〔72〕 参见陈燕鸿、杨权：《亚洲基础设施投资银行在国际发展融资体系中的定位：互补性与竞争性分析》，载《广东社会科学》2015 年第 3 期。

〔73〕 参见黄梅波、陈娜：《AIIB 的运营空间及竞争力分析》，载《东北亚论坛》2015 年第 4 期。

〔74〕 参见赵维田：《论 GATT/WTO 解决争端机制》，载《法学研究》1997 年第 3 期。

〔75〕 参见毛燕琼：《WTO 争端解决机制问题与改革》，华东政法大学 2008 年博士学位论文。

〔76〕 参见梁鹰：《WTO 争端解决机制研究》，中共中央党校 2002 年博士学位论文。

〔77〕 参见张爱娥：《WTO 争端解决机制的缺陷与问题》，吉林大学 2005 年硕士学位论文。

〔78〕 参见崔盈：《WTO 争端解决机制缺陷与完善研究》，江西财经大学 2004 年硕士学位论文。

〔79〕 参见张东平：《WTO 争端解决中的条约解释研究》，厦门大学 2003 年博士学位论文。

〔80〕 参见吕微平：《WTO 争端解决机制的正当程序研究——以专家组证据规则和评审标准为视角》，厦门大学 2007 年博士学位论文。

建祥[81]、魏红[82]、张乃根[83]、张军旗[84]等分别聚焦WTO争端解决机制的具体制度，进行了深入论述与研判，包括专家组在审理案件时对条约解释的规则，专家组证据采信规则和评审标准，专家组和上诉机构报告的执行程序，法庭之友制度与争端解决机制的契合性，裁决中的报复制度等，这方面的研究成果对于WTO具体制度的改革与完善意义深远。杨国华等[85]、余敏友和席晶[86]、姜新[87]等重点针对WTO争端解决机制中的程序性规则进行深入探讨，主要包括专家组程序规范、磋商程序规范、与ICSID程序制度的比较，并梳理了上述程序存在的主要问题以及具体的完善建议。陈咏梅[88]、于鹏[89]、韩逸畴[90]、王军[91]、龚冠

---

〔81〕参见卢建祥：《WTO裁决的强制执行机制》，华东政法大学2008年博士学位论文。

〔82〕参见魏红：《WTO争端解决机制中法庭之友制度探究》，华东政法学院2003年硕士学位论文。

〔83〕参见张乃根：《论WTO争端解决机制的几个主要国际法问题》，载《法学评论》2001年第5期。

〔84〕参见张军旗：《论WTO争端解决机制中的报复制度》，载《上海财经大学学报》2002年第1期。

〔85〕参见杨国华等：《WTO争端解决机制中的专家组程序研究（下）》，载《法学评论》2004年第4期；杨国华、李咏等：《WTO争端解决机制中的磋商程序研究（上）》，载《法学评论》2003年第2期。

〔86〕参见余敏友、席晶：《论WTO争端解决机制中的证据规则（上）》，载《法学评论》2003年第5期。

〔87〕参见姜新：《WTO争端解决机制与ICSID机制的比较分析》，浙江大学2018年硕士学位论文。

〔88〕参见陈咏梅：《发展中成员利用WTO争端解决机制的困境及能力建设》，载《现代法学》2010年第3期。

〔89〕参见于鹏：《WTO争端解决机制危机：原因、进展及前景》，载《国际贸易》2019年第5期。

〔90〕参见韩逸畴：《WTO争端解决机制及其对国家声誉的影响研究》，载《当代法学》2015年第2期。

〔91〕参见王军、粟撒：《WTO争端解决机制中的救济体系框架及改革问题实证研究》，载《当代法学》2014年第3期。

华[92]等学者的研究主要回应了晚近 WTO 争端解决机制的困境与危机，其内容主要包括 WTO 争端解决机制危机的根源、对国家主权与声誉可能的限制与影响，以及改革前景与路径。

其次，是针对 ICSID 机制的研究成果。魏卿[93]、马凌[94]、张鑫[95]、王彦志[96]、梁开银[97]等对于国际投资争端解决机制，尤其是 ICSID 制度进行了全方位、多角度的研究，包括 ICSID 机制的功能与价值、存在的主要问题及改革路径、与 WTO 的横向比较，并从不同的角度提出了相关的完善建议。蔡从燕[98]、毛婵婵[99]、李蓓[100]、凌晔[101]、杨玲[102]等分别针对 ICSID 具体制度及其问题进行了深入探讨，主要包括国际投资仲裁的去商事化、ICSID 仲裁机制对公共利益保护的忽视、我国双边投资协定（BIT）中的 ICSID 管辖权条款、ICSID 裁决

---

〔92〕 参见龚冠华：《简议 WTO 争端解决机制的现代化改革》，载《东南大学学报（哲学社会科学版）》2019 年第 S2 期。

〔93〕 参见魏卿：《国际投资规制的若干法律问题研究》，华东政法学院 2005 年博士学位论文。

〔94〕 参见马凌：《国际投资争端解决机制的构建研究》，天津财经学院 2005 年硕士学位论文。

〔95〕 参见张鑫：《ICSID 仲裁机制研究》，华东政法大学 2010 年硕士学位论文。

〔96〕 参见王彦志：《国际投资争端解决的法律化：成就与挑战》，载《当代法学》2011 年第 3 期。

〔97〕 参见梁开银：《论 ICSID 与 WTO 争端解决机制的冲突及选择——以国家和私人投资争议解决为视角》，载《法学杂志》2009 年第 8 期。

〔98〕 参见蔡从燕：《国际投资仲裁的商事化与“去商事化”》，载《现代法学》2011 年第 1 期。

〔99〕 参见毛婵婵：《国际投资条约仲裁中公共利益保护问题研究——以 ICSID 仲裁为视角》，武汉大学 2013 年博士学位论文。

〔100〕 参见李蓓：《论完善中外 BIT 解决“投资者—东道国”争端的国际仲裁机制》，华东政法大学 2008 年硕士学位论文。

〔101〕 参见凌晔：《ICSID 仲裁裁决中“投资”概念的界定》，载《社会科学家》2020 年第 8 期。

〔102〕 参见杨玲：《论条约仲裁裁决执行中的国家豁免——以 ICSID 裁决执行为中心》，载《法学评论》2012 年第 6 期。

中对“投资”内涵的界定，以及 ICSID 裁决执行中的国家豁免制度，这些研究文献对 ICSID 在具体制度中存在的问题进行了系统梳理，并提出了可行的改革和完善建议。张建[103]、黄月明[104]、徐树[105]、储楚[106]等学者专门针对 ICSID 的管辖权进行了研究，包括 ICSID 管辖权的灵活性、自愿性与强制性，并指出了仲裁庭呈现不断扩展其管辖权的趋势，以及可能带来的影响。任聪颖[107]、王军杰[108]、刘远志[109]、刘笋[110]、秦晓静[111]等专门针对 ICSID 二审监督制度缺失，裁决撤销制度难以完全纠正裁决错误，以及如何建构专门的上诉机构进行了深入研究，其主流观点认为应该借鉴 WTO 的上述机制，适时设立 ICSID 的上诉制度，为错误裁决提供纠正的机会。肖军[112]、王燕[113]、徐峰[114]等学者专门针对 ICSID 的晚近改革进行了研究，包括主要成员之间的分歧、急需改革的制度规则、具体的改革建议，以及欧盟与美国之间改革立场的分歧。

---

[103] 参见张建：《国际投资仲裁管辖权研究》，中国政法大学 2018 年博士学位论文。

[104] 参见黄月明：《ICSID 仲裁庭扩大管辖权的途径及其应对——从“谢业深案”切入》，载《华东政法大学学报》2013 年第 5 期。

[105] 参见徐树：《国际投资仲裁庭管辖权扩张的路径、成因及应对》，载《清华法学》2017 年第 3 期。

[106] 参见储楚：《ICSID 管辖权问题研究》，华东政法大学 2013 年硕士学位论文。

[107] 参见任聪颖：《国际投资仲裁上诉机制研究》，中国政法大学 2011 年硕士学位论文。

[108] 参见王军杰：《ICSID 上诉机制建构的法理基础及制度选择》，载《社会科学辑刊》2018 年第 5 期。

[109] 参见刘远志：《投资争端仲裁上诉机制研究》，厦门大学 2008 年硕士学位论文。

[110] 参见刘笋：《建立国际投资仲裁的上诉机制问题析评》，载《现代法学》2009 年第 5 期。

[111] 参见秦晓静：《设立投资仲裁上诉机制的路径选择》，载《政治与法律》2021 年第 2 期。

[112] 参见肖军：《论投资者—东道国争端解决机制改革分歧的弥合进路》，载《国际经济法学刊》2021 年第 2 期。

[113] 参见王燕：《国际投资仲裁机制改革的美欧制度之争》，载《环球法律评论》2017 年第 2 期。

[114] 参见徐峰：《ICSID 改革与发展中国家》，厦门大学 2007 年硕士学位论文。

最后，是有关欧盟投资法庭机制（ICS）以及TPP和TTIP争端解决制度的研究成果。叶斌[115]对TTIP中的国际投资争端解决机制进行了详尽分析，并对欧盟国际投资法庭机制的司法化及其优劣进行了深入评判。黄世席[116]对欧盟国际投资法庭机制的缘起与前景进行了阐述，并提出了我国可能的立场以及应对措施。张生[117]重点研究了TPP过渡到CPTPP后，其投资争端解决章节内容的变化，以及可能带来的影响。张正怡[118]则从比较法的角度，对欧盟的投资法庭、TPP和TTIP中的投资争端解决制度，从制度设计到规则的改革创新，进行了系统的比较研究。董静然[119]和欧阳新[120]重点探讨了欧盟国际投资法庭可能对我国以及“一带一路”投资争端解决机制的影响与启示，后者还把ICS与ICSID机制进行了对比研究。姚铸[121]、龚柏华[122]、王淑敏[123]等学者重点探讨了TPP的投资争端解决机制，对该机制的变化、优缺点、可能对国际投资争端解决带来的影响等内容进行了全面评述，并兼顾了东道国权益

[115] 参见叶斌：《欧盟TTIP投资争端解决机制草案：挑战与前景》，载《国际法研究》2016年第6期；叶斌：《〈欧盟与加拿大全面经济贸易协定〉对投资者诉国家争端解决机制的司法化》，载《国际法研究》2017年第6期。

[116] 参见黄世席：《欧盟国际投资仲裁法庭制度的缘起与因应》，载《法商研究》2016年第4期。

[117] 参见张生：《CPTPP投资争端解决机制的演进与中国的对策》，载《国际经贸探索》2018年第12期。

[118] 参见张正怡：《论晚近区域协定中投资争端解决机制的创新及其启示——以TPP、TTIP、CETA为例》，载《国际商务（对外经济贸易大学学报）》2018年第3期。

[119] 参见董静然：《“一带一路”倡议下投资者—国家争端解决机制研究——基于欧盟国际投资法庭制度的考察》，载《江苏社会科学》2018年第1期。

[120] 参见欧阳新：《试论欧盟新设投资法庭制度及对中国的影响——兼与ICSID仲裁机制比较分析》，载《广东外语外贸大学学报》2017年第4期。

[121] 参见姚铸：《TPP争端解决机制及启示》，载《暨南学报（哲学社会科学版）》2017年第1期。

[122] 参见龚柏华：《TPP协定投资者—东道国争端解决机制评述》，载《世界贸易组织动态与研究》2013年第1期。

[123] 参见王淑敏、何悦涵：《TPP视域下投资争端解决机制与东道国权益保护问题》，载《大连海事大学学报（社会科学版）》2016年第4期。

的保护。

综上所述，国内相关研究成果也存在以下几个问题：第一，针对亚投行内部结构与治理、与其他多边银行之间的关系、对提升我国国际治理能力等方面的研究较多，而对亚投行争端解决制度的研究，尤其是外部纠纷解决机制的研究比较鲜见。第二，为数不多的涉及亚投行争端解决的研究成果，也未能跳出“内部治理”的视角，未能赋予争端解决机制对亚投行法治化、规范化运行的独立价值。第三，专门研究亚投行争端解决机制的文献比较鲜见，尤其是从不同投资争议类型的视角，全面、系统地研究亚投行争端解决机制的文献尚未发现。第四，亚投行基础设施的投资范围基本上在“一带一路”域内，从一定意义上言，“一带一路”倡议与亚投行背后投资利益的保护诉求是一致的，但关于亚投行与“一带一路”投资争议解决机制的关系，国内研究成果亦未涉及。

## 三、亚投行所涉纠纷类型

在国际法纠纷解决的分工体系中，是按照不同的纠纷类型进行管辖和裁处的。为此，有必要厘定亚投行所涉的具体纠纷类型。在实际运行中，亚投行不可避免地将与多方主体产生多种纠纷，从不同的角度，有不同的分类方式。从争端主体划分，可分为两个圈层 5 个种类：第一个圈层是“内圈层”纠纷，有两种纠纷类型：第一类是亚投行与其成员之间的纠纷；第二类是亚投行与职员之间的纠纷。第二个圈层是“外圈层”纠纷，有 3 种纠纷类型：第三类是亚投行与私人投资者之间的纠纷；第四类是亚投行与项目所在地东道国之间的纠纷；第五类是亚投行贷款人（投资者）与项目所在地东道国政府之间的纠纷。如果按照纠纷当事人主体地位是否平等的标准来划分，上述 5 类纠纷可以分为两大类：一类是平等主体之间的纠纷（第一类和第四类）。由于亚投行的投资项目基本上都在成员境内，因此，亚投行与东道国之间的纠纷实为与“成员”之间的纠纷，故第一类和第四类实为同一类纠纷。另一类是不平等主体之间的纠纷（第二类、第三类和第五类），其中亚投行与职员之间的纠纷虽然也具有争议主体资格不对等的属性，但本质上属于“劳动纠纷”，与亚投行投资业务纠纷性质上偏差较大，再加上根据我国《劳动法》第79条以及《劳动争议调解仲裁法》第5条的规定，劳动争议应仲裁前置，故不是本文研究的重点。本文将着重研究亚投行所涉及的第一类、第四类和第五类纠纷的解决机制。

长期以来，国际投资法把国际投资纠纷进行如下划分，一类是平等主体（投资者）之间的纠纷，另一类是投资者和东道国之间的纠纷，亦称为ISD（Investor-State Disputes）纠纷。[124] 狭义上的国际投资纠纷一般是指后者，广义上的投资纠纷还包含了前者。不同的纠纷类型，适用的解纷机构和程序亦不相同。本书采用广义视角，把与亚投行相关的纠纷分为两个圈层，即“内圈层”和“外圈层”，“内圈层”纠纷的解决关乎亚投行的治理水平和高效合作；“外圈层”纠纷的解决关乎亚投行的风险与收益。内外两个圈层5种纠纷能否高效解决将在一定程度上影响亚投行的运行与发展。为此，需要建构全方位、多层次、多元化的纠纷解决机制，契合亚投行多样化纠纷的解决需求，助力亚投行的安全发展。

已如前述，“内圈层”层纠纷主要包括亚投行与其职员之间的纠纷，

---

〔124〕 国际投资法学者常用的是“ISDS”的表述，即投资者与国家间争端解决机制（Investor-State Dispute Settlement，ISDS），意指专门解决投资者与东道国政府之间投资争议的机制或安排。在实践中，ISDS机制多是致力解决东道国行使主权权力或实施反危机措施导致投资者利益受损而产生的争端。主要包括以下四个方面：东道国采取国有化政策或行政征收引起的争议；东道国行使行政管理权而引发的争议，如外汇管制、增加税收等；东道国干预企业经营活动引起的争议；东道国国内动乱、革命、战争等引起的投资者利益受损。ISDS争端解决机制的主要特点是：争端主体不平等，争端内容的特殊性，国际仲裁是该机制的主要手段，ICSID是实施该机制的专门性机构。

亚投行与其成员之间的纠纷。后者多半是缘于《亚投行协定》的适用与解释而产生的纠纷，本质上属于国际公法性质的争议，一般采用的解决途径为：外交谈判、国际诉讼、国际仲裁等。再加上《亚投行协定》对成员的权利义务已有较为明确的规定，多数情况下由常设机构“理事会”或“董事会”进行协调即可自行解决。“外圈层”纠纷又可以分为平等主体之间的纠纷和不平等主体之间的纠纷。针对平等主体之间的纠纷，诸如亚投行与项目所在地东道国之间的纠纷，东道国多半是亚投行的成员，因此本质上也是亚投行与其成员之间的纠纷，属于国际公法性质的纠纷，按照上述途径解决即可。针对不平等主体之间的纠纷，诸如亚投行与私人投资者之间的纠纷，亚投行贷款人与项目所在地东道国政府之间的纠纷。前者相对比较容易，因为亚投行处于发放贷款的强势地位，一般根据贷款协议约定的争议解决方式（如被告所在地起诉、仲裁等）亦可解决。后者相对比较困难，因为贷款人和东道国政府处于不平等的地位，如果诉诸东道国属地管辖，可能面临属地保护主义，如果诉诸国际仲裁，必须征得东道国的书面同意，此举意在避开东道国的属地管辖，一般东道国比较抵触。贷款人权益的维护直接关乎亚投行的利益，亚投行是此类纠纷中有直接利害关系的第三方，因此此类纠纷亦是本书研究的范畴。

## 四、研究目标及内容

### （一）研究目标

本书拟通过对亚投行框架下广义纠纷解决机制的完善与建构的研究，探究亚投行争端解决机制多元化发展的路径与方向。在全面系统梳理WTO、ICSID、ICS、TPP等多边和区域投资争议解决机制成功经验的基础上，并密切跟进国际投资争端解决机制的晚近改革趋势，总结出可以借鉴的经验，汲取改革失败的教训，为亚投行与“一带一路”多元化争端解决机制的建构提供些许思路与建议，通过争端解决机制的改进与完善，助力亚投行运行的规范化与法治化，为保护亚投行和“一带一路”沿线投资者利益提供多元化纠纷解决的法治保障。

### （二）研究内容

基于对亚投行所涉投资纠纷的科学类分，从内在逻辑上看，本书研究内容可以分为上下两篇。上篇研究重点是亚投行现有争端解决机制存在的主要问题，以及具体的改革路径。旨在更好地解决亚投行内部，即与其成员之间的矛盾纠纷。下篇研究重点是如何建构亚投行（“一带一路”）独立的投资争端解决机制，以及如何充分利用其他多边争端解决机制已有的成功经验，并鉴戒其失败的教训。旨在更好地解决亚投行与贷款方、贷款人与项目东道国之间的投资纠纷。通过对亚投行现有争端解决机制的完善，再加上面向“一带一路”的独立投资争端解决机制的建构，并辅助以 ICSID 等国际投资仲裁机制及其晚近改革进程，最终目标是尝试建构一个完善、高效，透明、公正的多元化纠纷解决框架，促进亚投行治理能力的法治化，进而推动“一带一路”由“政治驱动”向“规则驱动”的法治转向。

亚投行争端解决机制的完善，以及多元纠纷解决系统的建构，不但涉及亚投行自身解纷制度的完善，而且有必要借助现有的多边投资争端解决机制的成功经验。否则，单纯完善自身机制或是单纯借助外部机制，都难以彻底解决亚投行所涉纠纷的高效处理。为此，亚投行多元化争端解决机制的安排包含以下三个层面的内容：一是现有内部仲裁机制的完善，主要是《亚投行协定》第 55 条和第 46 条规定的仲裁和司法豁免机制的改进，此部分需要借鉴其他金融组织（世行、亚开行等）的有益经验。二是亚投行外部现有仲裁机制的借鉴和利用，主要是充分对接 WTO 和 ICSID 多边国际纠纷解决机构，以及晚近 ICS、TPP 和 TTIP 等区域投资纠纷解决机制的发展经验。三是面向“一带一路”域内投资争端解决的实际需要，亚投行与“一带一路”独立投资争端解决机制的建构，此部分主要借鉴 WTO 和 ICSID 的成功经验，包括两个组织晚近的改革措施和发展趋势。

《亚投行协定》只针对“内圈层”两类纠纷的解决进行了简单规定，其第 46 条规定了私法主体对银行的诉讼权利；第 55 条规定了亚投行与成员之间的仲裁程序。整体而言，这两条规定原则性较强，留白问题较多，需要深入改革，这是本书第一章探讨的内容，即亚投行内部争端解决机制的现状与完善。在讨论亚投行内部解纷制度的完善路径时，需要汲取现有多边国际金融机构的成功经验，本书第二章对世行和亚开行两大金融机构进行了系统研究，并提出了完善亚投行内部解纷制度的具体建议。因此，本书前两章主要解决了亚投行内圈层纠纷解决制度如何完善的问题，紧接着是亚投行外圈层纠纷，即外部纠纷解决制度的探讨。当前国际经贸领域最重要的两个多边争端解决机构无疑是 WTO 和 ICSID，于是第三章全面探讨了 WTO 争端解决机构的优势与不足，重点分析了其上诉机构的危机及其最新改革措施。第四章详细探讨了 ICSID 的争端解决机制，包括机构运行框架、制度特色、程序性规则等，重点分析了其上诉机构缺失的利弊与改革。此外，还需要关注区域自贸协定中国际投资争端解决制度的最新发展趋势，为此第五章专门研究了美国和欧盟两大经济体自由贸易协定（FTA）中的制度设计，尤其是美国对待 ISDS 类型仲裁的“双重标准”越发明显，以及欧盟 ICS 大胆地创新实践。本书最后一章持续关注了 ICSID 的改革近况，并在深入探讨 ICSID 与“一带一路”域内投资纠纷解决契合性的基础上，提出了在亚投行框架下建构面向“一带一路”的独立投资纠纷解决机构，为亚太国际投资争端的解决提供一种可能的多元化选择。

## 五、研究方法

在研究方法上，本书以定性分析为主，理论研究和实证分析相结合，并辅助于历史研究方法、比较分析方法等。理论研究主要体现在用纠纷解决的法治化理论来分析、论证多元化纠纷解决机制对提升亚投行治理能力的重要意义，以及“一带一路”由政治驱动向规则驱动升维的必要性与合理性。实证分析主要立足三个方面：一是针对现有多边金融机构（世行、亚开行等）争议解决机制的实证考察；二是针对 WTO 和 ICSID 两大较具代表性的国际纠纷解决机制及其晚近改革进行了全面研判；三是密切跟踪了晚近国际投资争议解决机制，尤其是 ISDS 类型的投资争议解决机制的改革与发展，包括 ICSID 的改革进展，欧盟的 ICS 以及美国的 TPP 投资争议解决机制。以期总结经验，鉴戒教训。历史研究方法主要用于 WTO 争端解决制度的演进与变革，以及 ICSID 具体制度的变迁。比较分析方法则贯穿整个研究的各个部分，从制度描述到原因分析，从改革思路到对策措施，从纵向的制度变迁到横向的制度借鉴，均体现了比较分析的思维模式。

在分析框架上，文章基本采用了国际投资争议解决具体法律制度研究的一般范式：首先，是亚投行内部争议解决机制，在分析亚投行现有争议解决制度的基础上，追寻了世行和亚开行争议解决机制的历史变迁，并总结了可借鉴的经验以及应鉴戒的教训。其次，就亚投行外部投资争议的解决，在全面实证分析 WTO 和 ICSID 机制的基础上，阐释了亚投行多元化纠纷解决机制可能的完善与改革方向。再次，密切跟踪了国际投资争议解决晚近的发展趋势，主要是 ICSID 的改革和欧美区域 FTA 中的举措，进一步为亚投行外部投资争议解决机制提供了更全面的参考。最后，回归到“一带一路”沿线投资争议的解决与投资者权益的保护，全面论述了亚投行暨“一带一路”独立投资争端解决机制的建构，并提出了可行的路径与方案。

## 六、创新之处

本书创新之处主要体现在以下几个方面：

一是理论创新，初步提出了亚投行和“一带一路”法治驱动理论。亚投行是我国牵头设立的首家多边国际金融机构，“一带一路”是我国引领深化区域贸易投资自由化发展以及形成区域人类命运共同体的重大倡议。有效保护亚投行和“一带一路”沿线投资者的利益，突破“走出去是看点，安全回来是难点”的困难。因此，多元化投资纠纷解决机制的完善和建构是一个支点和抓手，借此推动亚投行内部治理的法治化升维，推动“一带一路”由“政治驱动”向“法治驱动”（规则驱动）的重大转向。

二是路径与方法的创新，首次尝试把现有多边贸易投资的解决机制（WTO、ICSID、ICS 等）的成功经验移植到亚投行和“一带一路”独立投资争端解决机制中来。主要包括：投资仲裁是否应借鉴 WTO 的上诉制度、WTO 上诉机构的停摆为投资争议解决机制带来了哪些警示、ICSID 主要的制度经验有哪些、欧美晚近 FTA 中的投资争议机制又有什么启发等。通过对 WTO、ICSID 和 ICS 的全面梳理的研究，以促进多元投资争端解决框架的形成。

三是通过对当前所有投资争端解决路径的优劣对比分析，在逻辑上本书成果贯穿了三大逻辑关系，即亚投行内部与外部两大争议解决机制在逻辑上的相对独立、平行的关系；“亚投行”投资争议解决机制与“一带一路”投资争议解决机制，在保护投资者利益的价值立场上，其内在的逻辑关系是一致的；以及“一带一路”独立投资争议解决机制、ICSID 机制、国际商事仲裁及东道国属地管辖四者之间的内在逻辑关系。基于上述逻辑关系的论证分析，最终建构完善了一个面向亚投行和“一带一路”的多元化投资争议解决和投资者利益保护的综合性体系。

本书受到国家社科基金重点项目“亚洲基础设施投资银行多元化争端解决法律机制研究”（项目编号16AGJ005）和四川大学“十四五”哲学社会科学重大项目“成渝双城经济圈营商环境法治化实证研究”（项目编号SCJJ06）的资助。

# 第一章 亚投行内部争端解决机制及其完善

“一带一路”倡议孕育了亚投行，亚投行为“一带一路”倡议的推进提供了资金保障，亚投行多元化争端解决机制的建构，又将提高“一带一路”的规则化与法治化水平，提升其治理能力。本章重点论述亚投行内部现有仲裁机制的完善，共3节内容，第一节是亚投行与“一带一路”；第二节是亚投行争端解决机制现状与问题；第三节是亚投行争端解决机制的完善。

## 第一节 亚投行与“一带一路”

### 一、亚投行概述

2015年6月，57个意向创始成员签署《亚投行协定》。2016年1月，亚投行在北京正式成立。亚投行是一个政府间、多边区域金融开发机构，也是全球首个由中国倡议设立的多边金融机构。截至2021年3月底正式成员增加到了103个经济体，除“一带一路”沿线国家和地区，还有英国、法国、日本等国家和地区的参与。基础设施建设是亚投行支持的重点，其宗旨在于促进亚洲区域的建设互联互通化和经济一体化的进程，旨在加强中国与其他亚洲国家和地区的合作。

### （一）亚投行设立的意义

设立亚投行意义重大。[1] 首先，可以加快推进亚洲基础设施建设，为亚洲，甚或亚欧一体化发展奠定硬件基础。亚洲国家，尤其是新兴发展中国家的基础设施建设资金缺口巨大，特别是近来面临全球经济下行风险增大、主要经济体开始内卷化等严峻挑战，需要更多资金投入基础设施建设，以保持经济持续稳定增长，促进区域互联互通和经济一体化。亚开行的数据显示，2010～2020 年，亚洲基础设施建设可能需要投入 8 万亿美元，每年需要 7500 亿美元用于国家和地区间的基础设施建设才能支撑目前经济增长水平。[2] 其次，有利于共同应对国际金融危机、经济转型升级和经济稳定增长。成立亚投行可以增强中国与区域内各国间经济发展的内生动力，促进区域金融稳定。

亚投行正式运营以来，不断致力成员基础设施、互联互通项目建设，并取得了可喜的成绩。截至 2021 年 3 月 1 日，亚投行支持的项目涉及 32 个国家的 115 个项目，所涉资金额度高达 235.51 亿美元。南亚、中亚、西亚、北非，甚至南美等国家都获得了支持。其中，南亚主要成员是最大的受益者，印度获批项目最多（21 个），总额度达到了 53.93 亿美元；

---

〔1〕 亚洲地区广大新兴经济体和发展中国家庞大的基础设施缺口产生了对低成本公益性资金的巨大需求，亚投行就是为满足这一需求而设立的。然而，对亚投行的质疑一直没有停止过。一是美国、日本等国出于战略利益考虑的质疑，认为亚投行难以成为一个高标准的多边开发机构。事实上，美国担心亚投行将挑战由美国主导的世行，而日本一方面出于美日同盟以及美国的压力已然选边站，另一方面也担心亚投行对日本主导的亚开行构成挑战。亚投行运行的这些年正是中美关系竞争不断加剧的时期。在此期间，美国发起了对中国的全面打压，许多国家面临站队考验。二是有人质疑中国没有引领重要国际组织的经验，中国能否管理好国际金融机构，甚至担心这一机构是否成为中国实施国家战略而由中国操控的机构。晚近实践证明，亚投行治理透明，运行良好，成员不断壮大，已成为“一带一路”沿线重要的国际金融机构。

〔2〕 参见《亚投行》，载中国一带一路网 2016 年 9 月 28 日，https://www.yidaiyilu.gov.cn/zchj/rcjd/958.htm。

获得批准项目数量第二位的是孟加拉国，共获得13个项目，资金总额度达23.89亿美元。巴基斯坦有6个项目获批，资金总额度达12.68亿美元。土耳其有9个项目获批，资金总额度达21.38亿美元。中亚地区的成员，乌兹别克斯坦有5个项目获得批准，资金总额度达9.33亿美元。[3] 中国是出资最多的倡议成员，但获得批准的项目只有4个，资金总额度只有11.35亿美元。由此可知，亚投行是我国为全球提供的公共治理平台和多边政策性金融机构。

### （二）亚投行成员资格与法定股本

1. 成员资格

拟定成员资格是任何一个国际组织首先要解决的问题。《亚投行协定》也规定了加入亚投行的成员条件，即凡是世行和亚开行的成员，均有资格加入亚投行。[4] 换言之，已经是世行和亚开行的成员，是申请加入亚投行的前置性条件。前置条件起到了基本的筛查功能，可以为亚投行过滤掉那些经济脆弱、国内金融严重滞后的国家。此外，按照地域范围，亚投行把其所有成员分为域内成员、域外成员和创始成员。域内成员，是指位于亚洲和大洋洲的成员；亚洲和大洋洲之外的成员是域外成员；所谓创始成员是指在2015年年底之前完成《亚投行协定》签署，并在2016年年底之前提交批准书、接受书或核准书的成员。截至2021年3月底103个成员中，创始成员有57个，域内成员有68个，域外成员有35个。

2. 法定股本与投票权

亚投行是我国牵头设立的首个多边投资银行，为了彰显公平、公正，赢得成员的信任与合作，《亚投行协定》的标准文本用英文写成，股本

---

〔3〕 根据亚投行官网数据整理所得，载 https://www.aiib.org/en/projects/list/index.html? status = Approved，最后访问日期：2021年3月1日。

〔4〕 参见《亚投行协定》第3条和附件1规定。

金也采用美元计价。亚投行法定股本为1000亿美元，分为100万股，每股票面价值为10万美元。其中实缴股本为200亿美元，待缴股本为800亿美元。[5] 理事会根据需要可以决定增加法定股本，包括实缴股本和待缴股本之间的比例。[6] 与所有的金融性国际组织一样，成员持有的亚投行股权股份不得以任何形式进行质押或抵押，且仅可以向亚投行转让。换言之，成员所持的股权不能转让，缘于其身份资格不能转让，只能退出，退出时所持有的股权可以与亚投行协商赎回。

经过多次会议磋商谈判，亚投行股权在区域和不同成员之间如何分配的问题，于2015年中期最终达成一致，即按照60%的市场汇率加上40%的购买力平价，进行加权平均计算，并以此为基本标准进行分配，法定股本的域内外成员分配比例为75∶25。其例外是经理事会超级多数同意，可以增加法定股本以及下调域内成员出资比例，但无论如何域内成员的出资比例不低于70%。[7] 亚投行设定了3种投票权，并对其比例进行了限定。每一个成员的总投票权由股份投票权、基本投票权以及创始成员享有的创始成员投票权组成。

---

〔5〕 参见《亚投行协定》第4条的规定。

〔6〕 在股权安排上，域内成员和域外成员出资比例分别为75%和25%，也就是说，域内成员出资额加总不能低于75%，这种安排既确保了亚洲性质，同时又能保持开放心态，符合“一带一路”倡议的开放包容理念，还能获得更多特别是发达国家成员的贷款经验和理念技术。由于域内外成员仍在不断扩容，实际上域内成员与域外成员的出资比例也在不断变化之中，2020年年底46个域内成员总认缴额为738.57亿美元，占认缴总额（967.55亿美元）的76.33%，39个域外成员总认缴额为228.98亿美元，占认缴总额的23.67%。此外，还有18个成员因出资还未到位，目前还不是有投票权的正式成员。实缴资本分批缴纳。根据《亚投行协定》确认的分次缴纳的原则缴纳实缴资本，首次缴纳20%，大部分成员分5年缴纳，而有些低收入成员（国际开发协会的援助对象）则分10年缴纳，这种出资方式既照顾了成员的出资负担，也与亚投行融资能力的逐步提升保持匹配。基本投票权根据股权比例确定。

〔7〕 参见《亚投行协定》第5条的规定。

### （三）亚投行业务及治理机制

1. 亚投行的业务

亚投行主要业务与世行和亚开行基本趋同，涉及贷款、融资、担保和技术援助，但重点覆盖区域有所不同。[8] 亚投行可以向任何成员或其机构、单位或行政部门，或在成员域内的任何实体或企业，以及参与本区域经济活动的国际或区域性实体机构提供融资。换言之，所有成员及其职能部门以及领土上的企业和国际组织都可以向亚投行申请贷款融资。在展开具体业务时，亚投行的主要贷款种类及其主要途径在其协定第 11 条、第 13 条进行了明确规定。[9]

亚投行投票权安排设计较合理，每个创始成员都可以获得 600 个投票权，而且此 600 个常数票将随着资本的不断增加而不断稀释。基本投票权则以占总投票权的 12% 来分配，此种设计基本克服了布雷顿森林机

〔8〕 亚投行的业务与其他多边开发机构差别不大，主要有三大类：一是贷款，包括直接贷款、联合融资或参与贷款；二是股权投资；三是提供担保。在世行集团中，这三大业务基本上分别由国际复兴开发银行、国际金融公司和多边投资担保机构负责，而亚开行则承担了上述所有业务。此外，亚投行还建立了特别基金，并为成员提供技术援助。为保证有效运行，亚投行确定了与其他机构有区别的战略重点领域，制定了高效透明的运营规则，并积极回应了成员广泛急切的融资需求。

〔9〕 参见《亚投行协定》第 11 条。此外，第 13 条确立了 11 项业务原则：银行应按照稳健的银行原则开展业务；银行业务主要是特定项目规划融资、股权投资以及第 15 条规定的技术援助；银行不得在成员反对时，在该成员境内开展融资业务；银行应保证其从事的每项业务均符合银行的业务和财务政策……；银行审议融资申请时，应在综合考虑有关因素的同时，适当关注借款人以银行认为合理的条件从别处获得资金的能力；银行在提供或担保融资时，应适当关注借款人及担保人未来按融资合同规定的条件履行其义务的可能性；银行在提供或担保融资时，应采取银行认为对该项融资和银行风险均适宜的融资条件，包括利率、其他费用和还本安排；银行不应对普通业务或特别业务中银行融资项目的货物和服务采购进行国别限制；银行应采取必要措施保证其提供、担保或参与的融资资金仅用于融资所规定的目标，并应兼顾节约和效率；银行应尽可能避免不均衡地将过多资金用于某一或某些成员的利益；银行应设法保持其股权资本投资的多样化。

构被广为诟病的缺憾。[10] 亚投行前十大股东股份与投票权情况如表1－1所示。

**表1－1　亚投行前十大股东股份与投票权情况**

| 国别 | 股份认缴额/亿美元 | 股份占比/% | 投票权/个 | 投票权占比/% | 投票权占比与股份占比之比/% |
|---|---|---|---|---|---|
| 中国 | 297.80 | 30.78 | 299,997 | 26.59 | 86.39 |
| 印度 | 83.67 | 8.65 | 85,866 | 7.61 | 88.00 |
| 俄罗斯 | 65.36 | 6.76 | 67,555 | 5.99 | 88.63 |
| 德国 | 44.84 | 4.63 | 47,035 | 4.17 | 89.95 |
| 韩国 | 37.39 | 3.86 | 39,580 | 3.51 | 90.78 |
| 澳大利亚 | 36.91 | 3.82 | 39,105 | 3.47 | 90.85 |
| 法国 | 33.76 | 3.49 | 35,949 | 3.19 | 91.33 |
| 印度尼西亚 | 33.61 | 3.47 | 35,800 | 3.17 | 91.35 |
| 英国 | 30.55 | 3.16 | 32,740 | 2.90 | 91.91 |
| 土耳其 | 26.10 | 2.70 | 28,292 | 2.51 | 92.96 |

资料来源：根据亚投行官网数据整理。

2. 亚投行治理机制

良好的治理机制是确保亚投行高效运行的关键。《亚投行协定》确

〔10〕 亚投行投票权计算方法如下：每个成员的投票权包含基本投票权、股份投票权以及创始成员享有的创始成员投票权。每个创始成员有600票投票权，这对创始成员有一定的激励，这个常数会随着股份的增加而被稀释。但基本投票权按占总投票权的12%来分配，从而避免固定的基本投票权随着股份增加而被稀释的情况（这也是现有布雷顿森林机构被批评的原因之一）。这种安排降低了股份在投票权中的作用。这对于股份较多成员的投票权是一种限制性措施。比如，中国目前认缴的股份为297.8亿美元，占总股份数的30.78%，但投票权只有26.59%。在有投票权的正式成员中，有35个域内成员的股份占比低于投票权的占比，33个域外成员的股份占比低于投票权占比。

立的治理机制有3层架构，即理事会、董事会和管理层。所有理事组成理事会，行使亚投行最高决策权。[11] 理事会的工作方式是召开年度会议，一般是在6月召开。理事会采用简单多数、特别多数和超级多数原则进行决策。[12] 董事会或5个以上成员也可以要求召开临时理事会议。[13] 董事会由源于不同成员的12名董事组成，域内9名，域外3名，董事必须是国际经济金融领域优秀人才，董事任期2年，可连选连任。董事会负责指导亚投行的总体业务。董事会应根据亚投行业务需要，定期召开会议。经董事会主席或3名董事提出要求，即可召开董事会会议。董事会会议的法定人数是过半数，且代表的投票权不低于成员总投票权的2/3。[14]

同时亚投行设立行长1名、副行长1名或多名，[15] 行长是由域内成

---

〔11〕 根据《亚投行协定》第23条的规定，亚投行一切权力属于理事会，理事会可以将部分或全部权力授予董事会行使，但以下权力由理事会专属，禁止委托，即吸收新成员和确定新成员加入条件；增加或减少银行法定股本；中止成员资格；裁决董事会对本协定的相关解释或适用提出的申诉；选举银行董事；选举行长，中止或解除行长职务，并决定行长的薪酬及其他任职条件；在审议审计报告后批准银行总资产负债表和损益表；决定银行的储备资金及净收益的配置与分配；修订本协定；决定终止银行业务并分配银行资产；行使本协定明确规定属于理事会的其他权力。

〔12〕 特别多数，是指理事人数占理事总人数半数以上、且所代表投票权不低于成员总投票权一半的多数通过；超级多数，是指理事人数占理事总人数2/3以上、且所代表投票权不低于成员总投票权3/4的多数通过，参见《亚投行协定》第28条。

〔13〕 董事会成员实行非常驻模式。与其他开发机构一样，理事会是亚投行的最高决策机构，每年开会一次，决定重大事项，还设有董事会和管理层。亚投行董事会有12名董事，其域内董事9名，域外董事3名，董事会类似一般公司的董事会，采取的是非常驻银行模式，董事会根据需要开会作出决策，非常驻模式可以避免传统多边开发机构饱受批评的官僚主义，也节省了运营成本。此外，远程会议的方式也保证了非常驻模式董事会的有效运行。

〔14〕 参见《亚投行协定》第24条、第25条、第26条的规定。

〔15〕 2016年亚投行理事会选举产生1位主席、1位行长、5位副行长。时任中国财政部部长楼继伟被选举为首届理事会主席，金立群当选首任行长。副行长分别是：英国籍丹尼·亚历山大（Danny Alexander）、德国籍冯·阿姆斯贝格（Joachimvon Amsberg）、印度籍潘笛安（D. J. Pandian）、韩国籍洪起泽（Kyttack Hong）、印尼籍拉克齐（Luky Eko Wuryanto）。

员的国民担任，由理事会选举产生，任职期间，行长不得兼任理事、董事或副理事、副董事。行长任期5年，可连选连任一次。[16] 行长兼任董事会主席，可以参加董事会和理事会会议，但不具有投票权。[17] 理事会可依照超级多数投票通过，决定中止或解除行长职务。科学的决策机制是亚投行有效治理的关键，也促使亚投行比其他多边开发银行更加高效、公平，不仅利于服务于其宗旨目标，还将会推动其他多边国际金融机构的改革与发展。

### （四）亚投行的国际法地位

独立的国际法人格是任何一个政府间国际组织必备的身份条件，只有具备独立的国际法人格，才能成为国际法上的权利义务关系的主体以及独立的法律关系的主体。国际组织的这种国际法人格大多是通过其协定自我赋予的，并通过成员的签署承认而实现的。根据《亚投行协定》第45条之规定，亚投行具有完整的法律人格，是一个独立的国际法人。主要体现在以下自我赋予的行为能力上，即可以签订合同，可以取得与处置财产，可以提起和应对诉讼，以及为实现其宗旨而采取的其他行动。

同时，为了确保亚投行在各成员境内正常地开展工作，《亚投行协定》也赋予了其豁免权，包括高级与普通职员的司法豁免，财产和资产的司法豁免权，档案材料的豁免，以及通讯特权和自身及其职员的税收豁免。[18] 这也是其独立法律人格的体现，也是其在成员境内顺利推进工

〔16〕 行长的遴选遵循公开透明的程序。对布雷顿森林体系机构诟病较多的是管理层的选择不透明，特别是世行行长与IMF总裁的遴选不透明。亚投行对此作出了新的安排，遵循“公开、透明、择优”的管理层遴选原则被明确写入《亚投行协定》，从一开始就明确了要办成与现有主要多边开发机构不一样的、具有良好治理理念的国际金融机构。在2019年年底的亚投行理事会上，正式通过了《亚投行行长遴选规则》，该规则确立了选举人和被选举人的资格、提名与选举流程。2020年亚投行理事会正是根据这一选举规则，选举金立群连任行长。

〔17〕 参见《亚投行协定》第29条的规定。

〔18〕 参见《亚投行协定》第46条至第51条的规定。

作的必要条件。

## 二、“一带一路”倡议概述

“一带一路”倡议是我国新时期对外开放的重大举措，预示我国从全球化的追随者向倡导者、从国际规则的遵循者向制定者的根本转变。在亚投行的助力下，伴随倡议的不断推进，我国企业及亚投行在沿线国家投资存量总额不断攀升。

### （一）“一带一路”之缘起

“一带一路”〔19〕（the Silk Road Economic Belt and the 21st-Century Maritime Silk Road，the Belt and Road，B&R）是“丝绸之路经济带”和“21 世纪海上丝绸之路”的简称，此构想系新时代、新形势下一个在经济地理上覆盖亚欧大陆，甚或全世界的顶层设计。已如前述，2008 年的经济危机遏制了全球经济的快速增长，再加上我国“量化宽松”的货币

〔19〕 关于“一带一路”沿线国家范围，学界尚存争议。根据《推动共建丝绸之路经济带和 21 世纪海上丝绸之路的愿景与行动》之界定：“一带一路”沿线国家应“基于但不限于古代丝绸之路的范围，各国和国际、地区组织均可参与”。这就意味着国家层面持开放态度，仅划定大致区域，对具体国家不作明确限定，从而赋予“一带一路”倡议以开放性与灵活性。目前学界主流观点认为，“一带一路”共涉及 65 个国家和地区（加上中国共 66 个），包括：东亚 1 国（蒙古国）；东盟 10 国（新加坡、马来西亚、印度尼西亚、缅甸、泰国、老挝、柬埔寨、越南、文莱和菲律宾）；西亚 18 国（伊朗、伊拉克、土耳其、叙利亚、约旦、黎巴嫩、以色列、巴勒斯坦、沙特阿拉伯、也门、阿曼、阿联酋、卡塔尔、科威特、巴林、希腊、塞浦路斯和埃及）；南亚 8 国（印度、巴基斯坦、孟加拉国、阿富汗、斯里兰卡、马尔代夫、尼泊尔和不丹）；中亚 5 国（哈萨克斯坦、乌兹别克斯坦、土库曼斯坦、塔吉克斯坦和吉尔吉斯斯坦）；独联体 7 国（俄罗斯、乌克兰、白俄罗斯、格鲁吉亚、阿塞拜疆、亚美尼亚和摩尔多瓦）；中东欧 16 国（波兰、立陶宛、爱沙尼亚、拉脱维亚、捷克、斯洛伐克、匈牙利、斯洛文尼亚、克罗地亚、波黑、黑山、塞尔维亚、阿尔巴尼亚、罗马尼亚、保加利亚和马其顿）。学界拟定“一带一路”的区域范围，主要目的是方便研究统计，但亚投行实践表明，其成员范围是开放的、包容的，以“一带一路”所覆盖的区域为主，但并未局限于该区域。

政策，导致不少行业产能出现过剩，尤其是钢材、水泥过剩严重，经济泡沫不断膨胀。再加上中国油气资源、矿产资源对外依存度较高，中国边境地区整体状况处于历史最好时期，邻国与中国加强合作的意愿普遍上升。由此，中国国家主席习近平在2013年9月和10月出访中亚和东南亚国家期间，先后提出共建“丝绸之路经济带”和“21世纪海上丝绸之路”的重大倡议，获得国际社会高度关注。

“一带一路”已成为全球最受欢迎的公共产品之一，也是目前前景最好的国际合作平台之一。2013年秋天，我国提出共建“一带一路”倡议以来，引起越来越多国家热烈响应，共建“一带一路”正在成为我国参与全球开放合作、改善全球经济治理体系、促进全球共同发展繁荣、推动构建人类命运共同体的中国方案。在“一带一路”建设的国际合作框架内，各方携手应对世界经济面对的不断涌现的新挑战，谋求发展新动力，拓展发展新空间，实现优势互补、互利共赢，不断朝着人类命运共同体方向迈进。这是我国提出这一倡议的初衷，也是希望通过这一倡议实现的最高目标。

为了促进“一带一路”倡议的落地与实施，2015年3月28日国家发展改革委、外交部、商务部联合发布《推动共建丝绸之路经济带和21世纪海上丝绸之路的愿景与行动》（以下简称《愿景与行动》）对该倡议的框架思路、合作重点、合作机制等内容进行了详尽阐释。“一带一路”是一个互联互通的宏大计划，基础设施项目建设周期长、额度大，再加上沿线区域政治、金融等风险高于世界其他区域。如何减小亚投行在沿线的投资项目的投资风险、实现回报的最大化，依赖于亚投行多元化投资争端解决机制的建构。

### （二）“一带一路”倡议框架

《愿景与行动》的框架思路中指出：“一带一路”是促进共同发展、实现共同繁荣的合作共赢之路，是增进理解信任、加强全方位交流的和平友谊之路。秉持和平合作、开放包容、互学互鉴、互利共赢的理念，全方位推进务实合作，打造政治互信、经济融合、文化包容的利益共同体、命运共同体和责任共同体。[20]

“一带一路”倡议的推进需要各国求同存异，全力推进区域基础设施的完善，打造安全高效的陆海空通道网络，提升互联互通的维度。投资贸易便利化水平进一步提升，助力形成高标准的自由贸易区网络。如是，更加紧密的经贸关系将成为亚欧非区域和平稳定的压舱石，为更高层级的贸易投资的一体化发展奠定政治基础，同时也有利于“一带一路”倡议由“政治主导”向“规则主导”的演进，形成稳定、透明、可预期的良好国际经贸环境。

**（三）“一带一路”合作重点**

《愿景与行动》指出，沿线各国或地区资源禀赋各异，经济互补性较强，彼此合作潜力及合作空间较大。其中，以政策沟通、设施联通、贸易畅通、资金融通、民心相通为主要内容。[21] 毫无疑问，基础设施互联互通是“一带一路”建设的优先领域。投资贸易合作是“一带一路”建设的重点内容。基本任务是深入推进贸易投资的自由化和便利化，全力提升域内各国营商环境水平，尝试同域内国家和地区协商设立自由贸易区，建构、完善“一带一路”倡议下 FTA 和 BIT 的规则网络，促进域内经贸关系的一体化发展和深度融合。

贸易便利化合作的着力点重在加强海关的“三互合作”机制（信息互换、监管互认、执法互助）。贸易便利化合作可以 WTO 的《贸易便利化协定》（TFA）为依托，第一阶段主要任务是落实“硬性规定”，第二阶段主要任务是尽力实现“保留事项”，同时开展“经认证的经营者”（AEO）互认。当然，通关便利化的物理基础是边境口岸通关设施条件，

---

〔20〕 参见 2015 年 3 月 28 日国家发展改革委、外交部、商务部联合发布的《推动共建丝绸之路经济带和 21 世纪海上丝绸之路的愿景与行动》第 3 部分。

〔21〕 参见 2015 年 3 月 28 日国家发展改革委、外交部、商务部联合发布的《推动共建丝绸之路经济带和 21 世纪海上丝绸之路的愿景与行动》第 4 部分。

如“单一窗口”、仓储物流设施建设，此与“一带一路”基础设施投资的方向较契合。

投资便利化亦是重要内容之一。在我国《外商投资法》首次确立的“负面清单 + 准入前国民待遇”管理模式的基础上，通过 BIT 推动“一带一路”沿线国家传统外资管理模式的转型，消除投资的隐形壁垒，促进投资的便利化。另外，与投资者密切相关的是双重征税问题，应强化避免双重征税协定磋商，保护投资者的合法权益。金融创新与自由化发展带来效益的同时，亦会推高风险，因此需要加强金融监管合作，推动签署双边监管合作协议，逐步在区域内建立高效监管协调机制，构建区域性金融风险预警系统，形成应对跨境风险和危机处置的交流合作机制。

## 三、亚投行与“一带一路”之关系

在全球经济和地缘政治格局大调整的时代，在国内改革遇到难题和对外开放迎来新挑战的关键时刻，在从发展中国家向发达经济体行进的艰难爬坡路上，“一带一路”倡议应运而生，旨在助力国内经济结构调整，突破美国为首的新自由贸易集团的围堵，建构形成一个运输、贸易、投资的新市场、新领地、新机遇。但是“一带一路”面临的第一个大问题是基础设施落后，交通运输网隔离，传统的水上贸易网络只能触及“海上丝绸之路”沿线国家，绝大部分西亚、中亚、南亚的陆上贸易，由于受到自然条件和技术条件的限制，长期以来几乎是零设施、零基础、零网络，只能靠昂贵的空运来维系。因此，“一带一路”倡议推进的第一个难题是打通基础设施的断点，实现互联互通，进而建构陆路贸易网络骨架。但大规模基础设施建设是资金需求量巨大、时间较长、风险较高的工程，商业性银行和投资人一般不愿触及。为此，需要国家牵头主导一个多边投资银行，为“一带一路”基础设施的建设提供强有力的资金支持。于是，亚投行应运而生。

### （一）亚投行为“一带一路”建设提供资金支持

“一带一路”沿线资金需求量巨大,〔22〕无论是丝路基金有限责任公司〔23〕(以下简称丝路基金)，还是金砖国家新开发银行〔24〕(New Development Bank，NDB，以下简称金砖银行)，都无法满足“一带一路”基础设施投资的缺口，而且丝路基金是一个法人公司，不是政府间

---

〔22〕 据亚开行估算，2010～2020年，亚洲需要新投入8万亿美元用于基础设施建设，每年需要7500亿美元用于国家和地区间的基础设施建设才能支撑目前经济增长的水平。参见《亚投行》，载中国一带一路网2016年9月28日，https：//www.yidaiyilu. gov. cn/zchj/rcjd/958. htm。

〔23〕 2014年12月29日，由中国外汇储备、中国投资有限责任公司、中国进出口银行、国家开发银行共同出资，依照《公司法》在北京注册丝路基金，丝路基金是按照市场化、国际化、专业化原则设立的中长期开发投资基金，重点是在“一带一路”发展中寻找投资机会并提供相应投融资服务。首期资本金100亿美元中，中国外汇储备通过其投资平台出资65亿美元，中国投资有限责任公司、中国进出口银行、国家开发银行分别出资15亿美元、15亿美元和5亿美元。丝路基金与亚投行的法律性质完全不同，亚投行是政府间的多边开发机构，是具有独立国际法人格的国际法主体，在成员境内享有国际法上的豁免权，是由各成员出资组建的，且以贷款业务为主。而丝路基金是按照公司法设立的中长期开发投资基金，是我国的公司法人、私法人，不具有独立的国际法人格，更不享有国际法上的豁免权。其融资模式具有PE属性，主要针对拥有资金且想投资的主体加入，股权投资可能占比更大。在实际运作中，丝路基金需要遵守中国和投资所在国的法律法规，维护国际通行的市场规则和国际金融秩序。

〔24〕 2015年7月21日，金砖银行在上海正式设立。金砖银行初始资本为1000亿美元，由5个创始成员平均出资。金砖银行与众不同之处就在于它所有的管理、章程、条款等都是基于平等的基础，金砖银行不会由任何一个国家控制。与亚投行不同，金砖银行里5个国家都是各自占了20%的投票权，没有哪个国家拥有主导权，没有一个国家能够一票否决其他国家的决定。2008年金融危机以来，美国金融政策变动导致国际金融市场资金的波动，对新兴市场国家的币值稳定造成了很大影响。中国货币波动较小，但是印度、俄罗斯、巴西等国都经历了货币巨幅贬值，导致通货膨胀。而靠IMF救助存在不及时和力度不够的问题，金砖国家为避免在下一轮金融危机中受到货币不稳定的影响，而构筑了这个金融安全网，金砖五国可以借助这个资金池兑换外汇应对危机。金砖银行与亚投行不是竞争关系，两者都关注基础设施建设项目，而后者更聚焦亚洲市场。全球基础设施建设的需求很大，一两个基金或银行难以满足需求，在这样的背景下，金砖银行与亚投行可以共同推进基础设施建设，填补这个资金的巨大缺口。

金融机构，金砖银行主要是为了帮助金砖五国应对经济波动风险，“一带一路”基础设施投资不属于其主要业务范围。因此，迫切需要一个政府间、多边金融机构的资金支持。

设立多边金融组织亚投行来推动“一带一路”建设，具有以下优势。首先，亚投行是政府间国际金融机构，是可以在各成员境内享有豁免权的、具有独立法律人格的国际法人，各投资项目所在的东道国是亚投行的一个成员，无论是与自己的成员展开投融资，还是协调项目事宜，亚投行作为一个组织与其成员具有平等的国际法地位，可以《亚投行协定》为基础进行高效协调。其次，人多力量大，亚投行成员数量远超过丝路基金和金砖银行，除各成员的出资外，还有经营和募集的资金，可以调配的资本数量远超过上述两个机构。当然，相对于“一带一路”巨大的资金需求，依然有点杯水车薪，这也正是亚投行积极寻求和亚开行、世行合作的原因。再次，亚投行的成立宗旨和业务重点即致力于基础设施建设投资，直接推动“一带一路”沿线节点国家的节点运输网络的改造和建设，资本市场、援助扶贫等至少在初期不是其主要业务。最后，亚投行有自己的协定及争端解决机制。无论是丝路基金还是金砖银行均没有自己的争端解决机制。如果亚投行纠纷机制进一步完善，形成一个多元、高效的争端解决机制体系，那么亚投行就像世行一样是一个自成一体、自我支撑的金融机构。

**（二）亚投行在“一带一路”沿线的投资风险**

亚洲基础设施的资金缺口巨大，对亚投行来说是一个巨大的机遇，但同时由于地缘政治局势紧张、国际经济增速放缓以及宗教法律的多元化等因素，也提高了亚投行在域内的投资风险。在“一带一路”沿线国家基础设施建设中约50%位于风险警戒区，超过20%位于低风险区，危险区占比为15%。[25] 概言之，亚投行在“一带一路”沿线投资面临的主要风险有以下几大类。

1. 地缘政治风险

“一带一路”沿线政治性风险主要包括地缘冲突引发的战争内乱、政府违约、外汇禁兑等风险。政治性风险与政治变化密切相关，具有难以预料的不连续性、不确定性。

2. 不确定性风险

近年来的中美贸易摩擦导致全球贸易自由化进程受阻，尽管区域贸易自由化在进一步发展，例如，北美自由贸易协定（NAFTA）升级为美墨加协定（USMCA），欧加（CETA）、欧日（EPA）、日美（JUSTA）自由贸易协定签署并生效，但WTO代表的全球自由化进程却停滞不前。晚近，已经初步完成区域全面经济伙伴关系协定（RCEP）和中欧全面投资协定（CAI）的谈判，但欧亚大陆贸易、投资的自由化水平还是与发达国家之间的FTA有较大差距。整体上，亚投行项目所在的欧亚大陆，经济一体化程度远远滞后于欧美日之间自由化进程，这也为项目投资的顺利推进带来一定的阻碍。

3. 法律风险

“一带一路”沿线法律风险的肇因主要有以下几个方面：（1）沿线国家隶属不同法系而引发的法律适用冲突。“一带一路”沿线65个国家或地区，分属大陆法系、英美法系和伊斯兰法系。中国、蒙古国、韩国、日本等东亚国家，除阿富汗外的中亚国家，缅甸、泰国、老挝等东南亚国家，俄罗斯以及法国、德国等绝大多数欧洲国家，都属于大陆法系。印度、巴基斯坦等亚洲国家，坦桑尼亚、肯尼亚等非洲国家，以及英国和爱尔兰等属于英美法系。阿富汗以及除伊拉克、以色列等少数国家外

---

〔25〕 参见计金标、梁昊光主编：《中国“一带一路”投资安全研究报告（2020）》，社会科学文献出版社2020年版，第65页。

的绝大部分中东国家属于伊斯兰法系，均实行伊斯兰法。不同法系国家的法律分类、原则术语、法律表现形式、审判模式与技巧、法律适用规则等差异较大，同一纠纷在不同法系国家之间的解决途径各异，大大推高了沿线投资的法律风险。(2) 沿线国家法治状况、国民道德水平不同而引发的法律风险。“一带一路”沿线国家在贸易投资、环境保护等领域的法律法规、税收规定与我国有很大不同，许多国家有关基础设施的立法仍处在不断调整完善中，法律修订比较频繁，立法主体层级较多，大大增加了投资者即时把握交易规则的难度。(3) 非关税壁垒代表的贸易保护主义而引发的法律风险。贸易保护主义利弊相随，利在于可以通过限制进口保护本国商品在国内市场免受外国商品竞争；弊则不利于本国工业的进步，易导致国内资源的低效配置，甚至可能失去参与国际分工的机会。“一带一路”沿线国家或地区大多数都属于新兴经济体和发展中国家，经济发展水平和民主法治程度都不是很高，可能会重拾贸易保护主义政策，以维护本国的狭隘利益。这样会消解沿线国家为实现投资贸易便利化所做的努力，并可能由此引发投资贸易法律纠纷。

另外，“一带一路”沿线一些国家或地区在法律上与国际接轨的程度较低，外国企业可能面临较陌生的制度环境，并导致系列纠纷。从目前来看，我国企业在所在国存在税收缴纳、劳资关系、安全环保、招标程序、并购法律、安全审查等相关风险。因此，我国企业要站住脚、站稳脚需要基于企业自身优势，契合全球化理念和本地化规则进行合规、合法经营，做到“入乡随俗”。

4. 金融与汇率风险

所谓金融风险，是指由于国际商业借贷融资、证券发行、保险担保、离岸货币变化而导致的资金损失。“中国出口信用保险公司”发布的《“一带一路”沿线国家风险分析报告 2019》显示，沿线 65 个国家和地区中，既有风险等级较低的新加坡（1 级），也有风险等级较高的阿富汗和叙利亚（9 级），其中，风险等级较低的国家只有 3 个，而风险等级较高的国家却有16个，占总数的1/4。再加上货币种类、汇率制度的多样化、复杂化，导致“一带一路”区域的金融风险远高于国际平均水平。汇率风险，又称为外汇风险，因汇率变动而可能遭受的损失。IMF数据显示，2010~2019年沿线国家每年汇率都有不同程度的波动，东南亚地区的缅甸2012年汇率变异系数高达67.2%，其他国家的变异系数基本在5%~16%。沿线国家金融自由化水平较低，汇率制度不健全，金融监管滞后，发生较大幅度汇率波动时，将不可避免地导致投资者损失。

### （三）亚投行解纷机制与“一带一路”治理相互影响

首先，完善亚投行争端解决机制，可以有效维护其资金安全，持续推动“一带一路”倡议的建设与发展。涉及亚投行投资纠纷的解决途径，主要有协商调解、东道国诉讼、国际仲裁。不同的争议解决途径各有特色，协商调解高效灵活，但执行性较差；东道国诉讼受成员欢迎，但无法避免属地保护主义；现有国际仲裁可以直接使用，但商事仲裁难以胜任投资仲裁的专业性要求，ICSID仲裁范围又受限。因此，传统的争端解决机制难以有效维护亚投行投资者利益，需要完善现有解纷机制，并建构自身独立的投资争端解决机制。

其次，亚投行多元化争端解决机制有利于促进“一带一路”规则化与法治化转型。突破美国“围堵”，捍卫经济全球化，输出过剩产能，实现互联互通，是“一带一路”倡议之初衷。与此同时，倡议还存在两个难题：一是路在脚下，终点/目的地在何方？二是走出去后，能否、如何安全回来？“一带一路”倡议可能的前行方向有：建构初级的关税同盟、高水平的自由贸易区、以中欧班列为依托的运输联盟，抑或涵盖贸易、投资、知识产权等诸多内容的经济共同体。GATT/WTO多边经贸规则的发展路径清晰可见，内在逻辑一以贯之，“一带一路”倡议无论最终选择哪个方向前行，均应实现由“权力导向”向“规则导向”的演进与蜕变，实现“一带一路”倡议的机制化。否则，难以建构“稳定、透明、可预期”的高水平区域经济体。而亚投行多元化争端解决机制将是“一带一路”、规则化的尝试和保障。“一带一路”的未来无论是初级的运输联盟，还是高水平的经济共同体，争端解决机制是其重要的组成部分，不可或缺。

## 第二节 亚投行争端解决机制现状与问题

当前《亚投行协定》设定的争端解决机制不甚完善，需要努力探索契合“一带一路”沿线投资纠纷实际需求的，多元、高效、科学的纠纷解决机制。《亚投行协定》只涉及两类纠纷的解决，即亚投行与成员之间的纠纷，亚投行与客户当事人之间的纠纷，而且约定了较为苛刻的限制性条件。换言之，仅就这两类纠纷，从适格当事人到纠纷解决途径，也是受限的。无论是纠纷类型的限定，还是纠纷解决途径的选择，《亚投行协定》都是《国际复兴开发银行协定》的忠实效仿者。遗憾的是在争端解决的“多元化”方面，亚投行并未借鉴到位，因为世行在其“贷款协定和担保协定通则”中对世行与投资者之间的纠纷设定了明确的仲裁程序规则，而且世行还设立了独立的ICSID，专门为ISDS类型纠纷的解决提供了特定途径，通过有效保护投资者的利益，来实现世行利益的保护。

### 一、亚投行与其成员之间的纠纷

政府间国际组织与其成员之间的纠纷是任何一个国际组织都会面临的重要的纠纷类型。《亚投行协定》在第十章（修改、解释与仲裁）的

第55条对此类纠纷的仲裁进行了规定。[26] 但该条设定的仲裁机制有以下问题。

1. 适格主体范围较窄

适格仲裁当事人只有这两种情况，即“亚投行”和“已终止成员资格的国家”，“通过终止银行业务的决议之后的亚投行”与成员之间的纠纷。反言之，正常运行的“亚投行”与正常的成员之间的纠纷不能按照本程序提交仲裁，如果成员之间或者成员与亚投行之间关于《亚投行协定》的解释、实施发生纠纷，也只能根据第54条[27]之规定，首先提交董事会裁定，无论结果如何，针对董事会的裁定都可以再交给理事会继续讨论裁定，但理事会的裁定是最后裁定。实际上，发生在运营中的亚投行与有效成员之间的纠纷可能远远多于成员退出后或者亚投行注销后的纠纷，而第55条却排除了此类纠纷。换言之，《亚投行协定》把正常运营期间的亚投行与有效成员之间的纠纷倾向认定为第54条的关于协定权利义务解释的纠纷，由董事会和理事会进行解决，即更倾向“行政化”处理，而非“司法化”解决。但国际经济法的实践表明，纠纷的“行政化或政治化”往往不利于纠纷的解决，相反纠纷的“司法化或法律化”更有利于纠纷的化解，WTO、ICSID等专门性纠纷解决机构的实

---

〔26〕《亚投行协定》第55条规定，在银行与已终止成员资格的国家之间，或者在银行通过终止银行业务的决议之后的银行与成员之间发生争议，应提交由3名仲裁员组成的法庭进行仲裁。仲裁员中，一名由银行任命；一名由涉事国家任命；除双方另有协定外，第三名由国际法院院长或银行理事会通过的规章中规定的其他当局指定。仲裁员以简单多数作出决定，该仲裁决定为最终裁决，对双方均有约束力。双方在程序问题上有争议时，第三名仲裁员应有权处理全部程序问题。

〔27〕《亚投行协定》第54条规定：(1) 成员与银行之间或成员之间在解释或实施本协定规定发生疑问时，应提交董事会决定。如董事会审议的问题与某个成员有特殊关系而董事会无该成员国籍的董事时，该成员有权派代表直接参加董事会会议，但该代表没有投票权。该代表的权利应由董事会规定。(2) 董事会作出本条第1款下的决定后，任何成员仍可要求将问题提交理事会讨论，由理事会作出最终裁决。在理事会作出裁决之前，如果银行认为必要，可根据董事会的决定行事。

践一再证明了上述逻辑。

2. 临时仲裁程序

该仲裁机制未设立常设仲裁机构，实为“临时仲裁”，纠纷发生以后，由3位仲裁员组建一个临时仲裁庭进行审理。亚投行可以指定1名仲裁员，争端当事国可以指定1名仲裁员，第三名仲裁员由双方共同指定或由国际法院院长或银行理事会通过的规章中规定的其他当局指定。该条规定存在以下问题：首先，有没有必要提供指示性的仲裁员名单。如果“一带一路”沿线的小国，没有投资金融仲裁方面的国际人才，缺乏合适的仲裁员人选，最后可能导致仲裁员指定不能。但是如果提供仲裁员指示性名单，那么对仲裁员的资格、数量分配、报酬等都需要进一步研判，或者借用已有仲裁机构的仲裁员指示名单。其次，仲裁庭组成是否需要有一个时间期限。无论是2006年的《联合国国际贸易法委员会仲裁示范法》,〔28〕是2010年《联合国国际贸易法委员会仲裁规则》,〔29〕还是2024年《香港国际仲裁中心仲裁规则》,〔30〕抑或是《中国国际经济贸易仲裁委员会仲裁规则》,〔31〕仲裁庭的组成一般都有一个时间限制。否则，如果一方不配合，仲裁庭可能迟迟无法组成，仲裁程序可能被无期限搁置。可以增加仲裁员指定的时间，如20日之内不行使指定权利的话，则由理事会代为指定。

3. 裁决的效力

该条规定由仲裁庭采用简单多数的原则对案件作出裁决，并且裁决是终局的。此规定问题有二：一是裁决作出的期限，即仲裁组成以后，应该在多长时限内作出裁决，需要进一步明确；二是如果裁决错误，又该如何救济，未能明确进一步救济的渠道，所以可能导致错误裁决无法

〔28〕 参见《联合国国际贸易法委员会仲裁示范法》第11条。
〔29〕 参见《联合国国际贸易法委员会仲裁规则》第6条。
〔30〕 参见《香港国际仲裁中心仲裁规则》第6条。
〔31〕 参见《中国国际经济贸易仲裁委员会仲裁规则》第27条。

获得及时纠正，长此以往可能影响亚投行的公信力。

4. 程序错误的纠正

该条同时规定，双方在程序上有争议时，由第三名仲裁员全权处理所有程序问题。此规定可能会产生歧义，即此处的程序性问题是在仲裁庭组建过程中出现的程序性问题，还是整个仲裁过程中出现的程序性问题。换言之，是在仲裁程序中随时处理程序问题，还是裁决作出后，一方可以单独针对程序性瑕疵请求第三名仲裁员处理。此处的第三名仲裁员当然是指“由国际法院院长或银行理事会通过的规章中规定的其他当局指定”的那一名仲裁员。但是这名仲裁员如果无法继续履职，或在裁决中有重大过错，又该如何救济，均需要进一步明确。

5. 未指明仲裁规则

该条未明确指出仲裁程序所依据的仲裁规则是《联合国国际贸易法委员会仲裁规则》，还是《香港国际仲裁中心仲裁规则》，抑或是《中国国际经济贸易仲裁委员会仲裁规则》，需要进一步明确，否则系列问题均需要《亚投行协定》或后续的细则进行规定。

6. 其他问题

仲裁地、语言、临时措施、仲裁费用等问题均未规定。如果没有明确依据该条组建的仲裁庭所应依据的仲裁规则，那么仲裁地、语言等问题均需要另行规定，否则仲裁庭的或然性过大，不利于提高仲裁效力。该条为上述问题的完善似乎留有余地，即“银行理事会通过的‘规章’中规定的其他当局指定”，其中提到了亚投行理事会需要制定“仲裁员指定规则”，可以通过此规则对上述问题进行逐一确定，以期为仲裁机制提供明确指引。

由此，《亚投行协定》第55条规定的仲裁机制，由于适格主体的苛刻限制，以及具体适用条件的不明确性，导致该条沦为一个“特定条件下”的亚投行与成员之间的仲裁机制，对于每一个成员来说，只有在退出《亚投行协定》以后或者亚投行停业后，才有机会触发该机制的启动。换言之，这可能是一个永远都不会启动的仲裁机制。再加上具体仲裁程序的模糊性，很可能无法满足稳定、透明、可预期的要求。

## 二、亚投行与其当事人之间的纠纷

《亚投行协定》并未专门规定与客户当事人之间的纠纷途径，但在第九章“法律地位、豁免权、特权及免税权”中的第46条“司法程序豁免”中[32]规定了亚投行与客户当事人之间纠纷的诉讼解决途径。该诉讼的具体条件如下。

1. 诉讼理由。客户当事人必须是因亚投行在“筹资、债务担保、买卖或承销债权”或者与行使这些权利有关的纠纷，方可以提起诉讼。换言之，必须是亚投行业务密切相关当事人因为具体业务而引发的法律纠纷，才是合法的诉讼理由。

2. 管辖权法院。凡属于上述案件范围的，当事人可以在亚投行“设有办公室的国家境内，或已任命代理人专门接受诉讼传票或通知的国家境内，或者在已发行或担保债券的国家境内”，向有管辖权的法院对亚投行提起诉讼。此条管辖权法院的确定兼顾了“被告原则”和“行为地原则”，即亚投行机构所在地或债权发行地的法院有管辖权，并适用法

---

〔32〕《亚投行协定》第46条“司法程序豁免”规定：(1) 银行对一切形式的法律程序均享受豁免，但银行为筹资而通过借款或其他形式行使的筹资权、债务担保权、买卖或承销债券权而引起的案件，或者与银行行使这些权力有关的案件，银行不享有豁免。凡属这类案件，在银行设有办公室的国家境内，或在银行已任命代理人专门接受诉讼传票或通知的国家境内，或者在已发行或担保债券的国家境内，可向有充分管辖权的主管法院对银行提起诉讼。(2) 尽管有本条第1款的各项规定，但任何成员、成员的任何代理机构或执行机构、任何直接或间接代表一个成员或成员的机构或单位的实体或个人、任何直接或间接从成员或成员的机构或单位获得债权的实体或个人，均不得对银行提起诉讼。成员应采用本协定、银行的细则及各种规章或与银行签订的合同中可能规定的特别程序，来解决银行与成员之间的争端。

院所在地的民事诉讼程序和民事诉讼法。

3. 排除条件。《亚投行协定》第46条第2款同时规定了较为苛刻的排除条件，即不能对亚投行提起诉讼的限制。主要包括以下情况：如果亚投行业务当事人是任何成员的代理机构或执行机构的，或者代表成员的任何机构实体或个人的，或者任何从成员机构获得债权的实体或个人的，均不得按照《亚投行协定》第46条第1款的规定向亚投行提起诉讼。被排除的3类争端从法律主体上看，实为亚投行与成员之间的争端，尽管争端内容可能是亚投行业务所涉的民商事权益，而非协定义务的履行，但也只能采用特别程序来解决。这也是第2款的但书部分规定的途径，即成员应采用本协定、银行的细则及各种规章或与银行签订的合同中可能规定的特别程序，以解决被排除的上述3类争端，而不适用第1款的诉讼途径。

《亚投行协定》第46条规定存在系列问题：第一，非专门的争端解决条款。该诉讼是规定在"司法程序豁免"中，是"司法程序豁免"的例外，而不是专门的纠纷解决规定。换言之，由于该条规定了具体例外情况，因此亚投行在各成员境内享有"有限豁免权"，而非"绝对豁免权"，与亚投行具体业务相关诉讼理由不享有豁免权，当事人可以向所在地法院起诉。第二，未明确规定可适用法律。国际民商事案件的民事诉讼程序，一般必须适用法院所在地的民事诉讼程序法，但案件裁判所依据的实体法律，当事人可以选择。但该条未能指明案件的实体法律依据。可能的选择如下：受理法院所在地的法律，亚投行总部所在地（中国）的法律，双方认可的第三国的法律。建议在后续的规则中明确适用亚投行总部所在地的法律（中国法），或者双方当事人共同选择的第三国法律，尽可能地规避法院地法律的适用，减少属地保护的不良影响。第三，未规定可能选择的仲裁程序。从内容看，该条规定的纠纷实为与亚投行业务密切相关的民商事纠纷，而国际金融机构的民商事纠纷一般倾向通过仲裁程序，而非诉讼程序，进行解决。因为，仲裁程序相较诉讼程序而言，具有灵活、高效、执行有保障等明显优势。为此，建议在后续的规则中，增加可选择的仲裁程序，提高纠纷解决的多元化。

综上，《亚投行协定》只针对上述两类纠纷进行了原则性规定，针对运行期间的亚投行与有效的成员之间的纠纷，亚投行与业务当事人之间的仲裁程序，亚投行业务当事人与东道国政府之间的纠纷，均未进行具体规定，需要继续深入研判其完善的路径与方式。

## 三、亚投行争端解决机制的主要问题

除《亚投行协定》第46条和第55条所涉上述问题外，关于争端解决机制的规定还存在以下问题。

### （一）适格的争端主体范围有限

确定纠纷的主体当事人，即什么样的当事人才有资格启动、参与纠纷解决程序，是争端解决机制应该首要考虑的问题，这不但关乎争议当事人的利益，还将影响约定程序的管辖权范围。已如前述，《亚投行协定》第55条的仲裁主体只限于停业后的亚投行和退出后的成员，而更为普遍的正常营业情况的下亚投行和资格有效的成员之间的纠纷，此时是无法作为该仲裁程序的适格当事人的。换言之，无法根据该仲裁程序进行解决争端。这些争端只能根据《亚投行协定》第54条的规定，交给董事会和理事会进行处理，此种解决途径更为“行政化或政治化”，而非“法律化”，可能会不利于纠纷的化解。同样，《亚投行协定》第46条亦排除了亚投行与成员之间关于具体业务纠纷的司法或仲裁途径。因为该条没有规定仲裁解决方式，而正常营业的亚投行与有效成员之间的业务纠纷，也不能根据《亚投行协定》第55条的规定提交仲裁。故此类纠纷的仲裁途径被阻却。此外，亚投行成员之间的纠纷以及贷款人与东道国之间的解纷途径尚属空白，即这两类主体之间的争端是由董事会或理事会解决，还是北京属地诉讼，抑或交由第三方仲裁，《亚投行协定》均未涉及。

## （二）常设争端解决制度缺失

国际组织争端解决机制，尤其是仲裁机制，可以分为常设仲裁和临时仲裁两种方式。顾名思义，常设仲裁机构有固定的办公地点、工作人员、仲裁员名单、仲裁规则等基本组织架构，有实际的物理依托，如ICSID〔33〕、国际商会仲裁院〔34〕、中国国际经济贸易仲裁委员会〔35〕等，

〔33〕 ICSID是1966年依据《ICSID公约》建立的世界上第一个专门解决ISDS类型投资争议的仲裁机构。总部设在华盛顿，是世行集团的5个成员之一。ICSID的宗旨和任务是，制定调解或仲裁投资争端规则，受理调解或仲裁投资纠纷案件，处理投资争端等问题，为解决东道国和外国投资者之间争端提供便利，促进投资者与东道国之间的互相信任，从而鼓励国际私人资本向发展中国家流动。ICSID解决争端的程序分为调解和仲裁两种。

〔34〕 国际商会仲裁院（The ICC International Court of Arbitration，以下简称ICC仲裁院），成立于1923年，是附属于ICC的一个国际性常设调解与仲裁机构。设立目的是通过处理国际性商事争议，促进国际之间的经济贸易合作与发展。ICC仲裁院是国际性民间组织，具有很大的独立性，该仲裁院总部设在巴黎，理事会由来自40多个国家和地区的具有国际法专长和解决国际争端经验的专家组成，专家首先由ICC各国委员会根据一国一名的原则提名，然后由ICC大会决定，任期3年。ICC仲裁院设主席1名、副主席8名。ICC仲裁院在ICC总部设有秘书处，秘书处由来自10多个国家或地区的人员组成，设秘书长1名，秘书处分5个小组，每组由3人组成，1名顾问、1名助理，还有1名秘书。顾问一般是律师，并至少应当懂英语与法语。这5个小组负责处理案件管理中的日常事务。

〔35〕 中国国际经济贸易仲裁委员会（China International Economic and Trade Arbitration Commission，CIETAC，以下简称贸仲委），总部设在北京。贸仲委是以仲裁的方式独立、公正地解决契约性或非契约性争议的常设商事仲裁机构，是中国国际贸易促进委员会根据中央人民政府政务院决定，于1956年4月设立的，当时名称为对外贸易仲裁委员会。中国实行对外开放政策以后，为了适应国际经济贸易关系不断发展的需要，对外贸易仲裁委员会于1980年改名为对外经济贸易仲裁委员会，又于1988年改名为"中国国际经济贸易仲裁委员会"，自2000年10月1日起同时启用"中国国际商会仲裁院"名称。根据业务发展的需要，贸仲委分别于1989年、1990年、2009年、2015年在深圳、上海和重庆设立了深圳分会（2004年改为华南分会）、上海分会和西南分会。随着自贸试验区的发展需要，近年来，贸仲委又设立了一些省级分会，如2018年的四川分会、浙江分会等。总会和分会使用相同的仲裁规则和仲裁员名册，在整体上享有一个仲裁管辖权。

都属于常设机构仲裁。而临时仲裁则相反，没有固定的地点和人员，没有物理机构为依托，纠纷发生以后，由双方当事人临时指定仲裁员组成临时仲裁庭进行审理，仲裁地点、仲裁规则等都需要双方临时确定。当案件审理完毕后，仲裁庭即刻解散。由此，《亚投行协定》第55条确立的仲裁为临时仲裁机制，仲裁庭是因个案产生，而非常设机构。临时仲裁好处是灵活，当事人的主导性更强，更好地尊重了“意思自治原则”。但缺陷也十分明显，由于仲裁庭是临时的，缺乏监督和评价机制，可能导致仲裁员的消极懈怠和错误判决，进而影响仲裁的公正公平。此外，临时仲裁往往没有自己的仲裁规则，也没有仲裁员名单，所有相关细节问题，都需要当事人双方逐一协商确定，这会导致仲裁程序的拖沓和延迟，也会影响仲裁的效率。因此，亚投行应该建立自己的常设争端解决机构，或者允许部分类型纠纷的当事人选择国际上比较知名的常设仲裁机构。

### （三）争端解决方式比较单一

单一的纠纷解决途径无法满足多样纠纷类型的选择需求。尤其是不同主体之间的纠纷，主体诉求和法律性质具有明显的特殊性，不能同类而论。除传统的诉讼外，国际经贸纠纷的解决还有磋商、调解和仲裁，而且存在多个调解和仲裁机构可以选择。《亚投行协定》第46条和第55条只规定了解决两种特定纠纷的诉讼和仲裁程序，没有磋商程序作为前置或可选项。而且每个种类的纠纷解决机制没有第二种选择，即第46条规定的纠纷只能在亚投行分支机构所在地或行为地进行法院诉讼，没有规定临时仲裁或机构仲裁。同样，第55条规定纠纷类型只能启动临时仲裁，没有其他机构仲裁或调解程序可以选择。如此一来，大大降低了当事人选择的灵活性，也有违国际商事仲裁中广义的“意思自治”原则。例如，调解程序，当事人可以选择机构调解，也可以选择临时调解，争端各方当事人在调解委员会的主持下，就双方的分歧进行协商与调和，进而形成友好解决方案，能够友好、有序、高效地解决纷争。[36] 故应设定多元化、灵活性的争端解决体系，赋予当事人更多的选择权。

### （四）仲裁庭组成不够详尽

在整个仲裁程序中，仲裁庭的组成至关重要，不但关乎当事人的权利，还将影响仲裁的结果和效率。但《亚投行协定》第55条的仲裁员指定问题凸显。首先，没有仲裁员指示性名单，也没有具体仲裁员任职条件，这样被指定的仲裁员可能专业不对口、不熟悉仲裁程序、不熟悉相应的国际投资法规则等，进而影响裁决的质量。其次，第三名仲裁员可以由国际法院院长，也可以由银行理事会通过的规章中规定的其他当局指定，这样好像凸显了灵活性，但实际上亚投行至今未通过相关规章，也就未明确“其他当局”是哪些当局，这种情况下，第三名仲裁员也就只能通过国际法院院长指定，没有任何替代方案可以选择。换言之，如果国际法院指定不能或者指定的人员不合适，仲裁庭又该如何组成，仲裁程序又该如何推进？未予明确的情况下，可能会发生程序困境。最后，《亚投行协定》第55条规定的仲裁庭只能是三人仲裁庭，没有规定一人仲裁庭，即独任仲裁模式。在国家商事仲裁中，一人仲裁庭已比较普遍，尤其针对那些案情比较简单，事实比较清楚的案件，一人仲裁庭简洁高效，亦可为当事人节约仲裁成本。当然，国际投资纠纷案件，尤其是ISDS案件，所涉法律关系、事实情况等大多比较复杂，多半需要三人仲裁庭予以裁处。但如果是平等主体之间的国际投资纠纷，尤其是两个投资者之间比较简单的合作纠纷，如果事实比较明确，法律关系比较简单，一人仲裁庭可能是较好的选择。

### （五）争端解决程序所依据的法律缺失

国际争端解决的一个前提性问题是“准据法”的选择，即案件所应该适用的法律，可以是法院地法，可以是行为地法，也可以是基于双方

---

〔36〕 参见徐元彪、周茜：《国内调解制度与国际调解制度之应用分析与比较》，载《广西社会科学》2006年第8期。

当事人“意思自治”选择的第三国法律。如果当事方没有选择或者仲裁协议没有明确规定所适用的法律，则法院或仲裁庭多半将适用其所在地的法律。在这种情况下，可能有违当事人法律适用的初衷，影响解纷程序的顺利推进。通常而言，协定或仲裁协议应明确准据法的确定标准。《亚投行协定》的第55条和第46条均未确定法律适用规则。如是，法律适用的或然性比较大，案件结果的或然性也比较大。当然，在仲裁之前或仲裁过程中，当事人可以协商一致选择仲裁规则，但应该明确赋予当事人的这种选择权利，或者以列举方式明确当事人可以选择仲裁规则的范围。如果说，案件的准据法是实体法，是权利义务责任认定的依据，那么仲裁规则就是程序法，是仲裁庭裁决过程中应遵守的程序规则。《亚投行协定》第55条也没有规定仲裁程序所应该依据的仲裁规则。

### （六）仲裁裁决的监督和执行程序缺失

仲裁的纠错监督机制对确保仲裁裁决结果的统一性和一致性具有重大意义，亦会影响亚投行的公信力。《亚投行协定》第55条只规定了仲裁裁决的终局效力，并没有提供任何合法、有效的监督救济方式，可能导致错误的裁决无法纠正，同案不同判的矛盾裁决将不可避免，因为裁决是不同仲裁庭作出的，不同仲裁员组成的仲裁庭对同一类案件，由于专业背景、价值判断、利益倾向不尽相同，可能结论亦不同。此外，裁决作出后如何确保执行，该条亦未明确。如果当事人双方所属国均已经加入《纽约公约》，则可以按照该公约的规定进行执行。如果一方所属国不是《纽约公约》的成员，仲裁裁决只能根据被执行财产所在地的法律申请执行。如此一来，就很复杂了，因为不同执行程序差异较大，是否需要对仲裁裁决重新进行司法审查，是否需要互惠实践，如何采取强制措施等，可能都是裁决异国执行必须面临的障碍。如果仲裁庭的裁决无法确保在相关成员境内的执行效力，那么仲裁裁决将沦为一纸空文，还将大大影响亚投行的公信力。因此，可以借鉴《ICSID公约》第53条的规定，提升仲裁裁决在所有成员国境内的可执行性。

## 第三节　亚投行争端解决机制的完善

亚投行争端解决机制的完善是一个系统性工程，可以从内部和外部两个视角考量，内部主要是完善《亚投行协定》第55条的仲裁机制，尤其是针对前述问题进行改进，以及是否建立独立的投资争端解决机制。外部主要涉及以下方面：首先，是否考虑把投资者与东道国之间的投资纠纷交给ICSID管辖；其次，借力BIT仲裁条款增加可能的仲裁途径；再次，适当利用现有商业仲裁机构；最后，借鉴WTO机制，完善亚投行内部争端解决机制。本节主要探讨亚投行内部机制的完善，尤其是本章述及的相关问题的解决。其他问题将在后文中进行探讨。

### 一、进一步扩大适格主体范围

伴随亚投行成员数量不断扩容，成员与亚投行之间的纠纷，尤其是关于协定的解释分歧，将不断涌现。如果按照《亚投行协定》第54条的规定，亚投行与成员之间的纠纷应该由董事会和理事会来解决，这样就产生了自己解决自己纠纷的困难，成员必然会质疑董事会和理事会能否公平解决亚投行是一方当事人的纠纷。为此，建议《亚投行协定》第55条规定的仲裁程序扩大适用到当前有效成员和正常营业的亚投行之间的纠纷。如果把此类纠纷归入第55条规定的临时仲裁程序管辖，可以实现由第三方，而非亚投行自己来解决自身的纠纷。如是，将不可避免地替代第54条关于董事会和理事会的行政解决方式。笔者认为，尽管亚投行理事会让渡了对《亚投行协定》的解释权，但把行政程序转换为司法仲裁程序，不但可以减轻亚投行自身的压力，还有利于培养成员对亚投行的信任和信心。此外，为了保证亚投行理事会对协定解释的影响力，可以把亚投行列为第55条规定的仲裁程序的利害关系的第三方，并有权向仲裁庭提交第三方意见书，这样保证了理事会可以全程参与仲裁程序，并对仲裁庭施加一定程度的影响。

## 二、增设常设仲裁机构

世行和ICSID的架构模式证明，常设专门的投资争端解决机构对国际金融机构的权益保障是十分必要的。因为常设仲裁机构有如下优势：第一，常设争端解决机构更契合稳定、透明、可预期的司法理念。费用、规则、仲裁员名单等相对明确，纠纷当事人对自身案件有一个相对确定性的合理预期，多数当事人更喜欢确定性，而非不可预知的冒险。与临时仲裁相较，固然各有优劣。第二，一般常设仲裁机构均配有秘书处或类似机构，用于提供与仲裁有关的管理和服务。一则可为仲裁员提供工作上的便利，二则可以保证整个程序的顺利进行。第三，一般常设仲裁机构都备有供当事人选用的仲裁员指定名单，名单中的仲裁员通常是相关领域的专家，进而为当事人指定仲裁员提供了便利。同时，在当事人指定仲裁员有困难时，仲裁机构也可以受托从仲裁员名册中协助或代替当事人指定。第四，常设仲裁机构仲裁费用标准一般比较明确，并进行公布，便于当事方明确预期，而临时仲裁的仲裁费用一般由仲裁员自行决定，没有固定可预期的标准，或然性较大。

当然，亚投行常设仲裁机制的建立是一个系统工程，包括框架设定、拟定仲裁规则、确立仲裁员名单、机构运行费用等系列问题，本文将另行专章论述。

## 三、促进现有争端解决的多元化

磋商的友好、灵活的优势，在国际商事纠纷的解决中意义越来越凸显。经过前期的有效磋商后，纠纷当事人对案件事实、争议焦点、责任承担等问题会有一个比较全面、客观的认识，有时经过磋商可能直接达成和解，并签署和解协议，自愿顺利履行，如是可以避免触发后续的诉讼或仲裁程序，高效且节约成本。换言之，磋商可以过滤掉很多无关的事实，明确纠纷责任，节约司法和仲裁成本。如果磋商未果，可以进一步启动诉讼或仲裁程序。因此，建议《亚投行协定》第46条和第55条规定的属地诉讼和临时仲裁中增加一个前置性磋商程序，为当事人提供一个友好协商、快速达成和解的途径。此外，为了避免第46条的属地诉讼可能产生的属地保护主义，建议增加一个仲裁机制，即争端当事人亚投行及其分支机构与客户当事人，可以选择属地诉讼，也可以选择国际仲裁，但一旦选择了诉讼或仲裁即具有了法律拘束力，不得退出所选程序，即使败诉亦不得反悔最初的程序选择。另外，增加的仲裁程序可以是临时仲裁，也可以是机构仲裁。如果是临时仲裁，需要进一步明确仲裁规则、仲裁庭组成程序、时效等相关问题。如果机构仲裁，可以增加ICC仲裁院、贸仲委〔37〕和香港国际仲裁中心，由纠纷当事人根据需要自行选择。仲裁机构选定后，仲裁规则、仲裁员名单、仲裁费用等可以自动适用各仲裁机构的现有规定。

---

〔37〕 2017年9月12日，贸仲委首次发布《中国国际经济贸易仲裁委员会国际投资争端仲裁规则（试行）》，即投资仲裁规则，该规则已于当年10月1日起施行。根据该规则，贸仲委在北京设立投资争端解决中心，受理投资仲裁申请，管理仲裁案件。这是贸仲委首部投资仲裁规则，标志贸仲委开始受理ISDS类型的投资案件。《中国国际经济贸易仲裁委员会国际投资争端仲裁规则（试行）》第2条规定，根据当事人之间的仲裁协议，受理基于合同、条约、法律法规或其他文件提起的，一方当事人为投资者，另一方当事人为国家或政府间组织、经政府授权的或其行为可归责于国家的其他任何机构、部门和其他实体的国际投资争端。深圳国际仲裁院2019年修订仲裁规则后，也表明其可以受理ISDS类型的投资纠纷案件，但考虑两个仲裁委员会的国际接受度和影响力，亚投行多元化争端解决途径应该选择贸仲委，而非深圳国际仲裁院。参见《深圳国际仲裁院仲裁规则（2022年2月21日起施行）》第2条第3款的规定，深圳仲裁院亦可受理一国政府与他国投资者之间的投资争议仲裁案件。

## 四、拟定仲裁庭组成规则

《亚投行协定》第55条的仲裁庭组成规则缺位，可能引发仲裁庭成立不能等系列问题，因此需要进一步拟定专门的仲裁规则。该仲裁规则除必要内容（仲裁庭组成、仲裁程序、仲裁员名单、仲裁费用等问题）外，还需要注意以下问题。第一，拟定该仲裁规则时应兼顾未来可能设立的亚投行独立仲裁机构之考量，即此临时仲裁规则可能是后来独立仲裁机构规则的配套版。因此，既要考量“临时仲裁”制度的应急性，又要兼顾“机构仲裁”的未来。第二，仲裁庭的组成形式应充分考虑“一人仲裁”制度，充分对标国际商事实践，赋予当事人更多的选择权。第三，科学制定仲裁员指示性名单。首先，仲裁员的遴选应该面向国际投资金融领域的优秀专家、学者和律师，专业对口、能力较强、品德较好。其次，仲裁员还应考虑其道德和职业操守。第四，应充分考虑整个仲裁员数量在不同成员、不同区域、不同语言、不同法系之间的分布，尽可能具有广泛的代表性与多元性，来满足不同成员的需求。

## 五、尽可能明确法律适用

《亚投行协定》现有的两大类争端解决机制均未明确所应适用的法律，也未规定选择准据法的方法。为了避免未来争端中不当的法律选择可能给亚投行带来的不利影响，可以考虑为《亚投行协定》第55条的仲裁和第46条的诉讼补充纠纷裁决应适用的法律，或者补充准据法的选择方法，尤其是第46条的属地诉讼，如果当地法院审理，又适用法院地的法律，那么属地保护主义将难以规避，亚投行的利益可能受损。从法律适用的角度看，选择案件所适用法律的方法有二：一是直接选择具体国家的法律，二是给出选择法律的系属公式。例如，适用被告注册地的法律，或者法院地的法律，抑或双方同意的第三国法律。第一种方法对亚投行更有利，因为在亚投行和成员或客户当事人之间的纠纷，组织具有明显的优势，纠纷发生后，一般作为被诉方的情形较为普遍。此外，针对《亚投行协定》第55条临时仲裁机制的法律适用，应注意保持与未来可能的亚投行独立投资争端解决机制法律适用的一致性。

## 六、增加裁决监督和执行程序

无论是WTO上诉机制的成功经验，还是ICSID上诉机制缺失的教训，实践一再证明，上诉监督机制是确保裁决一致性，维护法律统一性，树立机构公信力的关键。为此，应该完善《亚投行协定》第55条临时仲裁的监督机制，确立上诉纠错通道。上诉仲裁庭的组成、仲裁员指定、成本费用等问题需要在上述拟定的仲裁规则中详尽规定。裁决作出后，执行是关键。WTO执行采用了“自觉执行+授权报复”[38]的方式，ICSID采用了“视为成员国国内最终判决”[39]的方式。前者的执行力相对较弱，惩罚措施不足，后者的执行力较强，但需要成员的配合。综合来看，ICSID的执行效果更好一些。因此，建议在《亚投行协定》第55条中增加一款执行条款，直接参照ICSID文本的规定即可。同样，上诉监督机制和执行程序的增补应充分考量未来亚投行独立投资争端解决机制的建构，防止矛盾和冲突，注重兼容和统一。

[38] 参见《WTO争端解决谅解》第21条。

[39] See “Convention on the Settlement of Investment Disputes Between States and Nationals of Other States”, Article 54, Each Contracting State shall recognize an award rendered pursuant to this Convention as binding and enforce the pecuniary obligations imposed by that award within its territories as if it were a final judgment of a court in that State. A Contracting State with a federal constitution may enforce such an award in or through its federal courts and may provide that such courts shall treat the award as if it were a final judgment of the courts of a constituent state.

# 第二章 世行与亚开行争端解决机制

## 第一节 世行争端解决机制

### 一、世行的缘起与治理

国际货币贸易机制的失序发展，国际政治协调机制的瘫痪，以及殖民经济带来的全球经济的严重不均衡，把人类推进了20世纪上半期的两次战争浩劫。为了避免重蹈覆辙，提升全球国际治理协调能力，第二次世界大战后期，以美国为首的国际社会开始思考建构全球政治经济的协调机制，重塑国际治理秩序。1945年6月26日，来自全球的50个国家或地区代表在旧金山正式签订《联合国宪章》，标志联合国（United Nations，UN）的正式设立，国际政治协调治理机制由战前的国际联盟（League of Nations）升级为联合国。与此同时，为了提升经贸领域的国际协调治理能力，美国为首的主要发达国家设计了主导全球货币金融和贸易的"三驾马车"：第一个是旨在协调国际货币和汇率制度的IMF；第二个是为推动战后经济发展而提供融资的世行；第三个是旨在推动国际贸易自由化的“国际贸易组织”[1]（International Trade Organization，ITO），即广为熟知的GATT。

### （一）世行的建立

1944年7月，主要发达国家在美国布雷顿森林签署通过《国际货币基金协定》和《国际复兴开发银行协定》（以下简称《世界银行协定》），设立了IMF和世行。[2] 此举标志以美元为中心的国际货币体系——布雷顿森林货币体系（Bretton Woods System）的横空出世。GATT作为1944年布雷顿森林会议的补充，加上布雷顿森林会议通过的各项协定，统称为“布雷顿森林体系”，形成了一个以外汇自由化、资本自由化和贸易自由化为基本内容的多边经贸全球治理体系。

---

〔1〕1947年11月至1948年3月，联合国经济社会理事会在古巴首都哈瓦那召开的“联合国贸易暨就业会议”中，美国提议建立国际贸易组织（International Trade Organization，ITO），来负责管理GATT的实施。根据“临时适用议定书”，GATT已于1948年1月1日开始临时适用。但美国国会保守势力阻止了《建立ITO协定哈瓦那宪章》的通过，ITO夭折，GATT一直临时适用到1994年年底。1995年1月1日，WTO在日内瓦正式运行，ITO的创想由WTO承继变为现实。至此，美国终于实现了政治、货币、金融、贸易“四位一体”的世界秩序的建构与引领。晚近由于上述四大国际治理组织的改革一再受阻，规则越发滞后，对于全球新问题的协调反应迟钝、力不从心，战后的国际治理框架机制面临严峻挑战。

〔2〕狭义上世行特指国际复兴开发银行（The International Bank for Reconstruction and Development，IBRD）和国际开发协会（The International Development Association，IDA），IDA于1960年成立。从功能和宗旨上看，IBRD和IDA亦是共同的，即向发展中国家的政府提供资金、政策咨询和技术援助。而广义上的世行意指世行集团（The World Bank Group），还包括另外3个机构：国际金融公司（IFC），1956年成立。多边投资担保机构（MIGA），1988年成立；MIGA通过向投资者和贷款方提供政治风险担保履行其使命。ICSID，1966年成立，提供针对国际投资争端的调解和仲裁机制。世行的官网上如此描述五个机构的关系，“虽然五家机构各有成员国、理事会和章程，但我们作为一个世界银行集团为我们的伙伴国家服务。只有将私营部门纳入解决方案，才有可能应对当今的发展挑战。但公共部门要奠定有利于私人投资和允许其发展壮大的基础。这些机构发挥相辅相成的作用，赋予世界银行集团集聚全球金融资源满足发展中国家需求的独特能力。”载世行网，https://www.shihang.org/zh/who-we-are，最后访问日期：2020年10月29日。

世行是联合国的专门机构之一。截至 2020 年 10 月底，世行集团共有 189 个成员，员工来自 170 多个国家或地区，在全球 130 多个地方设有办事处。世行集团是一个较为独特的全球性合作伙伴，其所属的五大机构共同致力于寻求在发展中国家减少贫困和建立共享繁荣的可持续之路。〔3〕当然，世行成立之初是为了给成员生产性投资提供长期贷款和技术援助，协助成员经济发展，助力战后的欧洲经济复兴。随着欧洲经济的渐趋恢复，世行的主要任务逐步转向了各成员的教育发展，减少贫困以及应对气候变化。

世行作为世界最大的开发银行，通过向中等收入国家以及信誉较好的低收入国家提供贷款、担保、风险管理产品和咨询服务，并通过协调各国应对地区性和全球性挑战，促进世界经济的均衡发展是世行集团的使命。世行与国际开发协会（世行面向最贫困国家的基金）协调一致，并与世行集团所有机构以及发展中国家的政府和私营部门密切配合，致力减少贫困和建立共同繁荣。我国是世行创始成员国，1980 年 5 月 15 日世行执行理事会决定恢复中国的合法席位。世行在北京亦设有代表处。

### （二）世行的治理

1. 成员资格与股权构成

为了防范因汇率波动而带来的金融风险，以及对正常国际贸易秩序带来的冲击，世行要求只有 IMF 的成员才有资格申请加入，质言之，加入 IMF 是加入世行的前置性条件。反之，任何成员在其丧失 IMF 成员资格 3 个月后，即自动丧失其成为世行成员的资格，除非经银行总投票权 3/4 的多数通过允许该国仍为成员。世行的成员分为创始成员和普通成员，凡是在 1945 年 12 月 31 日之前签署批准协定的，即为创始成员，之

〔3〕 载世行网，https：//www. shihang. org/zh/who-we-are，最后访问日期：2020 年 10 月 30 日。

后加入的为普通成员。[4] 相较而言，世行规定的退出程序相对加入程序而言更简洁，随时书面通知即可，即任何成员可以随时书面通知世行得以退出，世行收到该项通知之日起退出即刻生效。当然，如果成员不履行对世行的义务，经半数以上理事且持有过半数总投票权的表决，可以暂停其成员资格，自暂停成员资格之日起1年后，除非以同样的多数表决恢复其资格外，即成员资格自动终止。需要明确的是，在暂停成员资格的1年内，该成员除有权退出外，不再享有《国际复兴开发银行协定(1965年修订)》规定的任何权利，但仍应对全部债务负责。[5]

与IMF一样，世行按股份公司的原则建立，法定资本总额为100亿美元，以1944年7月1日美元的实际含金量和成色为准。法定资本分为10万股，每股票面价值10万美元，只限于成员认购。银行认为需要时，经总投票权3/4多数通过，即可增加股本。[6] 后来，世行已经多次增资扩股，法定资本额度已经大大提升。

2. 成员投票权的分配

世行全部重要决策事项均需成员以投票的方式进行决定，每个成员投票权的大小与其认购的股本正相关。世行的每一成员拥有250个基本投票权，每认购10万美元的股本即可增加一个投票权。[7] 在所有的成员中，美国出资认购股份最多，其投票权为226,178个，占总投票数的17.37%，故而对世行事务与重要贷款项目拥有决定权。我国认购的股金为42.2亿美元，拥有35,221个投票权，占总投票数的2.71%。[8] 2010年世行发展委员会春季会议，通过了发达国家应向发展中国家出让部分

[4] 参见《国际复兴开发银行协定（1965年修订)》第2条的规定。

[5] 参见《国际复兴开发银行协定（1965年修订)》第6条第1节至第2节的规定。

[6] 参见《国际复兴开发银行协定（1965年修订)》第2条第1节至第2节的规定。

[7] 参见《国际复兴开发银行协定（1965年修订)》第5条第3节的规定。

[8] 参见刘戈：《国际发展融资研究——基于对世界银行和亚洲开发银行的分析》，外交学院2017年硕士学位论文。

投票权的改革议案，通过此次改革，我国在世行的投票权从 2.77% 提高到 4.42%，跃升为第三大股东，仅次于美国和日本。[9] 但依然无法获得对欧美的竞争优势，尤其欧美联合而取得主导地位。这也是我国牵头设立亚投行的原因之一。一方面，因为只靠世行和亚开行无法满足“一带一路”沿线基础设施的巨大投资需求；另一方面，在于世行由美国掌控，亚开行由日本主导，与“一带一路”基础设施投资的契合性较低。

3. 组织与决策

为了履行世行职责，世行设有 1 个理事会、若干位执行董事、1 位行长及其他官员和工作人员。理事会是世行的最高权力机构，[10] 由每一个成员委派的理事和副理事各 1 人组成，副理事仅在理事缺席时才有投票权。理事会每年召开 1 次年度会议。此外，由理事会决定或经执行董事会召集，亦得举行其他会议。每当有 5 个成员或持有 1/4 总投票权的成员请求时，执行董事亦应召开理事会议。理事会每次会议的法定人数要求过半数理事参加，并持有不少于 2/3 的总投票权。理事会也可以设定一种程序，使执行董事会可以在认为其行动符合银行最高利益时，对某项特定问题，采取不召开理事会的办法而获得各理事的投票。[11]

世行共有 12 位执行董事负责执行理事会决议，前 5 位持股比例最高的成员都有权委派 1 位执行董事，其他 7 位执行董事由其他成员选举产生。执行董事每两年委派或选举一次。每一位董事的投票权等于其所代

---

〔9〕 参见刘戈：《国际发展融资研究——基于对世界银行和亚洲开发银行的分析》，外交学院 2017 年硕士学位论文。

〔10〕 参见《国际复兴开发银行协定（1965 年修订）》第 5 条第 2 节 b 项的规定，理事会得将理事会的任何权力委托执行董事会行使，但下列权力除外：（1）批准新会员及决定其加入的条件；（2）增加或减少银行资本总额；（3）暂停会员资格；（4）裁决对执行董事解释本协定所产生的异议；（5）安排与其他国际机构的合作办法（暂时性和行政性的非正式安排除外）；（6）决定永远停止银行业务及其资产的分配；（7）决定银行净收入的分配。

〔11〕 参见《国际复兴开发银行协定（1965 年修订）》第 5 条第 2 节 b 项至 c 项的规定。

表的成员的投票权数量。[12]

执行董事会选举产生1名行长[13]作为执行董事会主席。理事、执行董事及两者的副职不得兼任行长。除非双方票数相等时可以投一票决定票外，行长在执行董事会无投票权。行长可以参加理事会会议，亦无投票权。行长职务的终止由执行董事决定。行长为银行工作人员的主管，在执行董事的指导下处理银行日常业务，并在执行董事总的管理下负责官员和工作人员的组织、任命及辞退。[14]

4. 法律地位与豁免

为了更好地履行职责，实现《世界银行协定》规定的宗旨与目标，第7条规定了世行在各成员境内的法律地位，各成员签署“协定”，即意味着接受、承认世行的此种国际法地位，放弃属地管辖权。详言之，世行具有完整的法律人格，具有与成员政府、法人等主体签订契约，取得和处置动产和不动产，以及进行法律诉讼的权利。这是世行从国际法上自我赋予的独立国际法主体资格。

为了确保世行在各成员境内相关目标的实现，《世界银行协定》第7条中进一步规定了世行的豁免权。第一，银行的资产与财产，无论在何地、为何人所保管，均应免受搜查、征用、没收、征收或其他行政或立法行为上的任何形式的扣押。第二，世行行长、理事、执行理事及其所

〔12〕 参见《国际复兴开发银行协定（1965年修订）》第5条第4节b项的规定。

〔13〕 世行行长同时也是“世行集团”其他4个机构的总裁。尽管《国际复兴开发银行协定（1965年修订）》规定，行长是由执行董事会选举产生，实践中一般是由美国先提名候选人，然后再由执行董事会从候选人中选举确定。至今世行的13位行长全是美国籍，而IMF总裁则基本由欧洲人担任，这已成了一项不成文的惯例和传统。因为美国是世行最大的股东，投票权占比16.38%，世行重大决策必须得到85%的支持率才能通过，美国拥有一票否决权。世行是以“国家”为独立成员的，但欧盟27个成员国加上英国投票份额合计将近26.5%，是唯一可以和美国抗衡的经济体，为此双方达成妥协，一个掌管世行，另一个掌管IMF，长此以往，即成惯例。

〔14〕 参见《国际复兴开发银行协定（1965年修订）》第5条第5节的规定。

有官员及雇员在履行世行职务时，豁免所有法律诉讼，除非世行放弃豁免。若非当地本国国民，则享有移民限制、外国人登记法和兵役义务的豁免权。第三，世行的资产、财产、收益以及一切相关交易，豁免一切税收和关税。世行发行的债务凭证或证券（包括红利和利息在内）不论为何人所持有，均不得课征。对世行所担保的债务或证券（包括红利和利息在内）不论为何人所持有，豁免所有税赋。第四，世行行长、理事、执行理事及其所有官员及雇员，如非当地本国公民或国民，其从银行所得的薪金和报酬，均应免纳税。[15]

此外，对世行的司法地位也进行了详尽的规定，即只有在世行设有办事处，指定可接受传票或诉讼文书的代理机构，或在发行证券或担保业务的成员境内有管辖权的法院，方能对世行提起诉讼，且原告不能是成员或其政府，也不能是代表成员权利的个人。质言之，原告只能是其他的世行相对人。即使符合相应的涉诉条件，在判决宣判之前，不能对世行的财产与资产进行任何形式的扣押、查封或执行。易言之，在有限的世行涉诉案件中，其财产免于诉讼保全、扣押和强制，只能根据有效判决进行执行。[16]

## 二、世行争端解决详述

任何一个国际金融组织可能面临的争端类型，都是多种多样的，世行亦是如此。世行的争端解决机制主要体现在两个文件中，一个是《世界银行协定》，另一个是《国际复兴开发银行贷款协定和担保协定通则》，前者主要涉及世行的“内部争端解决”，后者主要是世行的“外部争端解决”。

---

〔15〕 参见《国际复兴开发银行协定（1965 年修订）》第 7 条第 4 节至第 8 节的规定。
〔16〕 参见《国际复兴开发银行协定（1965 年修订）》第 7 条第 3 节的规定。

### （一）世行内部争端解决机制

世行内部争端主要涉及以下三大类：第一，世行与成员之间的争议。第二，成员与成员之间的争议。第三，世行与其职员之间的劳动争议。前两种争议所涉及的法律权利义务关系，可以归结为一个问题，即对《世界银行协定》具体条款解释的分歧。因为，主要的权利义务在协定中都有所涉及，如果争议双方有分歧，应该在公平合理的基础上，向内追寻协定的本意，不能局限于文本字面意思。因此，这两类纠纷最终都可以归结为对《世界银行协定》项下双方权利义务的解释分歧。第三类纠纷本质上属于劳动争议，主要由雇员和世行签订的劳动合同来规范，因此不属于本文研究的重点。

1.《国际复兴开发银行协定（1965年修订）》解释纠纷的处理。由于各自利益诉求和价值立场不同，无论是成员之间，还是成员和世行之间都有可能针对协定的条文产生不同的理解，《世界银行协定》把此类问题的解释权限赋予了执行董事会和理事会。具体而言，如果成员与世行之间，或者不同成员之间关于协定解释发生争议的，争议一方可以把此项纠纷提交给执行董事会解决，以寻求进一步澄清和阐释。如果该争议对某一无权委派执行董事的成员有特殊影响，则该国可以申请派遣代表参加审理程序。同时，针对执行董事的决议，设定了一个监督程序，即任何成员仍可要求将执行董事会的处理结果再次提交理事会作最后裁决。在理事会未裁决前，世行认为必要时可以先按执行董事会的裁决执行。[17] 由此，世行与成员之间的纠纷，被严格限定为世行的内部纠纷，完全由其权力机构（理事会）管辖，争议一方无法寻求外部途径进行解决，如第三方仲裁或成员诉讼。此举主要是为了维护世行本身对协定的最终解释权。这也是所有政府间国际组织保持独立国际法律人格的必要条件。因为协定是该组织合法设立的宪法性文件和法律基石，如果可以

〔17〕 参见《国际复兴开发银行协定（1965年修订）》第9条第a项至第b项的规定。

任由第三方争端解决机制予以管辖和解释，可能会动摇世行的合法性基础。

2. 世行与退出成员间争端的解决途径。世行与有效成员之间的权利义务争议实为《世界银行协定》解释的争议，因此，按照前述规定直接由执行理事会裁处即可。但是，如果成员资格无效或退出后与世行还有纠纷存在，此时《世界银行协定》已经无法适用于该前成员了，因此需要另行明确具体的争端解决途径。反之，如果世行停业后，与成员之间尚存在争议，逻辑亦是如此。因此，《国际复兴开发银行协定（1965 年修订）》专门规定了此类争议的解决途径，即由组成的临时仲裁庭进行裁处。该临时仲裁庭的组成程序如下，世行指派 1 名仲裁员，纠纷当事国指派 1 名仲裁员，第三名仲裁员由国际法院院长或世行的权力机关进行指派。[18] 此处的"权力机关"是执行理事会还是理事会，《国际复兴开发银行协定（1965 年修订）》并未明确。该仲裁庭对所有的程序性问题有决定权，包括所适用的仲裁规则、仲裁费用、第三方参与等。与仲裁相关的程序性问题尽管赋予了仲裁庭决定，但是依然存在或然性。如果能够指定所适用的仲裁规则，甚至案件本身所适用的法律，仲裁庭即可获得更明确的指引，最大限度降低裁决的不确定性。

### （二）世行外部争端解决机制

无论是管辖权，还是裁决程序，世行的外部争议解决机制相较内部争议解决机制要复杂很多。概言之，世行外部争端解决可以分为两大类：一是有管辖权法院的诉讼；二是相关仲裁机构的仲裁。

1. 有管辖权的法院诉讼

为了确保世行独立的国际法人格，要求世行尽可能地避免被诉。换言之，世行享有的司法豁免权越宽泛，越有助于其开展工作，履行职能。为此，《世界银行协定》的豁免条款为诉讼程序的启动设定了严苛条件。

---

〔18〕 参见《国际复兴开发银行协定（1965 年修订）》第 9 条第 c 项的规定。

首先，对管辖权法院进行了限定，即要求必须是世行办事处或代理机构所在地，抑或是发行或担保证券的成员境内有管辖权的法院。其次，对原告主体进行了限定，要求原告不能是任何成员或代表成员权利的任何个人，只能是其他的政府、法人或个人。[19] 为了维护世行财产的独立地位以及其豁免权，即使诉讼程序顺利启动，在整个诉讼程序过程中，判决正式发布前，法院无权对世行财产采取任何强制性措施，包括但不限于扣押、查封或执行。

2. 外部仲裁

已如前述，为了保证世行最大限度的豁免权，针对世行的诉讼《世界银行协定》设定了严苛的条件限制。那么世行借贷业务产生的纠纷又该如何解决？《国际复兴开发银行贷款协定和担保协定通则》通过“仲裁条款”的方式，为世行与借款人和担保人之间的纠纷规定了临时仲裁程序，并设定了比较详细的仲裁规则。相较《世界银行协定》而言，《国际复兴开发银行贷款协定和担保协定通则》是特别法，如果世行与贷款人之间的纠纷既符合《世界银行协定》第7条第3节规定的诉讼条件，又符合《国际复兴开发银行贷款协定和担保协定通则》规定的仲裁程序，那么应该选择仲裁程序解决此项纠纷。为了彻底避免纠纷选择途径的不确定性，保护世行的相关权益，《国际复兴开发银行贷款协定和担保协定通则》第10条第4节第j项进行了更明确的规定，基于贷款协议而产生的任何争议或任何权利主张，只能根据此节的仲裁条款，选择仲裁程序解决纠纷，不能采用任何其他程序。此规定就完全排除了《世界银行协定》第7条第3节诉讼程序的适用。因此，无论是从“特别法优于一般法”的法律适用原则，还是基于具体仲裁条款的规定，世行所涉的所有业务纠纷均选择了临时仲裁程序予以解决。

（1）仲裁庭组成。临时仲裁由3名仲裁员组成的仲裁庭负责进行。

---

〔19〕 参见《国际复兴开发银行协定（1965年修订）》第7条第3节的规定。

世行可以指派1名仲裁员；第二名仲裁员由借款人和担保人指派，如果借款人和担保人无法达成一致意见，则由担保人指派；第三名仲裁员则由双方当事人协商后指派，如若双方无法达成一致意见，则应由“国际法院”院长指派，院长指派不能时，可由联合国秘书长指派。在整个仲裁程序中，如果组成仲裁庭的仲裁员辞职、死亡或不能执行职务时，应按上述规定指派原仲裁员的方式指派其继任仲裁员，并且该继任仲裁员拥有原仲裁员的一切权力和职责。[20]

（2）仲裁程序。世行与借款人及担保人之间纠纷发生后，一方可以根据该“仲裁条款”向另一方发出启动仲裁的书面通知，一旦发出通知，仲裁程序即可成立。仲裁提起人的书面仲裁通知应包括以下3项内容：争议的事实和仲裁请求，争议解决方法的法律性质，所指派的仲裁员姓名。此外，一方在通知发出后的30天内，应把其指派的仲裁员姓名通知提起仲裁的一方。如果在仲裁通知发出后的60天内，争议双方未能就第三名仲裁员的指派达成一致，任何一方可以提请“国际法院”院长指派，院长指派不能时，可再行提请联合国秘书长指派。[21] 仲裁庭一旦合法组成，仲裁的地点和时间即由仲裁庭决定。

（3）裁决程序。除非双方有明确约定，仲裁庭一切事项均应遵守多数票原则决定。在开庭程序中，仲裁庭应公正地听取各方意见，在证据和事实的基础上，按照多数决原则作出书面裁决。如果一方无法到庭，可以缺席裁决。支持仲裁裁决的多数仲裁员应在仲裁裁决书上签名。经签字的裁决书副本应送达当事双方各一份。仲裁庭依法作出的裁决即为最终裁决，并对世行、借款人和担保人等各方具有约束力，各方不得对裁决提起上诉。当事各方应善意遵守并执行仲裁法庭的终局裁决。[22]

---

〔20〕 参见《国际复兴开发银行贷款协定和担保协定通则》第10条第4节c项的规定。

〔21〕 参见《国际复兴开发银行贷款协定和担保协定通则》第10条第4节d项至e项的规定。

〔22〕 参见《国际复兴开发银行贷款协定和担保协定通则》第10条第4节h项的规定。

（4）仲裁费用负担。仲裁程序中所有的费用均由纠纷争议各方当事人承担。首先，世行、借款人和担保人应各自负担自己的仲裁费用，包括但不限于仲裁庭费用、各自的差旅费用、律师费用等；其次，仲裁庭的费用以世行为一方，以借款人和担保人为另一方平均分担；再次，在开庭前，争议各方当事人应友好协商确定仲裁程序所需要的其他人员的酬金，如果开庭前未能达成一致，该项费用由仲裁庭裁决；最后，仲裁庭对所有需要分担的仲裁费用如何负担拥有最终的裁决权。[23]

（5）仲裁裁决的执行。仲裁裁决的执行可能是仲裁程序的最后一环，也是最关键的环节之一，如果败诉方不能及时善意履行裁决义务，仲裁裁决可能沦为“司法白条”，不仅前期的仲裁程序会前功尽弃，而且无法保障世行或胜诉方的权益。因此，《国际复兴开发银行贷款协定和担保协定通则》规定了严格的裁决执行程序。仲裁的败诉一方应在收到仲裁裁决书副本后的30日内执行完毕，如若未能遵照执行，任何一方可以向任何有司法管辖权的法院请求就裁决书对另一方作出司法判决，或对另一方提出强制执行的诉讼，确保裁决的最终执行。也可以针对另一方当事人采取其他适当的补救办法，以强制执行裁决书及贷款协定和担保协定的条款。[24] 需要强调的是，这并不意味执行地法院有权重新审判仲裁案件，法院只是负责仲裁裁决的执行，启动执行程序，而不是二审或再审程序。关于法院具体执行的措施，应该根据法院地的民事诉讼程序展开，《国际复兴开发银行贷款协定和担保协定通则》并未限定。

综上可知，关于《世界银行协定》解释的争议，无论是发生在世行与成员之间，还是成员与成员之间，都被纳入了世行理事会裁决的范畴，这样可以确保世行对协定的最终解释权。关于世行与借款人和担保人之间的纠纷，应该启动临时仲裁程序予以解决。但临时仲裁程序又存在以

〔23〕 参见《国际复兴开发银行贷款协定和担保协定通则》第10条第4节i项的规定。

〔24〕 参见《国际复兴开发银行贷款协定和担保协定通则》第10条第4节k项的规定。

下几个问题：一是没有明确仲裁规则或选择仲裁规则的方式。尽管《国际复兴开发银行贷款协定和担保协定通则》中临时仲裁程序规定较完善，但仲裁时限、证据交换、仲裁员指示名单等都没有明确，需要当事人一一协商，冗杂低效。因此，有必要指明可能选择的仲裁规则，如《联合国国际贸易法委员会仲裁规则》《国际商会仲裁规则》等。二是不利于仲裁裁决的执行。因为临时仲裁程序是由《国际复兴开发银行贷款协定和担保协定通则》规定，而非《世界银行协定》所规定，前者只是一个由两个或几个当事人签订的借款“合同”，后者则是一个由100多个国家或地区签订的“协定或条约”。因此，如果能够在《世界银行协定》明确各成员应当把依据《国际复兴开发银行贷款协定和担保协定通则》作出的裁决视为成员境内的最终裁决予以承认和执行，即可实现条约的义务赋予仲裁裁决在成员境内的执行力。三是没有明确仲裁庭应当适用的法律。如果争议当事人未能就应当适用的法律达成一致，仲裁庭只能根据冲突规范来选择法律的适用，为案件带来了较多的不确定性。

## 三、世行与ICSID

### （一）二者之间的关系

1966年10月，根据《ICSID公约》正式设立了ICSID，其办公地点设在华盛顿D. C. 的世行办公大楼内。ICSID是世行集团的重要成员之一，二者关系密切。首先，世行主持拟定了《ICSID公约》。1962年世行聚集国际投资纠纷领域的知名专家着手起草《ICSID公约草案》，经过多次协商，多次修改后，于1965年通过，并于1965年3月18日在华盛顿开放签署。1966年10月14日，荷兰作为第20个成员完成批准程序，满足了《ICSID公约》生效所需的最低缔约方数目要求，《ICSID公约》正式生效，ICSID成功设立。其次，二者有着共同的目标，即通过促进国际投资的自由流动而推动世界经济的发展。世行是通过向发展中国家、最不发达国家提供直接融资的方式，促进其经济的发展。ICSID 则是通过公平、高效地解决国际投资争端，促进国际投资秩序的规范化及可持续发展，促进相互之间的信任，并鼓励资本的国际流动。最后，二者组织治理关系密切。尽管 ICSID 也是具有独立法人资格的国际法主体，在经济和组织关系上却隶属于世行。但也只有世行的成员、国际法院的成员，或者经 ICSID 理事会 2/3 特别多数同意的国家才有资格加入《ICSID 公约》。[25] ICSID 的理事会也是由各国指派的世行理事组成的，且有一个不成文的惯例是 ICSID 的理事会主席由世行行长担任。ICSID 是一个常设机构，总部设在华盛顿的世行大楼内。其日常办公经费由世行承担。

**（二）设立 ICSID 的原委**

尽管《世界银行协定》第 7 条和第 9 条明确规定了世行与成员之间，成员与成员之间的纠纷解决机制，并且《国际复兴开发银行贷款协定和担保协定通则》第 10 条也规定了详尽的临时仲裁制度，以期解决世行与贷款人和担保人之间的纠纷，但是，如何解决投资者（世行贷款人）与东道国发生的争端，无论是《世界银行协定》还是《国际复兴开发银行贷款协定和担保协定通则》都没有规定，这无疑不利于世行助力各国经济发展的宗旨和目标之实施。此外，投资所在的东道国不是这两个协定相应条款的当事人，这两个协定当然无权为第三人设定义务。而投资者与东道国纠纷的公平解决，关乎投资者，也是世行的贷款人的切身利益，如果投资者权益无法保障，其还款能力也可能大大削弱。

即便如此，有必要针对此类纠纷设立一个常设的国际仲裁机构吗？从法律性质来说投资者与东道国之间的争端有一定的特殊性，即双方地位不平等，是跨国的不平等主体之间的投资纠纷，又称“ISDS”纠纷，此类纠纷同时受制于国内法以及可以适用的国际法规范的调整。传统上

---

〔25〕 参见《ICSID 公约》第 67 条的规定。

此类争议有5种解决办法：一是双方协商谈判解决。二是诉诸东道国属地救济，即把争议提交给东道国法院，但投资者通常对东道国司法体制不信任，再加上可能的属地保护主义，往往不同意采取此种途径。三是通过外交途径解决，即投资者母国通过外交途径与东道国政府谈判解决争端，但此种途径往往会升级为两个国家的政治，甚或军事冲突，代价高昂。四是通过国际诉讼的方式解决，即投资者的母国针对投资东道国向国际法院（International Court of Justice，ICJ）〔26〕提起诉讼，但投资者不能直接起诉到国际法院，必须通过其母国来进行，效力低下，而且两个国家都必须承认国际法院的管辖权，否则国际法院也没有当然的管辖权。五是投资者诉诸传统的国际仲裁途径，但有两个难题：其一，传统的商事仲裁机构一般集中于国际贸易商事案件，对投资案件稍有不专业之嫌。其二，商事仲裁的启动必须征得东道国同意，一般而言国家不愿意接受一个商事仲裁机构的管辖，因为国家享有国际法上的主权豁免。

综上，为了解决国家与外国投资者之间的投资争端，维护投资者利益，世行于1962年着手研究设立专门性的投资争端解决机构，在广泛征求了国际上主要法系及地区的法学家意见后，世行董事会于1965年正式通过了《ICSID公约》，并于1966年成立了ICSID，负责国家与他国国民之间投资争议解决。由于ICSID的宗旨、组织架构、仲裁机制，以及与亚投行投资争端解决的关系问题，本书将另行专章论述。

---

〔26〕 国际法院的全称是（联合国）国际审判法院，简称国际法院。《联合国宪章》于1945年6月成立，是联合国六大主要机构之一，也是联合国专门的司法机关。《国际法院规约》是国际法院的宪法性文件，是以1920年《国际常设法院规约》为基础起草的，是《联合国宪章》不可分割的组成部分。国际法院依据《国际法院规约》和本身的《国际法院规则》运行，国际法院的主要功能是对联合国成员所提交的案件作出有法律约束力的判决，并就正式认可的联合国机关和专门机构提交的法律问题提供咨询意见。向国际法院提交的案件中的原告和被告都必须是已经接受国际法院管辖权的成员。中国、美国、英国、法国等大国均未承认法院的管辖权。国际法院是具有特定管辖权限的民事法院，而没有刑事管辖权（与海牙国际刑事法院无关），因此无法审判个人。

## 第二节　亚开行争端解决机制

亚开行是由日本主导的亚洲最重要的多边金融机构之一，我国也是其重要的缔约国。其治理结构、运行模式、风险控制等制度，尤其是争端解决机制值得借鉴。

### 一、亚开行的设立与治理

#### （一）亚开行的设立

为了加强亚太贫困地区的合作，减少区域内的贫困，促进该区域发展中国家经济和社会的发展，美国和日本在20世纪60年代开始筹划设立区域多边金融机构。1963年在联合国亚洲及远东委员会的支持下，在日本召开亚洲经济合作第一次部长级会议，通过了建立多边开发银行机构的决议。亚开行[27]于1966年11月19日正式设立，总部位于菲律宾首都马尼拉。1966年亚开行成立之初仅有31个成员，截至2020年3月12日，其成员已经发展到68个，其中49个来自亚太地区，19个来自其

〔27〕中国于1986年3月10日加入亚开行。按各国认股份额，中国居第三位（6.44%），日本和美国并列第一（15.60%）。按各国投票权，中国也是第三位（5.45%）；日本和美国并列第一（12.78%）。美国和日本是亚开行最大的两个股东，拥有一票否决权，并主导了亚开行的发展。正如世行行长一般由美国担任一样，亚开行的行长长期以来由日本人担任。无论是美国主导的世行还是美国和日本主导的亚开行，对接受贷款的国家政府的透明度、意识形态、环保、雇佣、招投标等方面的条件苛刻。在降低贷款风险的同时，也降低了业务效力。因此，世行和亚开行无法满足亚洲基础设施建设的庞大资金需求。

他地区。[28]

亚开行的宗旨是通过贷款、技术援助和捐赠，消除亚太地区的贫困，促进亚太经济、社会的繁荣、包容与可持续发展。但在不同时期，亚开行的侧重点有所不同。20 世纪 60 年代其侧重援助成员粮食生产和乡村发展。70 年代遭遇全球石油危机，亚开行重点是协助成员能源开发和基础设施建设，并设立了亚洲发展基金（the Asian Development Fund）为亚太最不发达国家提供低息贷款。20 世纪 80 年代由于第二次石油危机，促使亚开行继续支持成员石油设施和能源工程项目的开发，同时也提高了对社会基础设施的资助，包括环保、教育、乡村发展和卫生健康。20 世纪 90 年代后期发生了亚洲经济危机，亚开行重点开始支持贫困成员金融网络安全发展，为韩国提供了 40 亿美元的紧急贷款援助，并设立了亚洲货币危机支持基金（the Asian Currency Crisis Support Facility）。21 世纪初亚开行开始致力全球千年发展目标，协助区域内国家积极应对非典、艾滋病等传染病的防控，帮助印度、印度尼西亚、马来西亚等国 2004 年的自然灾害，并提供 55 亿美元助力相关国家应对 2008 年经济危机。2010 年以来亚开行致力亚太经济

〔28〕 其中发展中成员包括：阿富汗、亚美尼亚、阿塞拜疆、孟加拉国、不丹、文莱达鲁萨兰国、柬埔寨、库克群岛、中国、格鲁吉亚、印度、印度尼西亚、斐济、中国香港特别行政区、哈萨克斯坦、基里巴斯、韩国、吉尔吉斯斯坦、老挝、马来西亚、马尔代夫、马绍尔群岛、密克罗尼西亚联邦、蒙古国、缅甸、瑙鲁、尼泊尔、巴基斯坦、帕劳、巴布亚新几内亚、菲律宾、萨摩亚、新加坡、所罗门群岛、斯里兰卡、中国台北、塔吉克斯坦、泰国、东帝汶、汤加、土库曼斯坦、图瓦卢、乌兹别克斯坦、瓦努阿图、越南。载亚开行网，https://www.adb.org/zh/who-arewe/about#members，最后访问日期：2020 年 3 月 12 日。

复苏和继续消除贫困。[29] 2020 年 3 月 18 日，亚开行批准了一项 65 亿美元的初步方案，以满足其发展中成员在应对 3 月 19 日暴发的流行性感冒时的迫切需要。2020 年年底新冠疫情暴发以来，亚开行专门设立了多个专项支持基金和专项支持项目，协助其成员有效应对疫情扩散。[30]

### （二）亚开行治理机制

1. 亚开行成员资格与股权

联合国亚洲及远东经济委员会的会员和联系会员，或联合国及联合国专门机构成员中的本地区的其他国家和非本地区的发达国家，则可以申请加入亚开行。在 1966 年 9 月 30 日前提交批准书或接受书的国家，在交存批准书

---

〔29〕 Asia moved beyond the economic crisis to emerge as a new engine of global growth in 2010 when the region's gross domestic product increased by 9%. This was more than double the global growth rate during the same period and well above the 5.9% rate recorded in the region in 2009. While the speed and strength of its economic recovery surprised many, the region still faced daunting challenges and remained home to two thirds of the world's poor and a growing problem of inequality. This increasing gap between the rich and poor focused ADB on the need to promote inclusive growth in the region. In response to reforms initiated by the Government of Myanmar, ADB resumed operations in the country. In April 2014, ADB established offices in Nay Pyi Taw and Yangon. In May 2014, plans were announced to combine the lending operations of ADB's two main funds, the Asian Development Fund and its ordinary capital resources. The merger will boost ADB's total annual lending and grant approvals to as high as $20 billion—50% more than the current level when it takes effect in January 2017.
As the era of the Millennium Development Goals (MDGs) draws to a close, the results have been mixed. While ADB's work has contributed to Asia and the Pacific slashing extreme poverty by more than half, the region is still home to 1.2 billion people who live on $3.10 a day or less and almost three-quarters of the world's underweight children. About 600 million people have no access to electricity and 1.7 billion still lack improved sanitation. A huge amount of work still must be done with the new Sustainable Development Goals as important guideposts. 载亚开行网，https://www.adb.org/who-we-are/about#history，最后访问日期：2020 年 3 月 9 日。

〔30〕 *ADB Announces $6.5 Billion Initial Response to COVID-19 Pandemic*, Accessed Mar. 3, 2020, https://www.adb.org/news/adb-announces-6-5-billion-initial-response-covid-19-pandemic，2020 年 3 月 3 日访问。

或接受书之日起成为亚开行成员。在之后申请加入亚开行的国家，需要理事会中代表3/4的投票权的全体理事中的2/3多数通过，才能成为成员。[31]

最初亚开行的核定股本为10亿美元，分为10万股，每股的票面价值为1万元。理事会认为时机合适时，经过代表至少3/4投票权的全体理事会中的2/3赞成通过，可增加亚开行的核定股本。随着后来发展的需要，亚开行多次实施增资，截至2020年6月底，其核定股本已超过1000亿美元。[32] 股本不得以任何方式用作抵押品或抵债。

每一成员的总投票权包括基本投票权数和比例投票权数。基本投票权数是全体成员的基本投票权数和比例投票权数总和的20%在全体成员中平均分配的结果。每一成员的比例投票权数应等于该成员持有的亚开行股本数。在理事会的投票中，每名理事应有权投他所代表的投票权数。除《建立亚洲开发银行协定》另有明确规定者外，理事会讨论问题时，由出席会议的理事的过半数投票权作出决定。在董事会投票时，每名董事有权按其当选时所代表的投票权总数投票，但不可将全部投票权数作为一个单位来投票。除《建立亚洲开发银行协定》另有明确规定者外，董事会讨论问题时，由出席会议的董事的过半数投票权作出决定。[33]

2. 亚开行组织与决策

亚开行的最高决策机构是理事会。[34] 理事会由每一个成员委派的1

〔31〕 参见《建立亚洲开发银行协定》第3条的规定。

〔32〕 参见《建立亚洲开发银行协定》第4条的规定。

〔33〕 参见《建立亚洲开发银行协定》第33条的规定。

〔34〕 亚开行一切权力归理事会。理事会可将其任何权力或全部权力授予董事会，但以下权力除外：(1) 接纳新成员和确定接纳条件；(2) 增加或减少亚开行的核定股本；(3) 中止成员资格；(4) 对董事会解释或实施本协定中所提出的上述作出决定；(5) 批准与其他国际组织缔结合作总协定；(6) 选举亚开行董事和行长；(7) 决定董事、副董事的酬金和行长服务合同内所定的薪金及其他条款；(8) 在审查审计员的报告后，批准亚开行的总资产负债表和损益报告书；(9) 决定亚开行的储备金以及纯收益的分配；(10) 修改本协定；(11) 决定亚开行停业和分配亚开行的资产；(12) 行使本协定明确规定属于理事会的其他权力。参见《建立亚洲开发银行协定》第28条的规定。

名理事和1名副理事组成，并可自行决定二者的任期。但除非理事缺席，副理事无投票权。在年会上，理事会应指定1名理事担任主席，任期直至选出下届主席和理事会举行下届年会为止。理事会分为年度会议和自行决定或董事会要求召开的临时会议，董事会在收到5个以上亚开行成员提出的要求时，即可要求召开理事会会议。理事会议法定人数是代表成员国投票权总数的2/3的过半数理事参加。理事和副理事任职期间，没有薪资待遇，但亚开行承担因出席会议所需的合理开支。

董事会是亚开行的执行机构，[35] 董事会由12位不担任理事会理事的成员组成，其中8位由代表亚太地区成员的理事选出，其余4位由代表非本地区成员的理事选出。每名董事可以任命1名副董事，在董事缺席时行使董事的全部权力。董事和副董事应是成员的国民。一国不能委派两名或两名以上董事和副董事，副董事可以参加董事会会议，但只有在代理董事行事时才有表决权。董事的任期为两年，可以连选连任。[36] 董事会会议的法定人数是代表成员国投票权总数的2/3以上的过半数董事参会。董事会议中如果没有某一成员的国民，那么在审议特别是与该国有关的问题时，该成员可派1名代表出席会议，但无表决权。

行长是亚开行的法定代表人，也是工作人员的首长，掌管银行的日常业务，负责亚开行官员和工作人员的组织、任命及辞退。行长由理事会从亚太地区的成员国民中，以全体理事的过半数选举产生。行长任期5年，可连选连任，行长不得兼任理事、董事或二者的副职。行长是董事会主席，但除在双方票数相等时投决定票外，不应参加表决。行长可

---

〔35〕 董事会负责指导亚开行的一般业务经营，除行使《建立亚洲开发银行协定》明确赋予它的权力外，还行使理事会授予它的一切权力，特别是：(1) 理事会的准备工作；(2) 根据理事会的总方针，就有关贷款、担保、股票投资、亚开行借款、提供技术援助及亚开行其他业务作出决定；(3) 在每届理事会年会上，提请理事会批准财政年度报告；(4) 批准亚开行预算。参见《建立亚洲开发银行协定》第31条的规定。

〔36〕 参见《建立亚洲开发银行协定》第30条的规定。

参加理事会会议，但无投票权。[37]

3. 亚开行法律地位与豁免

与世行相同，自我赋予独立的法律人格是亚开行正常履职的必要条件。为此，《建立亚洲开发银行协定》第49条规定赋予了亚开行完全的权利能力和行为能力，即有签订合同、取得与处置动产和不动产以及提起诉讼的权利。为了使亚开行能够顺利履行职责，《建立亚洲开发银行协定》还规定了其在所有成员境内的豁免权、免税权及特权。第一，亚开行在成员境内享有一切形式的司法豁免权，除非是非成员当事人因业务纠纷且亚开行有分支机构的国家。[38] 第二，亚开行任何形式的财产和资产，均应免受搜查、征用、充公、没收或通过行政或立法措施采取的任何其他形式的抵押或取消赎回抵押品的权利。在有效判决作出前，均不得施以任何形式的没收、查封或强制执行。[39] 第三，亚开行的档案及属于亚开行或由亚开行持有的所有文件，不论存放于何地，一律不受侵犯。第四，各成员应给予亚开行以官方通讯的待遇，并且给予亚开行全体官员、雇员、专家等法律程序的豁免权。[40] 第五，亚开行的所有官员、雇员和专家的收入及其所有的资产、财产和收益，以及业务和交易，应免除一切捐税和关税。[41]

## 二、亚开行争端解决详述

正如其股权结构、治理组织和法律地位等问题一样，亚开行的争端解决亦基本效仿了世行的经验。主要涉及两类：一是以《建立亚洲开发

---

[37] 参见《建立亚洲开发银行协定》第34条的规定。
[38] 参见《建立亚洲开发银行协定》第50条的规定。
[39] 参见《建立亚洲开发银行协定》第51条的规定。
[40] 参见《建立亚洲开发银行协定》第54条至第55条的规定。
[41] 参见《建立亚洲开发银行协定》第56条的规定。

银行协定》规定的内部争端解决机制；二是《亚洲开发银行普通业务贷款规则》规定的外部争端解决机制。

### （一）亚开行内部争端解决机制

亚开行内部争端可以总结为以下3类：第一，亚开行与成员之间的争议；第二，成员与成员之间的争议；第三，亚开行与其职员之间的劳动争议。前两种争议主要牵涉《建立亚洲开发银行协定》项下具体权利和义务的分歧，也是对《建立亚洲开发银行协定》条款解释的分歧。第三类纠纷本质上属于劳动争议，主要由雇员和亚开行签订的劳动合同来规范，因此不属于本书研究的重点。

1.《建立亚洲开发银行协定》项下的争议。与《世界银行协定》类似，《建立亚洲开发银行协定》把对文本的解释争议严格限定在内部行政解决的范畴。如果成员与亚开行发生关于协定解释的争议，或者成员之间发生关于协定解释的争议，首先，应提交各董事会裁处决定。如果董事会裁决的某问题与某个成员有特殊关系，但又没有该成员国籍的董事时，该成员有权派代表直接参加董事会会议，发表相关意见，但没有表决权。其次，如果当事人对董事会作出的决定有异议，可以继续“上诉”到理事会，由理事会作出最终裁定。但如果亚开行认为有必要，可以在“上诉”期间，先行执行董事会的决议。[42] 协定是一个组织存在的宪法性文件基础，关于协定的解释应该由运行协定的机构本身予以解释，这样可以保证协定法律内涵上的一致性和统一性，维护组织的稳定。但该协定不甚完善，即如果董事会决定在“上诉”期间被执行完毕，而理事会决议又把已经执行的董事会决议推翻，如何“恢复原状”，需要进一步明确。

2. 亚开行与无效成员之间的争议。有效运行的亚开行与有效成员之间的争议根据上述规定，由董事会和理事会裁处。但极端情况下可能出

〔42〕 参见《建立亚洲开发银行协定》第60条的规定。

现，停业后的亚开行与丧失成员资格的国家之间，亦可能存在一些遗留问题，需要继续解决。为此《建立亚洲开发银行协定》设定了仲裁程序专门解决此类争议。仲裁庭由3人组成，亚开行推荐1名仲裁员，争议当事国推荐1名仲裁员，第三名仲裁员由国际法院院长或根据亚开行理事会相关规定产生。仲裁庭以简单多数作出裁决，裁决是终局的。[43]此项规定与世行和亚投行一样存在以下问题：第一，没有明确仲裁规则。尽管规定了“仲裁庭有权处理全部程序问题”，但此处的“程序问题”是否包括仲裁规则，并不明确。第二，没有仲裁员指示性名单，专业性和职业操守可能会影响“一裁终局”的公正性。第三，第三名仲裁员指定程序不完善。如果国际法院院长指定不能，则只能根据理事会通过的条例来指定，但未发现理事会通过相关条例。无论是世行，还是亚开行和亚投行有关此项问题均需要进一步完善。当然，该项仲裁程序只涉及银行停业或成员退出后的纠纷解决，而此类纠纷至今还没有发生过，今后发生的概率亦不是很大，该项程序更多地处于“备而不用”的状态。这也可能是3个银行协定对此予以进一步完善的原因所在。

### （二）亚开行外部争端解决机制

与世行类似，亚开行的外部争端主要涉及亚开行与贷款人和担保人之间的争议。主要有两种方式：一是有限的诉讼程序；二是专门的仲裁程序。

1. 有限的诉讼程序。《建立亚洲开发银行协定》在第50条的司法程序的豁免规定中，规定了有限的诉讼程序。之所以称为“有限”，是因为该诉讼程序设定了苛刻的条件限制。第一，案件类型必须是亚开行业务相对人之间的纠纷，与成员等其他主体之间的纠纷不适用。第二，有管辖权的法院必须是在亚开行设立的总部或分支机构的国家境内，或任命了代理人专门接受诉讼传票的国家，或是发行过或担保过债权的国家

---

[43] 参见《建立亚洲开发银行协定》第61条的规定。

境内的适格法院，才有管辖权。[44] 换言之，不符合上述3个条件国家的法院均无管辖权。第三，亚开行与其成员及其代理机构和代表代理机构的实体与个人，或者从成员及其代理机构获得债权的任何实体与个人，之间的所有纠纷不得诉诸《建立亚洲开发银行协定》第50条规定的诉讼程序。只能按照《建立亚洲开发银行协定》第60条的内部纠纷进行裁处。由于上述3个苛刻的限制条件，导致绝大多业务纠纷是无法根据《建立亚洲开发银行协定》第50条的规定启动诉讼程序的。尤其是亚开行的分支机构或代表机构以及证券发行基本上都发生在成员境内，也就被排除在了适格诉讼的范围之外。

2. 专门的仲裁程序。无论是世行还是亚开行和亚投行，其面临的最多的纠纷是业务纠纷，即与贷款人和担保人等法人实体之间的纠纷。亚开行的贷款合同（《亚洲开发银行普通业务贷款规则》）规定了相对详细的专门仲裁程序。

（1）仲裁庭组成。专门仲裁庭由3名仲裁员组成，其中亚开行指定1名，贷款人和担保人共同指定1名，如果二者无法达成一致，则由担保人指定为准。第三名仲裁员是首席仲裁员，由争议双方协商指定，协商无果时，可以委托国际法院院长代为指定，指定不能时，则由联合国秘书长指定。如果争议双方当事人仲裁员指定不能时，则由首席仲裁员代为指定。被指定的仲裁员如果在履职期间辞职、去世或不能行使职责，则按照原来的程序重新指定，而继仲裁员具有原仲裁员的所有权力和职责。[45]

（2）仲裁程序。争议发生后，任何一方当事人可以按照《亚洲开发银行普通业务贷款规则》第11.04节规定通过向另一方发出仲裁通知书的方式而启动仲裁程序。通知书应包括仲裁的启动声明、争议的基本事

〔44〕 参见《建立亚洲开发银行协定》第50条的规定。
〔45〕 参见《亚洲开发银行普通业务贷款规则》第11.04节第a项至第c项的规定。

实、索赔的额度、寻求救济的性质以及所指定的仲裁员姓名。另一方应在收到通知书后的30日内，把其指定的仲裁员姓名通知仲裁提请方。如果仲裁提请通知发出后的60日内，双方未能就首席仲裁员达成一致，任何一方可以提请国际法院院长代为指定。仲裁庭应当适用国际公法（公约与条约、国际习惯法和一般法律原则）〔46〕进行裁判。〔47〕相较而言，亚开行仲裁程序明确了仲裁庭应该适用的法律，避免了因为法律冲突而带来的困惑，值得借鉴和学习。

（3）裁决程序。在给予双方平等听证的基础上，仲裁庭应按照多数票原则作出书面裁决，支持裁决结果的仲裁员应在裁决书上签字，仲裁庭可以缺席裁决。裁决书副本签字后送达各方当事人。仲裁庭作出的任何裁决均为最终裁决，对争议各方具有约束力，各方应遵照执行由仲裁庭作出的任何裁决。〔48〕

（4）仲裁裁决的执行。败诉方在收到仲裁裁决书副本后的30日内必须履行裁决，否则胜诉方可向任何一个有管辖权的法院申请强制执行，强制执行的费用以及由此给胜诉方带来的损失，由败诉方承担。但是如果败诉方是成员或其代理机构，强制执行程序将不适用《亚洲开发银行普通业务贷款规则》第11.04节第1项之规定。此时，由亚开行和成员在协定范围内进行协调，即可解决。

（5）仲裁费用负担。争议当事人应当协商决定仲裁员及仲裁程序所需要的相关费用的分担比例，如果双方在第一次开庭之前无法达成一致，

---

〔46〕 此处的法律适用基本延续了《国际法院规约》第38条规定的法律适用原则：（1）无论普通或特别国际协约，确立诉讼当事国明白承认之规条者；（2）国际习惯，作为通例之证明而经接受为法律者；（3）一般法律原则为文明各国所承认者；（4）在第59条规定之下，司法判例及各国权威最高之公法学家学说，作为确定法律原则之辅助资料者。前项规定不妨碍法院经当事国同意本“公允及善良”原则裁判案件之权。

〔47〕 参见《亚洲开发银行普通业务贷款规则》第11.04节第d项至第g项的规定。

〔48〕 参见《亚洲开发银行普通业务贷款规则》第11.04节第i项的规定。

则由仲裁庭按实际情况确定合理金额。各方的差旅费、律师费等自行负担。关于仲裁庭及仲裁员需要共同承担的费用应以亚开行为一方，借款人和担保人为另一方分摊。[49]

综上，与《国际复兴开发银行贷款协定和担保协定通则》规定的仲裁程序相较，《亚洲开发银行普通业务贷款规则》同样存在未指明可以适用的仲裁规则、仲裁裁决的执行无法保障等问题，其缺陷在前文已详细阐释，在此不再赘述。但亚开行仲裁程序也有一个可以值得借鉴的经验，即明确了仲裁庭的法律适用原则，避免了法律适用困惑。而且是延续了《国际法院规约》比较普适性的法律适用规则，不但对标了国际标准，而且也有利于贷款方的认同，值得亚投行借鉴。

---

〔49〕 参见《亚洲开发银行普通业务贷款规则》第 11.04 节第 j 项的规定。

第三章

# WTO争端解决机制的借鉴与启示

IMF、世行和被誉为经济联合国的 WTO[1]一起被称为世界经济的“三驾马车”。所有的文明社会都需要一套适用于解释规则的、和平解决国际争端的程序性规范,[2] WTO 也不例外，这就是保障其平稳运行的“争端解决机制”（Dispute Settlement Mechanism)。[3] 该争端解决机制被誉为 WTO“皇冠上的明珠”和多边贸易体制的枢纽。[4] 任何机制都

---

[1] 截至 2020 年 10 月底，WTO 共计有 164 个成员，24 个观察员。载 WTO 网，https：//www. wto. org/english/thewto_e/whatis_e/tif_e/org6_e. htm，最后访问日期：2020 年 10 月 30 日。

[2] Petersmann, *The Dispute Settlement System of the World Trade Organization and the Evolution of the GATT Dispute Settlement System since* 1948, Common Market Law Review, Vol. 31: 6, p. 1157 – 1244 (1994).

[3] 确立 WTO 争端解决机制的核心法律文件是《关于争端解决规则与程序的谅解》(Understanding on Rules and Procedures Governing the Settlement of Dispute, DSU)，根据该文件设立的争端解决机制又称为“争端解决机构”，即 Dispute Settlement Body, DSB。

[4] John Ragosta et al. , *WTO Dispute Settlement*: *The System is Flawed and Must Be Fixed*, The International Lawyer, Vol. 37: 3, p. 697 – 752 (2003); Raj Bhala, *The Myth About Stare Decisis and International Trade Law* (*Part One of a Trilogy*), American University International Law Review, Vol. 14: 4, p. 845 – 856 (1999). WTO 前任总干事鲁杰罗也赞誉 WTO 争端解决机制：如果不提及争端解决机制，任何对 WTO 成就的评价都是不完整的，从许多方面讲，争端解决机制是多边贸易体制的主要支柱，是 WTO 对全球经济稳定作出的最独特的贡献。参见世界贸易组织秘书处编：《贸易走向未来》，张江波、索必成译，法律出版社 1999 年版，第 102 页。

难称完美，WTO 争端解决机制亦不例外，正是其自身规则的缺陷，再加上美国的阻挠，导致 WTO 上诉机构由于只剩 1 名法官而于 2019 年 12 月 11 日陷入停摆。尽管如此，WTO 关于成员之间纠纷解决探索、实践积累了宝贵经验，尤其是上诉机制的设立和运行，是国际法发展进程中的重大进步。其经验值得亚投行借鉴，其教训应予以鉴戒。

## 第一节　WTO 争端解决机制的缘起

WTO 争端解决机制并不是凭空创造的，而是在 GATT 争端解决机制 40 多年的经验基础上继承、发展而来的。因此，要想彻底了解 WTO 争端解决机制，首先应熟知 GATT 争端解决模式。在 GATT 成立的最初几年中，由大会主席裁决纠纷。在第二届大会上，开始决定把美国和古巴的纺织品纠纷交给一个专门的工作组来处理。[5] 从第七届大会开始，明确设立没有当事方参与的第三方专家组来解决纠纷。1955 年第九届大会后，专家组实践步入常态化、规范化。

### 一、GATT 争端解决机制

#### （一）GATT 争端解决的制度内容

GATT 争端解决机制的法律基础是《关税与贸易总协定》（GATT）的第 22 条和第 23 条的规定，1979 年东京回合达成《关于通报、协商、争议解决与监督的谅解》，1989 年达成《关贸总协定争端解决处理的规定及手续的改善》。第 22 条规定，成员方争端发生后，可以通过磋商程

〔5〕 参见朱榄叶编著：《关税与贸易总协定国际贸易纠纷案例汇编》，法律出版社 1995 年版，第 136 页。

序进行解决。第 23 条规定是磋商失败后的争议解决方式，即在协商未果时，根据第 23 条由理事会授权成立专家组进行调查并作出裁决，对当事方具有拘束力。《关于通报、协商、争议解决与监督的谅解》是对 GATT 第 22 条、第 23 条的补充和完善，使得争端解决程序更为规范化、机制化。基本程序分为以下 6 个步骤：第一，争议发生后，一方提请对方磋商，达成和解协议，消除争端。第二，磋商未果后，一方可以书面提请总理事会受理此案。第三，收到申请后，总理事会指定审理人员，组成审判专家组。第四，专家组调查案件事实，撰写调查报告，提出解决建议。第五，理事会审定专家组意见，可以接受、修改或退回，专家组根据理事会意见进行进一步修订，修订后的意见被视为理事会意见通过。第六，实施专家组意见有两个途径：一是理事会说服违约方纠正其违约行为，使其符合 GATT 规则之要求；二是建议所有缔约方与违约方进行磋商，迫使其履行纠正行为。如果上述两个方法无效，理事会最终可以授权其他成员方对违约方进行报复制裁措施。

实践证明，GATT 争端解决机制是一项富有创见的解决纠纷程序设计，已经超越同时期所有国际组织的司法机制，包括国际法院和欧洲共同体法院。GATT 争端解决机制保障了各缔约方的权利和 GATT 的执行，由专家组裁处的司法机制，开启了由外交权力主导的国际贸易秩序向法律规则主导的国际贸易秩序的巨大转变。1948～1994 年，GATT 争端解决程序共处理了 432 个案件，其中提请专家组审理的只有 188 件（占比 43.5%），专家组作出裁决的共 150 件，专家组裁处的平均时限是 10 个月，成功率在 90% 以上。[6] GATT 专家胡德克评价说，“GATT 争端解决程序是十分成功的国际法律制度，5 起案件中起码有 4 起审理是成功的，这在国际法律制度历史上达到此辉煌巅峰的，若不算独一，至少是

〔6〕 参见毛燕琼：《WTO 争端解决机制问题与改革》，华东政法大学 2008 年博士学位论文，第 11 页。

罕见的”。[7] 由此，可以发现 GATT 争端解决机制的两个特点：第一，专家组程序和外交磋商程序平分秋色，专家组程序并未成为主导方式；第二，1989 年《关贸总协定争端解决处理的规定及手续的改善》签署后，产生了较好效果，之后的 5 年内提请成立专家组的案件是过去 40 年的 41%，而且专家组作出裁决的比例大大提升。但实际上这一时期与之前相较，成员方提起专家争端的数量与总案件数量相较，并没有实质性的变化，分别为 45% 和 43%。[8] 充分说明 GATT 争端解决机制的天生缺陷，需要进一步改进。

从 1948 年之初到 1979 年的东京回合，再到 1989 年的改革，GATT 争端解决机制在不断改进、完善，400 多件案子的顺利解决有力地维护了国际贸易正常的法律秩序，对国际经贸秩序的发展做出了卓越贡献。但 GATT 争端解决机制，由于历史局限，存在的诸多问题亦是显而易见的，尤其是到了 20 世纪 90 年代，这些缺陷已经严重阻碍了机制功能的有效发挥，必须进行彻底、全面的改革。

### （二）GATT 争端解决机制的主要缺陷

GATT 只是一个临时性多边贸易协定，并没有完整的专门性争端解决机制的程序规定，起初甚至没有专门的争端解决机构，一切从实践中摸着石头过河。这就导致了诸如没有严格的程序时限，协商一致原则导致专家组和上诉机构的报告难以通过等问题。

1. 管辖权范围有限。由于 GATT1947 是“货物贸易协定”，导致争端解决机制的管辖权范围也仅限于国际货物贸易纠纷，对国际投资、知识产权、服务贸易、农产品贸易等纠纷无能为力。这些新的纠纷类型也在不断地挑战着 GATT 争端解决机制的权威性。例如，1982 年美加之间

---

[7] Hudec R. E., *Enforcing International Trade Law*, the Evolution of the Modern GATT Legal System, Butterworths New Hampshaire, 1993, p. 153.

[8] 参见毛燕琼：《WTO 争端解决机制问题与改革》，华东政法大学 2008 年博士学位论文，第 12 页。

的关于将加拿大的外国投资审查法案纠纷，美国提出申诉后，很多成员对该问题发表看法，认为专家组对投资案件没有管辖权，对专家组的职权范围持保留意见。[9]

2. 缺乏明确的时限。GATT 第 22 条和第 23 条只是笼统地规定了两种争议解决方式，磋商和专家组程序，缺乏程序的具体要求，没有时间期限。导致很多案件久拖不决，整个过程冗长拖沓，大大降低了纠纷解决的效率。1989 年《关贸总协定争端解决处理的规定及手续的改善》的出台在一定程度上缓解了上述问题，但并未根本解决。

3. 专家组成员确定程序不完善。多数专家组成员由各缔约方的派驻代表组成，导致了以下问题：专业知识和时间精力不足；不可避免地受到本国立场和利益的掣肘；更倾向采用磋商和解的政治方式，而非法律方式解决纠纷。

4. 程序和实体法规范散乱。每一个争端解决制度都是在实践中不断修正、完善的，GATT 也不例外，通过解决实践中不断涌现的问题，并制定、补充相关文件，进行改革修补，是从实用主义不断过渡到法律主义。GATT 的前总干事奥利维尔在《GATT 多边贸易体制中的法律与局限》一书中指出，GATT 原本是一个由各种例外拼成的一块马赛克，由

---

〔9〕 See Canada-Administration of the Foreign Investment Review Act, Report of the Panel adopted on 7 February 1984 (L/5504 - 30S/140). Article 1.4, At the Council meeting, a number of delegations expressed doubts whether the dispute between the United States and Canada was one for which the GATT had competence since it involved investment legislation, a subject not covered by the GATT. They therefore reserved their position on the terms of reference (C/M/162, pages 25 - 26). Terms of Reference: To examine, in the light of the relevant GATT provisions, the matter referred to the CONTRACTING PARTIES by the United States concerning the administration of the Foreign Investment Review Act of Canada with respect to the purchase of goods in Canada and/or export of goods from Canada by certain firms subject to that Act; and to make such findings as will assist the CONTRACTING PARTIES in making the recommendations or rulings provided for in paragraph 2 of Article XXIII.

各种规则组成的临时适用的多边贸易协定。[10] GATT 争端解决法律程序除第 22 条和第 23 条规定外，还有 1958～1989 年通过的若干补充性法律文件，包括东京回合达成的 9 项协议，使争端解决程序更加分散、庞杂，严重降低了成文法的高效透明与可预期性。

5. "协商一致"原则降低了程序的效率性。GATT 争端解决机制奉行"协商一致"的议事原则，在整个程序的各个环节上，如果有一方反对，不排除是恶意拖延，不但可以阻碍程序的顺利推进，还可能导致专家组报告无法通过，即被诉方在理事会中阻挠专家组报告的通过，这可能是 GATT 争端解决机制存在的最大问题之一。例如，1991 年瑞典与美国不锈钢板反倾销案即是很好的例证。1991 年 4 月瑞典向 GATT 申诉，要求解决美国对瑞典不锈钢板征收反倾销税的问题。1991 年 4 月 27 日，专家组提出报告，认为美国的做法违反了《反倾销守则》，但是由于美国的反对，直到 1991 年年底，该报告也未获得通过。

6. 裁决执行力不足。尽管 GATT 规定了执行程序，但该程序无法确保强制执行的效力，GATT 争端解决缺乏执行程序。当争端败诉方不履行裁决时，一般通过总干事或理事会进行劝说或督促，说服违反一方纠正其不符合的做法，能够顺利启动强制性报复的案例较少，如果一方最终拒绝履行，最坏的结果是该违反方退出 GATT。从一定意义上讲，GATT 争端解决程序是属于调解和规劝性的程序，基于争议双方君子合作的精神，尽可能通过调解和磋商机制来化解纠纷，主要依靠君子自觉、道德和政治压力督促裁决执行，缺乏法律上强制执行的保障机制，这也是 GATT 争端解决机制的最大问题之一。如果裁决最终无法获得执行，申诉方前期所有的努力均将付诸东流，直接影响了成员方对该机制的信心。因此，没有强制执行机制的 GATT 又被称为"没有牙齿的老虎"。

---

〔10〕 参见梁鹰：《WTO 争端解决机制研究》，中共中央党校 2002 年博士学位论文，第 17 页。

综上所述，GATT 争端解决机制的天生缺陷，削弱了 GATT 机制的权威性，影响了国际贸易体系的稳定性。GATT 争端解决经过了一个曲折的发展过程，起初由于缔约国较少，矛盾不大，运行尚好。到了中期阶段，各国贸易发展不平衡，纠纷倍增，导致其不堪重负。东京回合虽然进行了较大改进，但仍不够完善。直到乌拉圭回合谈判，终于迎来重大突破，伴随 WTO 的建立，争端解决机制亦步入一个全新的时期。

## 二、WTO 争端解决机制之形成

为了彻底克服 GATT 争端解决机制的原有缺陷，在保留其有效做法的基础上，乌拉圭回合对其进行了全面、彻底的修改与完善，并最终达成了《WTO 争端解决谅解》。实现了操作程序精细化、时限明确化、裁决报复机制严格化之重要改革目标。WTO 的《WTO 争端解决谅解》是对 GATT 争端解决机制的重大继承、扬弃与发展。[11] 继承主要体现在 GATT 第 22 条和第 23 条依然是整个争端解决机制的核心和基础。扬弃与发展主要体现在拓宽了争端解决的适用范围，增加了上诉机构程序，设置了执行中的报复程序。而且增设了“二审终审”程序，这是人类历

〔11〕 根据《WTO 争端解决谅解》第 3 条第 1 款的明文规定，各成员确认遵守在此以前根据 GATT1947 第 22 条和第 23 条及其进一步修改和完善的各项规则及程序所适用的争端管理的各项原则。这表明，GATT 自 1947 年以来形成和建立的争端解决实践和惯例部分程序规则及缔约方的义务仍是 WTO 成员必须遵循的。《马拉喀什建立、世界贸易组织协定》（以下简称《WTO 协定》）第 16 条第 1 款也规定，除本协定或各多边贸易协定另有规定外 WTO 得受 GATT1947 缔约方全体和在 GATT1947 框架内设立的各机构所遵循的决定程序和习惯做法的指导。很明显，这里的习惯做法主要是指专家组以往的断案。可见，WTO 在实体上还是承袭了 GATT 的大部分衣钵，WTO 争端解决机制不是完全脱离于 GATT 争端解决机制的一种崭新的制度，更不是对 GATT 争端解决机制的全盘否定。

史上第一个解决国家间争端的上诉机制。[12] 总体而言，WTO 争端解决机制更成熟、完善，实现了争端解决机制的统一性，为世界贸易秩序提供了更为高效、透明、稳定的司法机制。正如 WTO 前任总干事鲁杰罗说过："如果不提及争端解决机制，任何对 WTO 成就的评价都是不完整的。从许多方面讲，争端解决机制是多边贸易体制的主要支柱，是 WTO 对全球经济稳定作出的最独特的贡献。新的 WTO 体制因而迅即变得强健有力，亦比其前身 GATT 更加值得信赖。"[13]

### （一）设立独立的争端解决机构

WTO 争端解决机制的最重大改革之一，是建构了常设性、固定的"争端解决机构"（Dispute Settlement Body，DSB）。其主要职能是根据国际公法和国际习惯法规则阐释协议条款的内涵，拟定专家组和上诉机构报告，并通过严格的执行程序化实现贸易纠纷的化解，保障各成员条约权利的实现和义务的履行，最终为多边自由贸易体制提供稳定性和可预见性。DSB 的具体职能包括组织专家组、接受专家组和上诉机构的报告、监督裁决执行、授权成员方停止减让义务等。DSB 一改 GATT 的"协商一致"的决策原则，采用反向协商一致（negative consensus）方式作出决策，促使其整个程序几乎会自动通过，排除了 GATT 机制下败诉方恶意阻碍程序进行的可能性，有利于裁决顺利推进，对当事国形成了

---

〔12〕 上诉机制设立的初衷是作为一种对专家组报告偶尔审查一下的机制，但实践表明上诉机构"生意兴隆"，加上报告说理充分、论证严密，令人心服口服，因而被誉为"国际法治的典范"。在短短 20 多年的时间里作出了 145 份裁决。平均 70% 的专家组报告被启动了上诉程序。上诉机构通过自身的努力，赢得了信任。但这并不意味着 WTO 争端解决机制就是完美的，美国成功掣肘上诉机构成员遴选和连任，证明其需要不断改革并完善。

〔13〕 Renato Ruggiero，*The Future Path of the Multilateral Trading System*，WTO Director-General's address to the Korean Business Association in Seoul on April 17，1997，WTO News，Accessed Apr. 16，2020，http：//www. wto. org/english/news _e/pres97 _e/seoul. htm.

较人的威慑力。

### （二）形成统一的争端解决程序

《WTO 争端解决谅解》形成了一个包含磋商、调解与调停、专家组和上诉机构“四位一体”的统一程序机制。《WTO 争端解决谅解》第 4 条对磋商程序进行了改进与完善，同时需要强调的是磋商贯彻所有程序中的一以贯之的程序，只要争端双方有意向，随时可以进入磋商程序。[14]《WTO 争端解决谅解》第 5 条规定争端当事国可以自愿选举中立的第三方，如 WTO 总干事，对争端进行斡旋、调解和调停。与 GATT《1979 年争端解决谅解》不同的是《WTO 争端解决谅解》规定的调解和调停程序更灵活，不需要经过前置性磋商程序，可以独立开始，随时

〔14〕 参见《WTO 争端解决谅解》第 4 条“磋商”的规定：(1) 各成员确认决心加强和提高各成员使用的磋商程序的有效性。(2) 每一成员承诺对另一成员提出的有关在前者领土内采取的、影响任何适用协定运用的措施的交涉给予积极考虑，并提供充分的磋商机会。(3) 如磋商请求是按照所适用协定提出的，则请求所针对的成员应在收到请求之日起 10 日内对该请求作出答复，并应在收到请求之日起不超过 30 日的期限内真诚地进行磋商，以达成双方满意的解决办法，除非双方另有议定。如该成员未在收到请求之日起 10 日内作出答复，或未在收到请求之日起不超过 30 日的期限内或双方同意的其他时间内进行磋商，则请求进行磋商的成员可直接开始请求设立专家组。(4) 所有此类磋商请求应由请求磋商的成员通知 DSB 及有关理事会和委员会。任何磋商请求应以书面形式提交，并应说明提出请求的理由，包括确认所争论的措施，并指出起诉的法律根据。(5) 在依照所适用协定的规定进行磋商的过程中，在根据本谅解采取进一步行动之前，各成员应努力尝试对该事项作出令人满意的调整。(6) 磋商应保密，并不得损害任何一方在任何进一步诉讼中的权利。(7) 如在收到磋商请求之日起 60 日内，磋商未能解决争端，则起诉方可请求设立专家组。如磋商各方共同认为磋商已不能解决争端，则起诉方可在 60 日期限内请求设立专家组。(8) 在紧急案件中，包括涉及易腐货物的案件，各成员应在收到请求之日起不超过 10 日的期限内进行磋商。如在收到请求之日起 20 日的期限内，磋商未能解决争端，则起诉方可请求设立专家组。

结束。[15] 专家组程序是多边贸易体制向非政治化、程序化和司法化迈进的重要体现。《WTO 争端解决谅解》第 6 条 ~ 第 16 条是专家程序的规定，包括了专家组的设立、组成、职权、报告拟定、报告通过等多项严密的程序流程。《WTO 争端解决谅解》第 17 条是关于常设上诉机构的上诉审程序。该程序是 WTO 新增的一个程序。从一定意义上讲，上诉程序是对专家组报告的核实和监督，可以纠正专家组的错误认定，大大提升了 WTO 争端解决机制的权威性和司法性。

《WTO 争端解决谅解》中的协商、调解和调停和专家组程序很大程度上是 GATT 机制的延续，而上诉审是一个全新程序。如此，不但保证了对 WTO 规则解释的统一性和合法性，还可以纠正不当报告，强化争端解决机制的权威和信心。

### （三）强化了对执行监督和报复措施的规制

《WTO 争端解决谅解》第 21 条进一步强化了执行监督。在专家组或上诉机构报告通过后的 30 日内，败诉一方应向 DSB 通报其履行意愿，如不能立即履行，需要在合理期限内进行履行，并对“合理期限”进行了详尽的规定。而且《WTO 争端解决谅解》第 21 条第 6 款进一步规定了 DSB 应对专家组报告的裁决进行过程监督，如果必要，应特别考虑发展中国家的利益。《WTO 争端解决谅解》第 22 条对报复机制进行了规

---

〔15〕 参见《WTO 争端解决谅解》第 5 条“斡旋、调解和调停”的规定：(1) 斡旋、调解和调停是在争端各方同意下自愿采取的程序。(2) 涉及斡旋、调解和调停的诉讼程序，特别是争端各方在这些诉讼程序中所采取的立场应保密，并不得损害双方中任何一方根据这些程序进行任何进一步诉讼程序的权利。(3) 争端任何一方可随时请求进行斡旋、调解或调停。此程序可随时开始，随时终止。一旦斡旋、调解或调停程序终止，起诉方即可开始请求设立专家组。(4) 如斡旋、调解或调停在收到磋商请求之日起 60 日内开始，则起诉方在请求设立专家组之前，应给予自收到磋商请求之日起 60 日的时间。如争端各方共同认为斡旋、调解或调停过程未能解决争端，则起诉方可在 60 日期限内请求设立专家组。(5) 如争端各方同意，斡旋、调解或调停程序可在专家组程序进行的同时继续进行。(6) 总干事可依其职权提供斡旋、调解或调停，以期协助各成员解决争端。

制，即补偿是临时措施，报复可以是最后手段，禁止单方面的报复。由此，把报复措施限定在 WTO 体系内部是一个重大的改进，反映了对实际履行或强制履行条约义务的明显偏爱，而把补偿和中止作为临时辅助措施进行规制。

## 第二节　WTO 争端解决机制的程序、原则与价值

WTO 争端解决机制是整个多边贸易体系的程序性规则，是保证 WTO 实体性规则实施执行的规则。正如德国萨姆教授所言，协定规则的实施要靠有效的解决争端规则；反之，解决争端规则的有效性要靠协定规则有清楚而明确的规定，在法律规则的质量与其可执法性之间，逻辑上是相互依存的。[16]

### 一、WTO 争端解决机制的基本程序

根据《WTO 争端解决谅解》的规定，除可自愿选择的斡旋、调解和调停程序外，整个争端解决程序大致可分为 4 个阶段，即磋商、专家组、上诉和执行程序。各个程序时限严格，有效衔接，灵活高效。其中，专家组程序是整个争端解决机制的核心。正如杰克逊教授所言，在处理纠纷与争端问题方面，从 GATT 的工作组进化到 WTO 的专家组似乎是在不知不觉中实现的，但其中非常重要的一点在于这代表了摆脱国家间政治交易的窠臼，向着更尊重客观国际法律义务迈出了重要一步，WTO

〔16〕 Kenneth Dam, *The GATT Law and International Economics Organization*, University of Chicago Press, 1970, p. 480.

专家组更有点不对特定国家负责的、独立行事的国际性法院的味道。[17] 如果说，GATT 的争端解决机制政治性强于司法性，那么 WTO 争端解决机制正好相反，把各国的经贸政策正式纳入比较纯粹的国际司法的审查范围，尽管国际司法不一定是解决每一个成员纠纷案件的最佳途径，但是一个确定的、透明的、机制化的途径。

### （一）磋商程序

《WTO 争端解决谅解》第 4 条规定争议当事方应首先考量适用磋商程序来解决争议，一缔约方如果认为另一缔约方的行为违反了 WTO 项下的协议义务，并使自身蒙受损失，可以要求对方进行磋商，同时应通知 DSB 和有关的理事会和委员会。被要求磋商的成员应在接到磋商请求后的 10 日内进行回复，并于 30 日内启动磋商程序，于 60 日内完成磋商程序。如果被要求磋商的成员收到接受通知后 10 日内没有回复，或 30 日内没有启动磋商程序，或 60 日内磋商未果，请求磋商一方可以向 DSB 申请成立专家组。当然，磋商程序不是设立专家组必经的前置性程序，争议双方也可以直接启动专家组程序。与磋商程序有利害关系的第三方，可以申请参与磋商程序，如果争议各方认为第三方与此项争议没有利害关系，也可以拒绝第三方的参与。

### （二）专家组程序

专家组并不是固定机构，而是针对个案、根据成员方提交的指示性名单中选定的专家临时组成的。专家组申请应以书面形式提出，且应包含 3 项内容，即是否进行了磋商、引发争端的特别措施、申请的法律依据。[18]

---

〔17〕 J. Jackson, *World Trade and the Law of GATT: A Legal Analysis of the General Agreement on Tariffs and Trade*, Indianapolis: Bobbs-Merrill, 1979, p. 174.

〔18〕 成立专家组的书面申请应准确说明引起争端的特别措施和申诉的法律根据，这有着两方面的意义。(1) 通过界定争端问题的权利请求确立了专家组的管辖权及权限；(2) 专家组的权限又满足了重要的正当程序目标，为了使当事方和第三方有机会答复申诉方的案件，它提供了关于争端问题的充分信息。

提出设立专家组的申请一旦被受理，在 DSB 的第一次会议上只决定是否设立专家组，如果决定设立，则在随后的第二次 DSB 会议上正式设立，并确定专家组的人员组成、职权范围等。DSB 协商一致的情况下也可以不设立专家组。[19] 当然，如果有一方对 DSB 不设立专家组的意见提出反对，专家组就必须设立，这也被称为“自动通过程序”，最后设立专家组的意见一般都会胜出。专家组一般由 3 名专家组成，争议双方可以从秘书处建议的、各成员方提交的指示性名单中选定专家。自专家组设立之日起的 20 日内，如果争议双方未就专家组成员达成一致（现实中由于巨大分歧，经常无法达成一致），经任何一方请求，总干事与 DSB 主席和有关理事会主席协商后，可以决定专家成员的任命。

专家组设立后应立即与争端当事方进行磋商，尽快拟定工作时间表。争端各方应向专家组提交相关事实材料和各自的主张。之后，专家组举行首次实质性会议，申诉方首先陈述自己的观点和主张，再由被诉方进行陈述。所有与案件有利害关系的第三方可以申请加入会议，并发表意见。第二次实质性会议则属于辩论阶段，主要根据双方会前向专家组提交的文稿，先由被诉方发言，再由起诉方发言。专家组根据调查、辩论和双方提交的材料，作出最终的报告。如果争端双方就争议已达成解决方法，专家组把该方法写入报告，提交给 DSB。如果双方未能达成一致解决的意见，专家组把自行写作的报告提交给 DSB，报告包括调查结果、结论、法律依据及其理由等内容。

---

〔19〕《WTO 争端解决谅解》第 6 条规定了专家组的设立：(1) 如起诉方提出请求，则专家组应最迟在此项请求首次作为一项议题列入 DSB 议程的会议之后的 DSB 会议上设立，除非在此次会上 DSB 经协商一致决定不设立专家组。(2) 设立专家组的请求应以书面形式提出。请求应指出是否已进行磋商。确认争论中的措施并提供一份足以明确陈述问题的起诉的法律根据概要。在申请方请求设立的专家组不具有标准职权范围的情况下，书面请求中应包括特殊职权范围的拟议案文。

在一般情况下，自专家组设立或确定职权范围[20]之日起6个月内，最长不超过9个月，专家组应向DSB提交结论性报告。在紧急案件中（如易腐货物案件），专家组应力求在3个月内提交审查报告。[21] 在争议双方提交书面材料后，专家组接着会举行1~2次听证会，此后进入实质性工作，由秘书处协助。专家组首先会提交给双方当事人一个描述性的、大纲性的报告，若双方认为有出入，可向秘书处举证。之后专家组将形成中期报告，争议双方可以进一步提交事实材料，澄清纠纷缘由。根据双方证据材料及WTO相关协定规则，专家组以英语、法语、西班牙语3种工作语言写成最终报告并发给各争议成员方，专家组报告提交给各方当事人之后的60日之内，在DSB会议上根据“反向协商一致”原则审议通过该报告，争议各方在收到专家组报告后，在DSB通过报告10日之前，可以提出书面异议。在报告通过之前，如果争议一方已经通知DSB其上诉决定，则DSB将不审议通过专家组报告。[22]

### （三）上诉程序

争议双方对专家组报告有异议的，可以申请启动上诉程序，由上诉机构对专家组报告进行审理。自上诉机构收到上诉申请之日起60日内应完成上诉机构报告，特殊情况下不应超过90日。[23] 专家组审查期限和上诉机构审查期限一共不能超过12个月，但在实践中多数案件都超期了。上诉机构的审查范围仅限于专家组报告所涉及的法律问题及专家组

---

[20] 《WTO争端解决谅解》第7条规定了专家组的职权范围：（1）专家组应具有下列职权范围，除非争端各方在专家组设立后20日内另有议定……（2）专家组应处理争端各方引用的任何适用协定的有关规定；（3）在设立专家组时，DSB可授权其主席在遵守第1款规定的前提下，与争端各方磋商，制定专家组的职权范围。由此制定的职权范围应散发全体成员。如议定的不是标准的职权范围，则任何成员均可在DSB中提出与此有关的任何问题。

[21] 参见《WTO争端解决谅解》第12条第8款、第9款的规定。

[22] 参见《WTO争端解决谅解》第16条的规定。

[23] 参见《WTO争端解决谅解》第17条第4款、第5款的规定。

对法律进行的解释,[24] 即上诉审是法律审，而非事实审，事实认定由初审专家组负责。上诉机构可以维持、修改或撤销专家组报告。

尽管上诉机构通过的报告不具有“案例法”的性质，但其报告中所确立的条约解释规则却反复被后续的专家组及上诉机构成员很好地承袭并得以执行。这不但强化了 WTO 争端解决机制的连续性，而且为成员方提供了可预见性和确定性。这本身也正是 WTO 争端解决机制的目标和价值所在。

根据《WTO 争端解决谅解》第 17 条的规定，上诉机构是一个常设机构，由法律和贸易领域权威的 7 人组成，每人任期 4 年，可连任一次。每一个案件由 3 人组成审判小组负责，依次轮换。WTO 的上诉审和专家组初审一起构成了“两审终审制”，充分体现了 DSB 的司法化特征，通过上诉审对专家组报告的审查和监督，对条约文本的法律内涵进行了再次澄清和解释，维持了 WTO 法律的一致性和统一性。正如彼得斯曼所言，WTO 上诉机构是争端解决机制最富有创新精神的特征。[25] 尽管如此，上诉机构的报告不是作出生效，必须交由 DSB 通过，故通过方式上依然具有政治性色彩。

### （四）执行程序

对于 DSB 通过的专家组报告和上诉机构报告，争议当事方须无条件严格执行。在专家组或上诉机构报告通过后的 30 日内召开的 DSB 会议上，争议当事方应向 DSB 通报其执行报告的意向和计划。如果 DSB 和争议各方对执行的合理期限未能达成一致，可以通过仲裁来确定执行时限。执行的合理期限一般认为是 90 日，最长在报告通过之日起 15 个月

〔24〕 参见《WTO 争端解决谅解》第 17 条第 6 款。

〔25〕 Ernst-Urich Petersman, *How to Promote the International Rule of Laws-Contributions by the World Trade Organization Appellate Review System*, Journal of International Economic Law, Vol. 1: 1, p. 38 (1998).

内执行完毕，该期限特殊情况下可以视情况缩短或延长。[26] DSB 应持续监督各项报告和裁决的执行情况。在确定合理执行期限后的 6 个月内，执行各项裁决的建议和问题应始终列入 DSB 的会议日程，直到该报告执行到位为止。如果败诉方在合理的期限内不能顺利执行，有两种可能：一是败诉方与申请人协商达成补偿协议；二是胜诉方请求 DSB 授权报复。

### （五）报复与交叉报复程序

WTO 争端解决机制进一步强化了执行措施，补偿或中止减让义务是最后的执行救济程序。如果争端各方未能就补偿问题达成协议或被诉方没有在合理期限内执行裁决，起诉一方可向 DSB 申请批准中止其应承担的条约项下减让义务，取消最惠国（MFN）待遇，实施报复。[27] DSB 应在执行期满后 30 日内审议批准，除非 DSB 一致同意拒绝报复请求。若被诉方对报复（中止减让）的水平有异议，或认为起诉方在实施报复措施中未遵守有关规则，可以提请仲裁，仲裁裁决是终局的。一般而言，起诉方实施报复的行业应当是遭受损失的行业，报复的程度应与遭受损失程度相当。除非针对一个部门或行业的报复措施无效或无法恢复平衡，否则不能对其他部门或行业的进行交叉报复。

DSB 对报复申请的“反向协商一致”通过原则，以及可以实施不同部门之间的“交叉报复”全面强化了 WTO 争端解决机制的执行威慑和权威。同时，《WTO 争端解决谅解》也明确了终止报复的条件，即下列条件满足时应终止报复：不符合协议义务的措施已被撤销；败诉方对利益的抵消或损伤提供了其他解决办法；各方当事人达成了和解方案。

---

〔26〕 参见《WTO 争端解决谅解》第 21 条第 3 款、第 5 款的规定。

〔27〕 参见《WTO 争端解决谅解》第 22 条第 1 款、第 2 款的规定。

## 二、WTO争端解决的价值趋向

规则是对利益的调整，并受背后价值目标的驱动，WTO争端解决机制亦不例外。作为国际法规范的一种，《WTO争端解决谅解》兼顾了“效率”和“公平”的价值追求。

### （一）《WTO争端解决谅解》对“效率”的追求

从经济学角度看，用尽可能少的资源消耗换取最大的产出和效益。“效率”的理念被移植到国际法学中，即意味着用尽可能少的司法资源裁处最多的纠纷案件，高效而节省。其中，两个关键性指标是“时间”和“金钱”成本。《WTO争端解决谅解》的以下规定集中体现了对“效率”的价值追求。

1. 各阶段严格的审理时限。已如前述，从磋商程序、专家组程序到执行程序，每个阶段都有严格的时间限制。例如，除非另有规定，被请求方须在收到磋商请求的10日内作出回复，并在收到磋商请求之日起30日内进行善意磋商；在一般情况下专家组应在6个月内完成初审报告，最长不超过9个月等。每一个环节的严格时限规定，在一定程度上杜绝了争议双方对程序的拖延和阻却，体现了WTO争端解决机制对效率的追求。

2. 高效的决策方式。决策程序的改革是WTO重大的进步之一。“反向一致”原则（除非全部反对，否则报告和裁决即可通过）彻底排除了“协商一致”原则下的弊端，即争议一方，尤其是败诉方，对裁决通过的阻碍。只要有一方同意，专家组报告和上诉机构报告即可通过。一般而言，胜诉方都会支持对自己有利的报告，所以一方即可推动报告的通过和生效。大大提高了争端解决的快速、高效。

尽管《WTO争端解决谅解》没有关于降低“金钱”成本的明确规定，但专家组在美国影响印度针织羊毛上衣进口措施案中，明确指出

“针对印度提出的《争端解决谅解》第11条赋予印度有权要求对其每个问题作出裁决的主张，我们不能同意，且应援用GATT专家组司法节制的一贯做法”。该案上诉机构也认为：《WTO争端解决谅解》第11条的规定和GATT先前的惯例都没有规定专家组应审查原告的所有法律问题。[28] 由此，形成了WTO争端解决机制的“司法经济原则”，在一定程度上体现了WTO对效率的追求。

### （二）《WTO争端解决谅解》对公平的追求

公平、公正是国内法和国际法的共同价值趋向。WTO争端解决机制对公平的追求主要体现在以下几个方面。

1. 增设上诉机构。上诉机构复审程序是WTO改革的重大进步，也是争端解决机制追求公正、公平裁决的有力佐证。其宗旨是通过上诉审纠正初审专家组报告中的法律适用错误，为不公平、不合理的裁决提供一个救济程序。与专家组程序不同的是上诉复审程序是WTO争端解决机制的常设机构DSB承担，其功能类似国内法上的二审程序，DSB只对专家组报告法律问题进行复审，不再作事实审查。上诉审查程序的存在，不但为败诉方提供了一个救济途径，而且通过复审程序可以纠正不当的法律解释，可以确保法律案件裁决的一致性和法律适用的统一性。既体现了WTO争端解决机制对公平价值的追求，又维护了自身的权威。

2. “法庭之友”。《WTO争端解决谅解》第13条规定了专家组有获得资料的权利。在审判实践中，自然人、法人或其他组织可以向专家组和上诉机构提供书面意见，这种书面意见常常被称为“法庭之友”意见。尽管各界对“法庭之友”书面意见的作用存有不同意见，但从WTO审判实践来看，“法庭之友”机制已基本为专家组和上诉机构所接

---

〔28〕 See World Trade Organization, *India-Quantitative Restrictions on Imports of Agricultural, Textile and Industrial Products* (*WT/DS* 90) *Report of the Appellate Body*, Dispute Settlement Reports 1999, 2002, p. 1763 – 1796.

受。这一机制不但有助于专家组和上诉机制形成公平合理的报告，亦体现了 WTO 争端解决机制对公平目标的不懈追求。

综上所述，无论是从《WTO 争端解决谅解》条款的设计，还是从专家组和上诉机制审判实践，WTO 争端解决机制兼顾了对效力和公证两大价值目标的追求，但二者的地位是不均衡的，如果发生冲突，需要进行权衡。因此，"效率优先、兼顾公平"就成为 WTO 争端解决机制的价值均衡模式。这样有效克服了 GATT 协商一致机制的低效短板，但也引发了一系列问题。后文将进一步阐释。

## 第三节　WTO 争端解决机制存在的问题及完善

WTO 争端解决机制克服了 GATT 时代的诸多缺憾，在很多方面有了明显改善，以《WTO 争端解决谅解》及其相关文件为依托，建构了相对系统的专家组和上诉机构程序，形成了"效力优先、兼顾公平"的高效争端化解框架，其成绩是有目共睹的。但在实践中暴露出来的制度性和程序性缺憾也一度引起国际社会广泛的关注，并最终导致了系列困境，包括多边谈判的受阻、上诉机制停摆、贸易审查政策无力等，需要各成员拿出诚意和勇气，推动 WTO 争端解决机制深度改革。

### 一、磋商程序存在的问题及改革建议

#### （一）磋商程序的主要问题

磋商程序既是争端解决的前置性程序，又是贯穿整个争端解决过程的选择性程序。因此，磋商并不是一个自行独立的程序设置。根据《WTO 争端解决谅解》第 4 条对磋商程序的规定以及运行实践，可知其主要缺憾如下。

1. 磋商时间长。《WTO 争端解决谅解》第 4 条第 7 款规定了一般应在 60 日内完成。但对于出口方来说，磋商未果时，60 日有些冗长，可能意味着机会的丧失和损失的持续扩大，对加害方反而成了无故拖延程序的理由。[29]

2. 拒绝第三方加入，不用说明理由。《WTO 争端解决谅解》第 4 条第 11 款规定了第三方可以加入磋商程序，磋商双方也可以拒绝第三方加入，但并未要求拒绝一方说明理由，这样导致实践中，无法排除磋商一方是不是存在滥用拒绝第三方加入磋商的权力之情况，并导致磋商效果不佳。

3. 缺乏撤回磋商的明确规定。《WTO 争端解决谅解》第 4 条第 11 款并未规定磋商一方是否有权撤回磋商申请，以及不撤回可能引发的后果。因为，有些案件磋商未果后，并未启动专家组程序，导致经过磋商程序但长期处于休眠状态的案件较多，不利于案件的统计和管理。[30]

4. 延长期限不明。《WTO 争端解决谅解》第 12 条第 10 款规定，针对发展中国家所采取措施的磋商程序，各方就第 4 条第 7 款和第 8 款规定的磋商时间可以适当延长，但未明确什么是“适当延长”，即可以延长多少时间，导致该条款的规定缺乏统一的标准和操作性。

### （二）磋商程序的完善建议

针对磋商时限的改革，中国、欧盟和日本都曾提出过建议，[31] 要求

---

〔29〕 参见赵维田：《世贸组织（WTO）的法律制度》，吉林人民出版社 2000 年版，第 432 页。

〔30〕 根据 WTO 提供的数据进行统计，目前这类处于休眠状态的争端还很多，有的持续时间甚至已经超过了几年。具体而言，WTO 成立的前 15 年，还有以下案件依然处于磋商阶段：1995 年 2 件；1996 年 10 件；1997 年 14 件；1998 年 23 件；1999 年 12 件；2000 年 13 件；2001 年 10 件；2002 年 9 件；2003 年 8 件；2004 年 6 件；2005 年 5 件；2006 年 5 件；2007 年 6 件；2008 年 2 件；2009 年 8 件；2010 年 12 件。

〔31〕 TN/DS/W/51/Rev. 1；TN/DS/W/1；TN/DS/W/32.

把《WTO 争端解决谅解》第 4 条第 7 款的 60 日改革为 30 日，我国还提议用注释的方式标明“如果磋商一方或多方为发展中国家，则在发展中国家请求时，适当延长该期限，但最长期限不超过 30 日”[32]。日本和欧盟也基本同意我国的提议，但同时指出延长时限须争议双方协商一致，不能仅凭发展中国家单方申请。遗憾的是，WTO 秘书处经过多次特别会议的磋商探讨，各方至今未能就修改磋商期限以及发展成员特殊差别待遇的改革达成一致。

针对改革《WTO 争端解决谅解》第 4 条第 11 款规定的申请加入的第三方应该和争议有实质利益关系，以及拒绝第三方加入需要理由的改革，哥斯达黎加和牙买加曾经提议，去掉“实质利益影响”的要求，只要第三方申请加入，磋商双方均应考虑，如果磋商一方或双方不同意第三方的加入，应说明理由。[33] 虽然 WTO 特别会议经过多次讨论，但由于后来改革进程受阻，该建议至今未能通过。

针对磋商的撤回程序改革，欧盟曾提议增加一个条款，即“一项建议磋商的请求可以随时被撤回，如果磋商启动一方在被请求方接到该项请求后的 18 个月内，未能设立专家组，那么就应该被认定磋商请求方已经将原来的磋商请求撤回了”。[34] 对于该问题，WTO 主席案文规定，如果磋商期限超过了 18 个月，而没有设立专家组，那么此磋商请求将不能再作为请求成立专家组的基础。但是，如果磋商请求方在 18 个月期满之

[32] 印度建议将《WTO 争端解决谅解》第 12 条第 10 款修改为，如果期限到期，进行磋商的各方不能同意磋商已经完成的，则 DSB 主席应当在和双方成员磋商之后，决定延长相关期限。在《WTO 争端解决谅解》第 4 条第 8 款规定的紧急情况下，应该延长不少于 15 日的期限，而在其他正常情况下不少于 30 日。See TN/DS/W/47.

[33] TN/DS/W/12/Rev. 1; TN/DS/W/44/Rev. 1.

[34] TN/DS/W/1. 约旦同时提出与类似的建议，只是认为推定磋商请求方撤回磋商的期限应该是 12 个月，而不是 18 个月。而且，约旦指出“一项建立磋商的请求可以被随时撤回”应该加上一个前提条件，即在该成员方提出建立专家组之前可以随时撤回，以使该规定更加明确，防止出现不必要的歧义。See TN/DS/W/53.

前申请延期的除外，并且还可以如此多次申请延期。由此，主席案文增设了磋商请求过期规定的合理性限制，从而有效平衡了这两方面因素的考虑。

## 二、专家组程序存在的问题与改革建议

### （一）专家组程序的主要问题

在运行的20多年时间中，专家组程序主要暴露出以下问题。首先，专家组成员的非专职性有损争端解决机制效率和公正的价值追求。一方面，由于专家组成员都是“兼职”处理相关案件，作为专家组成员的同时，还有本职工作要完成，由于时间和精力的限制，不可避免地影响案件处理的效率。另一方面，专家组的成员很大程度上依赖秘书处指派的专家学者，专业基础扎实且熟知业务的秘书处工作人员对专家组将不可避免地产生强势影响，并对其独立性和公正性产生影响。其次，专家组有关成员无法满足日趋复杂的争端解决的现实需要。随着国际经贸争端的日趋复杂，案件往往涉及WTO多个协定规则，专家组不但要与争议双方多次会晤，作出中期评审，对事实作出判断，并提出法律意见，还要遵循先例，甚或谋求政治平衡。因此，对于有3个或5个“兼职”的专家组成员来说，可谓任务繁重、时间紧迫，往往力不从心。再次，专家组设立的时间不够合理。《WTO争端解决谅解》第6条第1款将成立专家组的时间放宽到DSB的第二次会议上，其初衷是为双方的磋商提供机会，但在实践中却为被诉方拖延程序提供了借口。且因“反向协商一致”原则导致将成立专家组的时间推迟到DSB第二次会议并无多大意义，因为是反对还是支持设立专家组，专家组最终还是能够成立，除非双方一致同意不设立专家组。[35] 最后，专家组裁处过程的保密性也在一

〔35〕 N. David Palmeter & Petros C. Mavroidis, *Dispute Settlement in the World Trade Organization: Practice and Procedure*, Springer, 1st edition, 1999, para. 68.

定程度上影响了裁决的公信力。保密性主要体现在：争议双方向专家组提交的书面材料是保密的，专家组整个合意程序是保密的，专家组撰写报告也是保密的。与国内司法审判“公开审判是原则，不公开审判是例外”的原则相反，事实上，专家组审理案件的整个过程都是保密的，公众无法知悉，没有透明性和公开性可言，无论是中期报告还是最后报告，只有 DSB 批准后，公众才能知悉。尤其是，专家组的报告和裁决对当事方及其国民产生重大影响时，而在公众和非政府组织缺乏参与的机会的情况下，将不可避免地影响专家组报告的公信力。

### （二）专家组程序的改革建议

对于《WTO 争端解决谅解》第 8 条专家组成员的改革，欧盟主张由总理事会建立专家组成员名册，有效期是 6 年，不得连任。总干事可以从名册中随机选定并任命专家组成员，如果双方协商一致亦可从名册之外指定专家组成员。[36] 加拿大除支持欧盟关于专家组成员名册的提议外，建议对专家组成员的资质进行严格限定，每一个成员可以推荐 1 名专家，并要求专家组的主席必须从名册中产生，专家有效期为 5 年。[37] 美国、智利等成员针对《WTO 争端解决谅解》第 8 条的规定也提出了上述类似的改革建议。

针对《WTO 争端解决谅解》第 6 条第 1 款专家组在第二次 DSB 会议上设立的改革，中国、加拿大、日本和欧盟的提议都倾向：如果申诉方提出请求，专家组应在 DSB 把该项请求列为其议程内容的那次会议上设立，除非争议双方协商不成立专家组。[38] 对此，后来的主席文本基本采纳了该建议，即专家组在诸如 DSB 议程的会议上设立，但如果被诉方是发展中国家，且该国要求在下一次 DSB 会议上成立，则专家组即可在

〔36〕 TN/DS/W/38.

〔37〕 TN/DS/W/89 and W/52.

〔38〕 TN/DS/W/51/Rev. 1; TN/DS/W/49; TN/DS/W/32; TN/DS/W/1.

下一次会议上成立。上述建议经过长期谈论和多轮磨合，已经形成较为合理的建议，但由于个别成员利用WTO协商一致原则的掣肘，导致后续谈判持续陷入僵局，故而修改《WTO争端解决谅解》第8条的合理建议至今未能采纳生效。

## 三、反向协商一致决策机制的问题与改革建议

从GATT框架下的协商一致原则过渡到WTO争端解决机制的“反向协商一致”原则[39]实现了从权力驱动向规则驱动的进化和升维，取得了DSB专家组和上诉机构的报告几乎是“自动通过”的理想目标，全面强化了WTO争端解决机制的司法性、有效性。但从反向协商一致原则诞生之日起，对其的讨论和争议就从未间断过。最大的争议是“反向协商一致”原则削弱、弱化了国家主权。[40] 但笔者认为在现代国际法语境下，绝对主权的观念已经渐渐远去，经济全球化和国际社会治理都需要各国让渡部分主权，保持国家主权的谦抑性。且是否加入WTO，是

〔39〕 所谓反向协商一致原则，是指DSB在决定是否设立专家组、是否通过专家组和上诉机构的报告、是否授权中止减让等事项时，只要有一成员方（包括争端当事方）同意，或者无一致反对意见，则拟定的决定即被通过。它与GATT体制下协商一致原则的根本区别就在于协商一致的目的不同。在协商一致原则下，缔约方达成一致的目的在于通过某项决议，而在反向协商一致原则下，缔约方达成一致的目的在于否决某项决议。由于全体缔约方都否决某项决议的情况比较少见，因为要胜诉方否决对自己有利的裁决的情况比较难以想象和不切实际，因此反向协商一致原则基本上就是赋予了DSB议案的自动通过权。《WTO争端解决谅解》在它的众多条款中都贯彻了“反向协商一致”原则，包括《WTO争端解决谅解》第6条第1款、第16条第4款、第17条第14款、第22条第6款和第7款。《WTO争端解决谅解》通过这5个条款的设计，将反向协商一致原则贯彻WTO争端解决程序中的专家组程序、上诉机构程序、报复程序以及仲裁程序这四大重要程序中，希望以此杜绝GATT体制下存在的成员阻止争端解决程序顺利开展的做法，以确保WTO争端解决机制的顺利进行。

〔40〕 参见张军旗：《论WTO中的强制管辖权及其与国家主权的关系》，载《上海财经大学学报》2003年第4期。

否让渡部分贸易主权也是基于每个成员自愿的基础上，已经加入的成员也可以选择退出。尽管如此，该原则依然存在操作和实践层面的问题。

### （一）反向协商一致决策机制存在的问题

1. 该原则导致表决制度的落空。[41] 因为该原则可以保证 DSB 的决议（专家组报告、上诉机构报告、中期裁决等）几乎是自动通过程序。这就导致 WTO 表决制度的落空，无法保证对裁决的公平公正，无法消除人们对报告公平、公正的合理怀疑。当然，效率和公平对于程序法来说始终是一个两难的选择。

2. 该原则一定程度上催生了执行难。败诉方对报告和裁决是否认同，在一定程度上决定了后续的执行程序是否顺利。“反向协商一致”几乎让 DSB 裁决的通过成为了自动程序，即使败诉方对报告充满敌意，也无法阻止裁决的生效。败诉方对裁决的不满必然会影响裁决的执行，这可能促使败诉方采取措施阻碍执行进展，以保护自身利益，从而导致执行难。欧共体香蕉案就是一个典型案例。[42]

### （二）反向协商一致的完善建议

关于“反向协商一致”机制的完善，主要反映在美国和智利的一份联合提议上，[43] 该提议认为，由于 DSB 报告论证部分或事实部分有时可能会超出成员方当事人认可的范围，甚至在某些情况下，这些内容可能对纠纷解决存在相反的作用。为此，需要设计一个机制用来提升纠纷解决的灵活性和当事人对报告通过程序的控制力。

笔者认为，在程序法律制度的设计中，公平和效率往往难以两全时，

---

〔41〕 参见蔡剑波：《WTO 争端解决机制的“反向协商一致”规则研究》，载《当代法学》2003 年第 1 期。

〔42〕 该案在 GATT 机制下因协商一致原则的存在导致无法获得解决。WTO 成立后，该案再次提交给 WTO 专家组，欧共体败诉，但是欧共体却并不真正执行 DSB 裁决，从而引起了胜诉方的报复程序。

〔43〕 TN/DS/W/28.

应该倾向效率，效率应该是程序法的主要价值目标，公平是事实审查和法律审查追求的首要目标。因此，“反向协商一致”原则确保了DSB程序对效率的追求，应该主要通过完善其他相关制度，来促进实现该制度更好地运行。

## 四、透明度机制主要问题与完善

透明度是WTO法律体系的基础性原则之一，对于维持WTO的法治运行，提升WTO公信力来说，具有重要意义。透明度原则渗透到了WTO各类协定中，在实践中主要通过以下方式落实透明度原则：一是要求每一个成员方及时公布法律、法规、司法判例和行政裁决；〔44〕二是要求成员方针对特定主体履行通知义务；〔45〕三是要求成员履行相应的报告

〔44〕例如，GATT1994第10条第1款指出，任何缔约方实行的法律、规章、普遍适用的司法判例与行政裁决，均应迅速予以公布，以使各国政府和贸易工作者熟悉它们。另外，已经生效的政府间协议也应公布。GATS第3条第1款和第2款规定，除紧急情况外，每一成员应迅速公布有关或影响本协定运用的所有普遍适用的措施，最迟应在此类措施生效之时。一成员为签署方的有关或影响服务贸易的国际协定也应予以公布。如第1款所指公布不可行，则应以其他方式使此类信息可公开获得。《贸易知识产权协定》（TRIPs）第63条第1款也规定，一成员有效实施的、有关本协定主题（知识产权的效力、范围、取得、实施和防止滥用）的法律和法规及普遍适用的司法终局裁决和行政裁定应以本国语言予以公布，或如果此种公布不可行，则应使之可公开获得，以使政府和权利持有人知晓，一成员政府或政府机构与另一成员政府或政府机构之间实施的有关本协定主题的协定也应予以公布。

〔45〕在WTO众多法律文件中存在许多关于通知的规定，而其中最重要的文件应属乌拉圭回合通过的《关于通知程序的决定》。该决定第1条重申了各成员方的一般义务，要求各成员方在最大限度内通知各自所采取的可能影响GATT1994运用的贸易措施。第2条规定，设立一个由秘书处负责的通知登记中心。

义务。[46] 与此同时保密原则也贯穿了 DSB 整个审判过程。争端解决机制的每一个阶段，几乎都明确规定要求坚持秘密性原则。[47] 如何平衡透明度和保密原则有时即成了一个棘手的问题。

### （一）透明度原则的主要问题

争端解决机制中的保密性和透明度之争是 DSB 争端解决机制的实践问题之一。一方面，保密原则有利于维护当事成员方的相关秘密和权益，有时不可或缺，甚是必要；[48] 另一方面，保密原则又不利于查明事实真相与执行正当程序，在一定程度上损害了利益相关的第三方或公众对相关事实的知情权，此时需要坚守透明度原则，而不是严守秘密。

由此，DSB 争端解决机制为了维护成员当事方的利益，保密性是不可或缺的。同时为了满足公众或第三方的知情权益，又不得不平衡透明度原则。透明度已成为各大纠纷解决机制的重要原则。例如，《WTO 争端解决谅解》第 18 条第 2 款即彰显了平衡二者要求的规定，既在坚守保密性原则时，也强调《WTO 争端解决谅解》规定不妨碍任何一方向公

---

〔46〕 例如，《贸易政策审议机制协议》第 D 条规定，要求成员方就其实施的贸易政策和做法发生的任何重大变更向贸易政策审议机构作出报告。《关于解释 1994 年关税与贸易总协定第 24 条的谅解》第 11 条也要求关税同盟和自由贸易区的代表就相关内容向货物贸易理事会报告。

〔47〕 例如，《WTO 争端解决谅解》第 4 条第 6 款规定，"协商是保密的，并不妨害任何成员方在后续诉讼中的权利"。第 5 条第 2 款规定，"含有的斡旋、调解与调停的诉讼，尤其争端当事方在该诉讼中所持有的见解，都要保密，但并不妨害任何一方按此程序在进一步诉讼中的权利"。第 14 条规定，"专家组审案是保密的。专家组报告应在争端当事各方不在场的情况下，依所提供的资料和所作陈述拟定。专家组报告中专家个人发表的意见，不宜署名"。《WTO 争端解决谅解》附录 3 的工作程序第 2 款、第 3 款也规定，专家组开会不公开。各当事方和利害关系方只有在专家组邀请时，方可出席会议。专家组审案和对收到的文件应该保密。《WTO 争端解决谅解》第 17 条第 10 款、第 11 款规定，"上诉审理诉讼应当保密。上诉机构的报告应在争端当事各方不在场的情况下，根据已获得的资料和已作的陈述来草拟。在任的上诉机关中个人在上诉机关报告中表示的意见，不宜署名"。

〔48〕 参见赵维田等：《WTO 的司法机制》，上海人民出版社 2004 年版，第 142 页。

众披露其自身立场的陈述，且应另一成员请求，一争端方还应提供其书面陈述以及可对外披露的非机密摘要。

### （二）透明度原则的完善建议

关于透明度原则的改革有两种相反的观点。以美国为代表的支持成员方认为，DSB 的裁决与市民社会的利益关系越来越密切，但实践中案件之外的公众却无法觉察程序内容及当事人之间的争论。而且 WTO 纠纷案件与其他政府之间的纠纷一样，可以通过透明度原则让社会公众，尤其是广大发展中国家，深入了解 WTO 的裁决程序，助力其积累经验，增强对裁决的认同。因此，美国建议 DSB 应该公开裁决程序中当事人的书面陈述及口头陈述，让公众了解知悉当事人也可以了解的 DSB 专家组、上诉机构和所有程序性的内容，除非涉及商业秘密，专家组最终报告也应该公开。此外，WTO 秘书处应该把相应的文件资料存放在固定的位置，以方便取阅。〔49〕

也有众多成员反对提高透明度原则的执行力度，非洲集团认为当前 DSB 争端解决程序向公众公开是不合适的。〔50〕欧盟也认为应该坚持 DSB 程序的保密性，限制透明度原则在程序适用中的合理性。尽管国际公法性的程序（如国际法院、欧洲人权法院、国际海洋法庭等）一般都向社会公开，但 WTO 的争端解决机制应该与之区别。为了实现《WTO 争端解决谅解》第 3 条第 7 款规定的“争端解决机制的目的在于保证使争端得到积极解决”之目标，适度保持 DSB 专家组和上诉机构程序的秘密性是必要的，尤其是在争议双方认为保持这种秘密性对于化解纠纷是有帮助时。〔51〕

笔者认为，扩大 DSB 程序的透明度有助于纠纷成员方之外的公众或第三方知晓，而维护 DSB 程序的秘密性，也是适度保护当事方利益的必

〔49〕 TN/DS/W/13，TN/DS/W/86.

〔50〕 TN/DS/W/15.

〔51〕 TN/DS/W/1.

然选择。由此，一则在DSB中推行透明度原则时不能全面抛弃秘密性；二则也不能为了保护DSB的秘密性而不顾WTO基本原则（透明度原则）的要求。因此，透明度与秘密性原则的改革，只能在保护DSB程序适度秘密性的同时，采用有节有力的步骤逐渐扩大其透明度，尽可能地平衡、协调透明度与秘密性之间的矛盾关系。

## 五、“法庭之友”制度存在的问题及完善建议

### （一）“法庭之友”制度之问题

“法庭之友”制度在《WTO争端解决谅解》中没有明确的法律依据，而是在WTO审判实践中逐步发展起来的。[52] 当前，DSB程序过程中的“法庭之友”包含了两种形式：一是专家组或上诉机构主动向非政府组织（NGO）或第三方成员等非争端当事方寻求有助于纠纷解决的信息；二是专家组或上诉机构主动采信非政府组织或第三方成员提供的有效信息。[53]

---

〔52〕 虽然目前争端解决机制的实践已经接受和承认了“法庭之友”制度，但是从目前专家组和上诉机构接受“法庭之友”陈述的实际情况看，“法庭之友”制度的应用还不是很广泛。WTO资料统计，截至目前，共有31个案件申请提交法庭之友陈述，但是只有5个案件即DS135、DS236、DS291、DS292和DS293中的专家组接受了“法庭之友”陈述，其他的“法庭之友”陈述都被专家组以提交时间过迟，违反保密原则等理由拒绝。

〔53〕 DSB专家组主要以《WTO争端解决谅解》第13条第1款、第2款作为其主动寻求并接受“法庭之友”主动提供陈述的依据；上诉机构则主要根据《WTO争端解决谅解》第13条、第17条第9款和附录3工作程序规定主动寻求“法庭之友”帮助并接受“法庭之友”主动提供的信息。《WTO争端解决谅解》第13条规定的专家组有寻找资料的权利，该条款规定每个专家组都有向它认为合适的人或团体寻找资料和技术咨询的权利；专家组得从任何来源寻找资料，得向专家咨询征得他们对事情某些方面的意见。《WTO争端解决谅解》第17条第9款规定，上诉机构应与DSB主席和总干事协商制定出工作程序，并分发给各成员方，以获得资料。附录3工作程序规定，为了保证公正性和程序的有序进行，负责案件的上诉机构成员可以制订适当的程序，但必须立即通知案件参加方，以及上诉机构其他成员。

除专家组可以主动寻求相关信息外，《WTO 争端解决谅解》对其他几种情况未予明确，所以引发了很多成员及学者的争论。尤其是针对《WTO 争端解决谅解》第 13 条的规定，专家组接受第三方主动提供的“法庭之友”意见，一些成员方提出异议。针对上诉机构主动寻求“法庭之友”陈述以及接受第三方主动提供的意见做法，一些成员方甚至提出强烈的反对意见。

支持“法庭之友”制度的成员方认为，该制度有利于提高专家组和上诉机构程序的透明度；第三方提供的真实有效的信息有助于专家组和上诉机构形成公平的裁决等。反对“法庭之友”制度的成员方认为，专家组和上诉机构主动接受第三方的意见，违背了司法谦抑原则；专家组和上诉机构主动接受“法庭之友”意见缺乏法理基础，违反保密性原则；《WTO 争端解决谅解》未能为该制度提供充分的法律支撑等。

在美国磷虾案中，上诉机构认为根据《WTO 争端解决谅解》第 13 条的规定，专家组和上诉机构针对第三方及当事人附带提交的“法庭之友”意见，都有权进行考量。[54] 该案原告印度、马来西亚、泰国等认为，上诉机构对《WTO 争端解决谅解》第 13 条的解释是错误的，美国认为上诉机构有权采纳“法庭之友”的意见。在美国铅铋Ⅱ案中，上诉机构再次确认有权接受“法庭之友”的意见。[55] 美国认为，上诉机构接受“法庭之友”意见是建立在专家组接受该意见的基础上的，既然专家组可以接受“法庭之友”的意见，那么上诉机构也有权接受。这样开放的态度，将增加公众对 DSB 的信心。成员对该问题的分歧的本质是上诉机构是否有权对《WTO 争端解决谅解》第 13 条进行扩大解释，是否越权决定了本该由 WTO 各成员决定的事项，亦即超越了自身的

〔54〕 WT/DSB/M/83.

〔55〕 WT/DSB/M/84.

职权范围？[56]

## （二）“法庭之友”的改革建议

以欧盟和美国为代表的成员方明确支持“法庭之友”这一制度实践，并提出了相关改革建议。[57] 第一，只要专家组或上诉机构认为第三方提交的陈述或信息与案件事实存在直接的联系，则可以接受该陈述，但没有义务在报告中说明第三方的书面意见；第二，第三方向专家组或上诉机构提出书面陈述意见，需要征得同意；第三，专家组或上诉机构收到“法庭之友”书面陈述后，应该给予争端当事国10天的时间，进行回应。

以非洲集团为代表的非洲成员方大多反对“法庭之友”机制，[58] 并提出补充界定《WTO争端解决谅解》第13条规定的专家组获取信息之权利，采取新的规则对其地位予以明确。具体如下：上诉机构不应接受与其审查法律问题和法律解释功能不符的信息；《WTO争端解决谅解》第13条涵盖的权利仅指专家组享有的权利，并非上诉机构享有的权

〔56〕 鉴于上诉机构“法庭之友”引发的广泛争议，2000年11月22日，WTO总理事会专门为此召开特别会议，除美国、欧盟等成员外，多数成员提出了反对意见。主席将成员的意见总结为六个方面：（1）争端解决机制非常重要，需要保证其可信度；（2）《WTO争端解决谅解》的权利边界属于WTO成员决定的事项，多数成员认为《WTO争端解决谅解》第13条对上诉机构“法庭之友”机制没有规定，也不接受，少数成员（美国和欧盟）认为可以使用；（3）多数成员认为“美国磷虾案”不应适用于后续专家和上诉机构接受意见的依据，美国认为可以；（4）多数成员认为这是一个实质性问题，不是一个程序性问题；（5）秘书处将寻求“法庭之友”的程序在网站予以发布，有成员认为构成了邀请，且只在NGOs网站发布，构成了歧视；（6）多数成员认为，此事并非透明度问题，而是谁有权能参与争端解决程序的法律问题。最后主席总结两点结论：多数成员都认为有必要澄清此规则；上诉机构应该更审慎。上诉机构在“美国铅铋Ⅱ案”的报告中继续按照原程序接受了“法庭之友”意见。然而，在后续案件中，上诉机构再也没有主动寻求案外第三人的意见，并且对不请自来的意见，大多也不予考虑。载 http：//worldtradelaw. net/static. php？type = dsc&page = wtoindex#A，最后访问日期：2020年6月20日。

〔57〕 TN/DS/W/1，TN/DS/W/86，TN/DS/W/13.

〔58〕 TN/DS/W/15.

利。且专家组在决定是否寻求有关信息时，应该与纠纷当事人及其法律顾问进行协商。由此，此改革方案的关键立场在于限制“法庭之友”的适用领域。质言之，只有专家组可以使用，而上诉机构无权主动使用。

在2005年召开的特别会议上，尽管WTO各成员方对“法庭之友”制度进行了深度协商，但最终未能达成一致，最后的主席案文亦未涉及“法庭之友”问题。针对上诉机构是否也有权主动寻求“法庭之友”帮助，笔者持否定态度。主要理由是考虑到上诉机构的职责是审理法律问题，而不是事实问题，因此没有必要主动收集、了解更多的事实证据。针对专家组及上诉机构是否有权接受“法庭之友”主动提交的信息及证据材料，笔者认为，虽然《WTO争端解决谅解》对此没有明确规定，但是从有助于澄清案情、解决争议以及促成公正裁决的角度看，不应完全否定。但鉴于“法庭之友”制度将不可避免地增加争议双方的诉讼成本，而此成本恰恰可能是最不发达成员或部分发展中成员难以承受的，为此可以考虑由发达国家成员方设立一个专项基金，向使用、启用该制度有困难的成员提供资助，促进该制度的公平适用。

## 第四节　WTO上诉机制的成就、挑战与改革

尽管WTO的上诉机构已经停摆，〔59〕但作为国家之间第一个争端解

〔59〕作为WTO争端解决机制的有机组成部分，上诉机构常设7名法官，每人任期4年，每起案件至少需要3名法官进行审理。2015年年底2位上诉机构成员顺利连任，但连任与独立性问题初见端倪。2016年在一位成员遴选迟迟无法确定的情况下，紧接着另一位成员连任问题接踵而至。2017年8月，韩国籍成员金炫宗突然宣布辞职，美国借机开始向上诉机构发难，千方百计阻挠上诉机构成员的遴选和连任，导致上诉机构在2018年时只剩下4人，2019年年初只剩下3人。并且最终导致2019年12月11日上诉机构只剩1名法官在任。2019年12月10日，WTO总理事会结束，总干事阿泽维多宣布由于改进上诉机构的草案并未通过，上诉机构将于11日正式“停摆”，不再受理新案件。

决上诉机制，不可否认的是其设立以来，高质量审理了大量案件，取得了非凡成就，是国际法治的一次重大实践，[60] 再次证明 DSB 是一个重要的国际经贸司法机构，不但对国际贸易纠纷解决方式有决定性的影响，对亚投行争端解决机制的建构也有重要的启示。为此，需要深入研判，汲取经验，鉴戒教训。

## 一、WTO 上诉机制的启示

上诉机构成功的司法实践，特别是 20 多年来的众多成案，不但有效维护了 WTO 的有序运转，推动了国际经贸秩序的快速发展，也为其他国际争端解决机制提供了良好的借鉴。例如，国际法院、国际海洋法庭、ICSID、欧洲法院等在使用解释条约时，经常援用 WTO 上诉机构的报告，以此为佐证。确保上诉机制取得成功的因素有很多，概言之主要有以下几点。

### （一）规范上诉审程序的制度简洁明确

调整规范上诉审判程序的只有 4 份文件，即《WTO 争端解决谅解》第 17 条的 14 个条款、1995 年 2 月 10 日 DSB 上诉机构设立的"一号文件"[61]、《上诉审议工作程序》和《行为守则》。[62] 上述 4 份文件从"上诉机构设立""上诉审议程序"到"文件传输""工作日程"，简洁明确

---

〔60〕 2015 年 WTO 成立 20 周年之际，WTO 出版的《WTO 二十周年回顾》曾提到，已经受理的 500 余起案件，作出了近 300 份裁决，包括 115 份上诉机构裁决，成为最高产、最高效的国际争端解决机制。而且，这些裁决绝大多数得到了执行，即被认定为不符合 WTO 规则的措施得到了合理纠正。See World Trade Organization, *20 Years of the WTO: A Retrospective*, WTO, 2015, p. 76 – 85.

〔61〕 文件名称最初为 PC/IPL/13，后来改为 WT/DSB/1，又称"一号文件"。该文件主要内容是设立上诉机构，对《WTO 争端解决谅解》第 17 条中的相关内容进行了细化，分为上诉机构组成、上诉机构内容程序、行政与法律支持三个方面。

〔62〕 WT/AB/WP/6.

地规定了上诉审的流程规范，操作性强，简洁高效。

### （二）上诉审专注于“法律审”

《WTO 争端解决谅解》第 17 条第 6 款明确规定了上诉程序的审查范围，即为法律问题，而非事实问题，亦即审查报告中的法律适用和法律解释是否准确，是否合理。如是，上诉机构成员可以集中精力审查专家组报告中的“法律问题”，进而可以避开复杂的事实澄清问题。而且，上诉机构全体成员对每一个案件进行集体商讨，有效避免了“同案不同判”的情况，维持了裁决的一致性，提升了 DSB 的公信力和威望。

### （三）上诉机构成员专业能力强，工作勤勉

根据《WTO 争端解决谅解》第 17 条第 3 款的规定，上诉机构法官应是“在法律、国际贸易和有关协定方面有显著专长的公认权威”。自 WTO 成立以来，上诉机构任职过的共有 27 位成员，大多是法律、经贸、外交领域的业务型官员、专家学者。上诉机构成员 4 年任期，可连任一次。但为了确保工作连贯性，经抽签决定 7 名法官中的 3 名任期为两年。[63] 只要本人同意，多数法官可以获得连任。

### （四）强有力的秘书处

上诉机构秘书处常年有 20 余位专业律师为 7 位法官提供协助。每个上诉案件分别由 2 ~3 名秘书协助。秘书主要任务是梳理案件当事人的争议焦点以及案件所涉及的协定条文和相关案例。在听证会前后，准备开庭的问题清单、案件裁决的多种思路，草拟上诉机构报告初稿。秘书处的律师承担了上诉审中的所有的“技术活”，而上诉机构成员则贡献了法律的“智慧”。[64]

---

〔63〕 载 WTO 网，https://www.wto.org/english/tratop_e/dispu_e/ab_members_descrp_e.htm，最后访问日期：2020 年 6 月 16 日。

〔64〕 参见杨国华：《丛林再现？——WTO 上诉机制的兴衰》，人民出版社 2020 年版，第 60 页。

公平合理、令人信服的案例可以说是 WTO 上诉机构最好的“产品”，尤其是报告的推理部分，只有让成员方心服口服，裁决才可能得到心甘情愿的执行。通过典型案例的严密推理、论证科学，不但澄清了 WTO 相关条款的内涵和边界，也确立了上诉机构的权威性，赢得了成员的信赖。1966 年年初的美国汽油案是上诉机构的第一案，通过该案报告形成了几个对后续案件影响巨大的原则。〔65〕首先，明确了上诉机构“法律审”的审查内容，即通过重点审查初审报告的推理部分，研判法律条款的适用和解释是否合理。其次，明确了条约解释的一般原则。上诉机构在其报告中表明，专家组忽视了条约解释的基本规则，即《维也纳条约法公约》第 31 条所说的“条约应根据条款的通常含义，并结合上下文和宗旨目标进行善意解释”，以及在实践发展出来的“条约所有条款均是有含义、有效力的，不得随意将某些条款解释为多余或无用”，这些规则正是《WTO 争端解决谅解》第 3 条第 2 款所指的“解释国际公法的习惯规则”。进而确立了 WTO 规则应在国际公法体系内，而不是孤立的，进行理解和解释。最后，明确了各成员有保护环境的责任，但采取的相关措施必须符合 WTO 的规则。上诉机构在报告中指出，作出这个裁决并不意味着 WTO 成员不能采取措施减少环境污染和保护环境，事实上 GATT 第 20 条规定了各成员可以采取措施保护人类健康及可耗尽自然资源，而且《WTO 协定》也要求成员协调贸易自由和环境保护政策，即各成员有很大的自由制定各自的环保政策，但必须尊重 WTO 的相关规则。

日本酒精饮料案是上诉机构的第 2 起案例，通过该案上诉机构进一步澄清了“国民待遇”的边界，并就专家组报告的法律性质进行了明断。〔66〕第一，进一步明确了“国民待遇”原则的内涵。上诉机构在报

〔65〕 WT/DSB/M/17.

〔66〕 WT/DSB/M/17.

告中指出，GATT 第 3 条国民待遇原则的广泛目标是防止采取国内管理的税收措施时实行“保护主义”，确保国内措施适用于进口产品或国内产品时，不会对国内生产提供保护，WTO 各成员应为进口产品和国内产品提供平等的竞争条件。《WTO 协定》起草者的用意显然要求进口产品一旦清关，就应该与国内同类产品一视同仁，避免产生对国内产品的间接保护。GATT 第 3 条所有保护的合理期待，并非具体进口产品的数量，而是进口产品与国内产品之间的平等竞争关系。WTO 成员可以通过国内税收和管理措施实现其国内规范的目标，但不得违反 GATT 第 3 条国民待遇原则的规定。第二，明确了专家组报告的法律性质。该案的专家报告认为，经过争端解决机构通过的专家组报告属于“嗣后惯例”,〔67〕是 GATT 的组成部分。上诉机构对此观点进行了纠正，并在报告中指出，专家组报告不符合《维也纳条约法公约》提到的解释条约所援引的“嗣后惯例”，尽管专家组报告名义上是由 WTO 全体缔约方通过的，但并不能因此而推定认为所有缔约方针对专家组报告达成了一致协议。因此，专家组报告中的结论和裁定结果虽然对争端双方具有强制拘束力，但并不意味着之后的专家组必须遵守之前专家组报告中的法律推理。此逻辑也符合《WTO 协定》第 9 条第 2 款规定的“部长级会议和总理事会对本协定和多边贸易协定有绝对的解释权”，亦证明对 WTO 条款的具体解释权并非隐含或随意的存在于别处，故而上诉机构明确了专家组报告不属于“嗣后惯例”,〔68〕对其他成员不具有必然的拘束力，但其他成员在此后的案件中可以参照借鉴。

〔67〕 参见杨国华：《丛林再现？——WTO 上诉机制的兴衰》，人民出版社 2020 年版，第 51 页。

〔68〕 Gabrelle Marceau, ArnauIzaguerri & Vladyslav Lanovoy, *The WTO's Influence on Other Dispute Settlement Mechanisms: A Lighthouse in the Storm of Fragmentation*, Journal of World Trade, Vol. 47: 3, p. 481 – 574 (2013).

## 二、WTO 上诉机制的危机

### （一）成员遴选机制需要进一步细化

1. 成员资格和名额分配需要进一步明确。根据《WTO 争端解决谅解》以及 1995 年关于上诉机构设立的“一号文件”规定上诉机构成员必须是“在法律、国际贸易和有关协定方面有显著专长的公认权威”，这一标准过于笼统，没有操作性，现实中增加了成员遴选的难度。各成员为了争夺名额，不断对该标准提出符合自身立场的解释。[69] 截至 2023 年年底，WTO 共 164 个成员争夺上诉机构的 7 个成员职位，如果缺乏明确，可操作的标准，就难以平衡所有成员的诉求。因此，成员遴选已形成了一个不成文“潜规则”，美国、欧盟和日本具有“法定”席位，剩下 4 个名额在亚、非和南美洲之间分配。

2. 连任机制不明确。从 DSB 成员连任的经验来看，一般都是自动连任，除非主动放弃连任。但 2016 年 5 月 11 日第一次出现美国反对上诉机构成员连任的情况，这也是上诉机构，乃至 WTO 争端解决机制遭遇的重大考验。美国反对连任的所谓理由是：上诉机构成员的连任并非“自动”的，DSB 决策机制是“全体一致”，WTO 成员有权不予认可；该寻求连任的成员未能履行上诉机构成员的具体责任，此举将侵害 WTO

[69] 在 1995 年遴选第一届成员的过程中，对此标准争议较大，美国表示人选的法律背景与直接参与 GATT 工作和谈判同等重要，应该在国际报纸杂志上刊发招聘广告；新西兰认为为了履行法律职能，GATT 法律方面的经验才是重要的；欧盟表示法律经验与国际贸易领域方面的经验需要进行平衡。印度表示支持候选人专业背景的多元化。阿根廷表示上诉机构成员应该有充分的地域代表性。See WT/DSB/M/6.

成员对DSB机制的认同感。[70]

### （二）上诉机构超负荷运行

WTO争端解决机制运行以来，可以说“生意兴隆”，一方面，表明国际社会对该机制的信赖以及机制运行的相对成功。另一方面，也表明案件数量多，案情越来越复杂，工作量越来越大。上诉机构工作繁忙已众所周知。2013年上诉机构发布的上诉机构的工作量进行了总结。（1）专家组报告的篇幅在不断增加，平均已达364页，书面和口头陈述已从最初的62份增加到522份，专家组阶段当事方提出的主张已从最初的8个增加到13个，且初裁已成常态。专家组报告文件的倍增无疑也增加了上诉机构研阅文件资料的工作量。（2）之前案例的积累导致上诉机

〔70〕 美国坚持DSB上诉机构的审理范围是法律问题，而非事实问题，也不能增加或减少成员的权利和义务，在以下几个案件中，上诉机构成员的实际做法存在问题。（1）“阿根廷金融服务案”的报告中，2/3以上的内容是“附带意见”，此有不妥，因为上诉机构是裁判机构，不是论文科研机构。（2）在“印度农产品案”的报告中，长篇论述了抽象问题，对部分上诉问题却避而不谈。（3）在“美国反补贴措施案”的报告中，上诉机构驳回了上诉，但随后又推翻了专家组裁决，实现了自我否定，但依据却是自己创造的观点和方法。（4）在“美国反补贴和反倾销案”的报告中，上诉机构审查了一成员的国内法，并给出了定论，这种做法是错误的，超越了DSB自身权限，值得关注。See WT/DSB/M/379. 美国抵制上诉机构的观点系统体现在《2018年贸易政策规划及2017年贸易协议年度报告》（2018 Tade Policy Agenda and 2017 Annual Report of the President of the United States on the Trade Agreement Program）第22页到第28页中，可以概括为两个方面，实质方面指责上诉机构增加或减少WTO协议的权利义务问题（越权裁判），诸如上诉机构的解释严格限制了WTO成员抵制国有企业所提供的干扰贸易的补贴的能力，对市场导向行为者的利益构成威胁；上诉机构对《技术性贸易壁垒协议》（TBT协议）中的非歧视义务的解释要求审查源于国别的与差别待遇无关的因素，使国内外产品的同等待遇却因市场影响的差异而被认定为歧视性进口产品，而TBT协议或谈判历史都不能表明WTO成员曾经谈判或同意这一做法；在上诉机构对GATT第19条和《保障措施协定》的解释没有依据，而是按照自己设定的标准解读文本，严重影响了WTO成员使用保障措施的能力等。在程序性方面列举了上诉机构5大问题，即无视90日的上诉审期，离任成员继续审案，发表无关争议解决的咨询意见，审查事实及重新审查国内法，主张其裁决构成先例。

构需要查阅的资料越来越多。当事方会不断援引已有的类似案例论证自己的主张，为了确保裁决的一致性，专家组和上诉机构也需要深入研究“先例”，在报告中阐释采用和不采用的理由，导致上诉机构报告的篇幅平均增加到了210页。(3) 上诉案件的比例不断增加。最初20个案件中走到上诉程序的只有4个，之后上诉比例超过了50%。尽管《WTO争端解决谅解》规定上诉机构审查专家组报告的法律问题，但法律问题和事实问题往往纠缠在一起，很难区分，而且为了更好地审查法律问题，需要深入考察专家组是如何将法律规则适用于事实判断和认定的。[71]

上诉机构长期“超负荷运转”可能产生两个后果：一是审理延期；二是裁决质量下降。第一个后果已经常态化，长期以来上诉机构的审限已普遍超过90日。[72] 第二个后果是各成员都不希望看到的。为了扭转这种局面，WTO秘书处一方面增加了协助上诉机构工作的秘书人员数量，另一方面不断优化程序事项，包括压缩书面口头陈述的篇幅，常规程序标准化等。WTO成员也提出了相关建议，包括把上诉机构成员从7人增至9人，上诉机构成员专职化，减少上诉案件的比例，赋予上诉机构是否审理的决定权等。上述建议都有一定的合理性，但改革上诉机构需要全体成员“协商一致”，由于多边谈判一直停滞不前，所以，针对上诉机构的改革亦未能实现。

### (三) 成员兼职与专职的矛盾

根据1995年2月10日DSB上诉机构设立的“一号文件”规定，上诉机构成员是兼职的，可以从事其他不冲突的工作。但实际上诉机构案

---

〔71〕 The Workload of the Appellate Body, *Appellate Body Annual Report for* 2013, World Trade Organization, 2014, p. 30 – 45.

〔72〕 根据2014年的统计数据，上诉机构平均审限为105日，最长301日。延期的原因包括：听证会推迟、被上诉方或第三方要求推迟提交书面陈述的期限、上诉主张的数量和复杂性、资料增多导致的翻译时间过长等。See Appellate Body Annual Report for 2014, p. 9.

多人少，“诉讼爆炸”的情势已迫使上诉机构成员接近于全职工作。2001 年根据秘书处的统计，按照每天工作 8 小时，每年工作 220 个工作日计算，上诉机构成员已经达到 104% ~117%。如果改为专职，待遇则需要从当前的聘用费、差旅费、零用费和通信费改为工资和退休金。如果继续兼职制度，可能需要增加人手。同时，秘书处表示，根据 10 年模拟计算，从兼职薪酬方案改为专职工资方案，成本不会增加，甚至有所结余，但如果增加人手，则会增加费用。[73]

针对上述问题，日本认为，改为专职可能对上诉机构成员的遴选产生实质性影响，增加人数相对是比较好的办法。欧盟认为，此问题对上诉机构的运行至关重要，初步赞成改为专职。加拿大认为，现有的薪酬体系不一定能吸引优秀的人才加入，而专职的薪酬安排可能导致成本增加，因此需要进一步讨论。美国认为，此事并非紧急事项，可以继续探讨，考虑上诉机构成员最多工作 8 年，所以不支持退休金计划。[74] 笔者认为，上诉机构所有成员均已超负荷工作，改为专职无所裨益，增加人手才是解决问题的可行方法。实践证明，此项修改亦未通过。

## 三、WTO 上诉机制的改革

2001 年 WTO 新一轮多边贸易谈判开始，《WTO 争端解决谅解》改革即为单独的一项议程，由于整个谈判最终未能取得实质性进展，故而《WTO 争端解决谅解》改革至今亦未能达成一致，但各成员提出了相关改进建议，基本反映了上诉机构现存的问题并指明了今后努力的方向。

### （一）调整上诉机构成员数量和任期

欧盟提案建议修改《WTO 争端解决谅解》第 17 条第 1 款，规定上

---

〔73〕 WTO/DSB/M/101.

〔74〕 WTO/DSB/M/106.

诉机构至少由 7 人组成，总理事会可以根据实际需要进行人数调整。[75] 日本提案建议不规定具体的人数，由总理事会根据需要进行决定和调整。[76] 泰国提案建议上诉机构人数增加到 9 人，并赋予总理事会调整的权利。[77] 印度提案建议把上诉机构成员任期改为 6 年，且不可连任。[78] 该提案获得欧盟的附议。综上可知，鉴于上诉机构“案多人少”矛盾越发凸显，增加上诉机构人员数量，并赋予总理会即时调整的权力，是上诉机构改革的应然方向。

**（二）明确第三方上诉及参诉的权利**

根据《WTO 争端解决谅解》第 12 条第 4 款的规定，只有争端当事人对专家组报告可以提起上诉。根据《WTO 争端解决谅解》第 10 条第 2 款的规定，对该事项有实质性权益的第三方可以向 DSB 提交书面陈述，并可以发表意见。但第三方权利范围并不明确。为此，印度提案建议应该明确赋予与案件有实质利益关联的第三方在上诉程序中的提案权和陈述意见的权利，这些陈述应该反映在最终的报告中。[79] 非洲集团提案建议把《WTO 争端解决谅解》第 12 条第 4 款改为：争端当事方可以对专家组报告进行上诉，专家组程序中的利益第三方，如其请求，应享有参与上诉程序的权利，可以提交书面陈述，并赋予其发表建议的机会。[80] 由此可知，专家组程序中的利益第三方的参与上诉程序的权利边界需要进一步澄清。

**（三）增设中期审议程序并延长上诉审限**

《WTO 争端解决谅解》第 17 条第 5 款规定了上诉程序审限不超过

---

〔75〕 TN/DS/W/1.

〔76〕 TN/DS/W/32.

〔77〕 TN/DS/W/2.

〔78〕 TN/DS/W/18, TN/DS/W/47.

〔79〕 TN/DS/W/47.

〔80〕 TN/DS/W/4.

90 日，但设立专家组程序中的中期审议阶段，导致上诉各方在报告发布前无审查评议的机会。美国和智利的联合提案建议，仿照专家组程序增设中期审议阶段，并把上诉期限延长至 120 日，并全面修改《WTO 争端解决谅解》第 17 条第 5 款的内容并对其予以明确。[81]

### （四）中止上诉审查程序

借鉴专家组阶段的中止程序经验，加强当事人对上诉程序的把控力，美国和智利提案建议在《WTO 争端解决谅解》第 17 条第 5 款中增加争端当事方可以合议中止上诉审查程序的规定，即如果争端各方同意，上诉机构应中止其工作。上诉审限作相应的延长。[82]

### （五）发回补充审查

《WTO 争端解决谅解》第 17 条规定了上诉机构审查权局限于法律问题，而非事实问题，导致审判实践中可能出现某些案件专家组报告未包含足够的事实，继而影响上诉机构无法作出合理的法律认定。为此，欧盟提案建议修改《WTO 争端解决谅解》第 17 条第 12 款，增加“发

---

〔81〕 联合提案建议修改为：(1) 上诉程序自争端一方正式通知上诉决定之日起至上诉机构散发其报告之日止，通常不超过 90 日。在确定其时间表时，上诉机构应在必要时考虑第 4.9 条的规定。当上诉机构认为不能在 90 日内提交报告时，应书面通知 DSB 延迟的原因及提交报告的估计期限。但该程序决不能超过 120 日。(2) 在考虑书面辩驳和口头辩论后，上诉机构应向争端各方提交一份中期报告，既包括描述部分也包括上诉机构的调查结果和结论。在上诉机构设定的期限内，一方可以提出书面请求，请上诉机构在最终报告散发各成员之前，审议中期报告中的具体方面。应一方请求，上诉机构应就书面意见中所确认的问题，与各方再次召开会议。如在征求意见期间未收到任何一方的意见，中期报告应被视为最终报告，并迅速散发各成员。最终报告中的调查结果应包括在中期审议阶段对论据的讨论情况。See TN/DS/W/52.

〔82〕 TA/DS/W/52，TA/DS/W/82，TA/DS/W/89.

回重审权”条款。[83] G7 提案建议修改《WTO 争端解决谅解》第 17 条第 12 款的规定，进一步细化明确发回重审的程序。[84] WTO 多边贸易谈判 2008 年重启后，G7 对重审程序进行了梳理、简化，但与之前的主张基本一致。

### （六）上诉机构报告的内容与通过

美国和智利的联合提案建议修改《WTO 争端解决谅解》第 17 条第 3 款，增加上诉机构应当在其报告中阐明裁决的基本理由依据，不得包含争端各方一致要求无须载明的理由依据。[85] 后续的提案中依然重申了上述改革内容，并且更加完善，增加了两点：一是如果争端各方未能形成双方满意的解决办法，上诉机构应书面报告 DSB，并在报告中列明基本理由；二是如果争端各方已经达成解决方案，上诉机构只需在报告中

---

〔83〕 欧盟提案建议修改为：(1) 在专家组报告未包含足够事实支撑作出合理法律认定时，争端一方可以请求将此问题发回原专家组重审。上诉机构应阐明必要的要求以及专家组完成工作的时间建议。(2) 上诉机构报告通过后，如有发回重审请求提出，则 DSB 应在 5 日内设立专家组，由原专家组组成。(3) 重审专家组应在上诉机构规定的时间内向成员散发报告。如不能如期散发，则应书面通知 DSB 并说明原因。无论如何从重审专家组设立到向成员散发报告不得超过 6 个月。(4) 重审专家组报告在散发后，争端一方即可要求 DSB 通过，除非一方提出上诉，否则 DSB 应通过。(5) 对重审专家组报告的上诉应根据《WTO 争端解决谅解》第 17 条进行。See TA/DS/W/38.

〔84〕 G7 提案建议增加如下内容：(1) 如果上诉机构认为专家组报告未能提供充分的事实基础供其进行法律认定，上诉机构应在报告中明确指出需要进一步澄清的事实。(2) 在满足 (1) 项的情况下，争端一方当事人可以要求将该问题提交给原专家组处理。(3) 本款及《WTO 争端解决谅解》第 17 条第 2 款之规定，不影响专家组和上诉机构报告的通过及 DSB 建议和裁决的执行。(4) 争端一方当事人应在上诉机构报告通过后的 30 日内向 DSB 书面提出设立专家组重审上诉机构指出的事实问题。(5) DSB 应以会议方式决定是否重设专家组，并尽可能由原专家组成员组成。(6) 重设专家组仅针对上诉机构指明的需要进一步澄清的事实进行审查。(7) 重审专家组应在设立后的 90 天内散发报告。重审专家组与当事方协商一致，可以简化其工作程序。(8) 如果争端当事方对重审专家组报告提起上诉，上诉程序适用《WTO 争端解决谅解》第 17 条规定之程序。See JOB (04) /52/Rev. 1.

〔85〕 TN/DS/W/52.

对案件进行简要描述，并向 DSB 报告已达成解决方案即可。[86]

为了强化争端当事人对程序的控制力，美国提案建议修改《WTO 争端解决谅解》第 17 条第 4 款的规定，并增加：DSB 在协商一致的情况下，有权决定不通过上诉机构报告中的某项裁定或某项理由依据；建议 DSB 不通过上诉机构报告某项裁定的一方当事人应在召开会议通知发出后的 3 日内向 DSB 提出书面建议，并阐明要求不予通过的基本理由。[87]

## 四、WTO 上诉机构工作程序改革

上述改革内容是新一轮多边贸易谈判的重要议题之一，涉及修改《WTO 争端解决谅解》文本，由于谈判踯躅不前，导致很多有意义的提案未能通过。故而 DSB 开始寻求可以自行推进的改革事项，着手修改《上诉审议工作程序》，历经 3 次调整、修改，终于在 2010 年颁行了新版本。[88] 但工作程序改革只是小修小补，要想克服 WTO 争端解决机制的危机，必须进行彻底改革，修改《WTO 争端解决谅解》才能实现。

### （一）第一次修改

最初的《上诉审议工作程序》规定，当事方提交上诉通知后的 25 日内未能提交书面陈述的第三方，不可以参加听证会。实践中，许多 WTO 成员提出不提交书面陈述也应该可以参加听证会。为了回应成员方的诉求，2003 年 DSB 对《上诉审议工作程序》第 1 项、第 24 项和第 27

〔86〕 TN/DS/W/89.

〔87〕 TN/DS/W/82, TN/DS/W/89.

〔88〕 Working Procedures for Appellate Review, WT/AB/WP/W/10.

项进行了修改。[89] 第 1 项把第三方的含义扩大为“包括提交书面陈述和出席听证会的第三方”，即第三方可以不提交书面陈述或现场发言。第 24 项增加了两个内容：一是鼓励第三方提交书面陈述意见；二是如果出席听证会或现场发言，应提前告知秘书处。修改后的工作程序规则于 2003 年 5 月 1 日开始实施。

**（二）第二次修改**

2004 年上诉机构指出，工作程序的一些漏洞给实践带来了一些困扰，于是第二次提出修改《上诉审议工作程序》的动议。主要涉及以下四个方面：上诉通知、修改错别字的期限、听证会和报告发布时限。关于上诉通知，《上诉审议工作程序》第 20 项增加了上诉申请必须指明专家组报告中的法律适用错误或法律解释错误，并指出相应的错误段落。修改了第 18 项，进一步明确了“笔误”的范畴，包括打印错误、语法错误、文字错误、数字序号错误等，修改的时限为不迟于上诉通知提交后的 30 日内。关于听证会，修改了第 27 项，即听证会可以在提交上诉通知后的 45 日内举行。

关于上诉审限的问题，多数 WTO 成员认为是《WTO 争端解决谅解》第 17 条第 5 款的“法定”内容，如果修改涉及《WTO 争端解决谅解》的修改，《上诉审议工作程序》无权触及。这个问题至今未能解决，并最终发展成为上诉机构的危机之一。

---

〔89〕 第一次修改《上诉审议工作程序》过程中，上诉机构与主要成员之间一度出现了紧张关系。WTO 成员认为，修改《上诉审议工作程序》事关重大，应该与 WTO 成员协商后进行。而上诉机构事前并未充分征求各成员意见。后来，DSB 主席与成员举行了专门的磋商，听取了有关成员的意见。最后，DSB 形成了一项专门性决定，即《DSB 主席与 WTO 成员之间关于上诉机构工作程序修改协商的补充程序》（Additional Procedures for Consultations between the Chairperson of the DSB and WTO Members in Relation to Amendments to the Working Procedures for Appellate Review），明确要求 DSB 主席听取 WTO 成员的意见并转达给上诉机构。See WT/DSB/M134，WT/DSB/M139，WT/DSB/M142，WT/DSB/31.

### （三）第三次修改

2009年上诉机构再次提出修改《上诉审议工作程序》的动议，主要涉及三个方面：上诉方书面陈述与上诉通知同时提交、合并审理类似案件、提交电子版文件。上诉机构指出，当前“上诉通知提交后的7日内提交书面陈述”中的7日时间可以取消，以节省90日的审限，为此对《上诉审议工作程序》第20项进行了修改。关于合并审理的问题，现实中已经按照相同成员组成的不同专家组，针对案由、主张和理由基本类同的案件，进行合并审理，这样显然有利于节省司法资源，提高审判效力。为此，对《上诉审议工作程序》第16项进行了相应的细化。关于提交电子版的上诉申请书，主要是为了方便上诉机构研读文件，以及回应信息技术的发展趋势，并不是为了取代纸质版。换言之，提交纸质版的同时也可以提交电子版。为此，《上诉审议工作程序》第18项增加了相应的内容。

## 第五节　WTO争端解决机制的改革前景及其鉴戒

尽管遭遇一系列的危机和困境，但20多年来，作为解决国家之间争端的第一上诉机构，DSB开拓了一条更法治化的成功路径。通过报告对几乎每一个协议的相关规则进行统一的解释，上诉机构为多边贸易体制提供了“安全性和可预见性”，可谓是国际社会通过法治化走向合作，由政治驱动转向法治驱动的一次伟大实践。对后续的贸易、投资，甚或国家之间的公法类争端解决，都提供了重要范例和启示。通过前文对WTO争端解决机制的优势与不足研判，可以发现有些经验值得借鉴，有些教训需要鉴戒。

## 一、WTO 争端解决机制改革前景

WTO 设立之初被赋予了三大功能（谈判、监督和争端解决），这是多边贸易体制的三大支柱。1996 年 WTO 即开始酝酿新规则的谈判，2001 年多哈部长级会议更是提出了一个野心勃勃的谈判计划，被冠名为“多哈发展回合”谈判。后来实践却事与愿违，新一轮多边贸易谈判走走停停、踯躅不前、收效甚微。原计划 2003 年完成谈判，实际上直到 2012 年才达成第一个多边贸易协定（TFA），还是个程序性协定，需要重点解决的农产品补贴问题、知识产权保护、争端解决机制改革、数字贸易问题等议题均未达成一致。故多边贸易谈判日趋严重滞后于经济全球化的步伐，再加上监督功能发挥不力，破坏了“谈判、监督和争端解决”三足鼎立的稳定机构，并最终掣肘了一支独大的“争端解决机制”，导致 WTO 遭遇系列危机。

面对渐趋滑向危机境地的 WTO，以及美国一味地恶意阻挠，各成员提出了一系列改革和应对建议，包括实体性改革和争端解决改革两方面。由于实体性改革与本研究稍有偏离，因此下文主要围绕争端解决机制的改革进行阐述。

### （一）欧盟等 12 个成员的改革方案

关于超期服役问题，部分欧盟成员一起提出了自己的改革建议，〔90〕该提案建议拟定离任成员过渡性安排规则，修改《WTO 争端解决谅解》条款，规定只要上诉听证会已经进行，离任成员应该完成上诉案件的审理。关于审限问题，该提案建议增加磋商和透明度的要求，修改《WTO 争端解决谅解》条款，规定 90 日内无法完成的上诉案件，在当事人和上

〔90〕 为了回应美国的“六宗罪”，欧盟、中国、加拿大、印度、新西兰、挪威、澳大利亚、瑞士、冰岛、新加坡、韩国、墨西哥共 12 个成员，2018 年 11 月 26 日提交了合理、科学、可行的建议方案，但依然遭到美国的无理反对。See WT/GC/M/175.

诉机构成员协商一致的情况下，可以延长至120日，但必须及时通报秘书处。关于事实与法律的问题，该提案建议进一步澄清，专家组报告中的法律问题和法律解释的不同，包括专家组报告对有关措施的归类和评估，但不应包括国内措施本身的含义。关于咨询意见，该提案建议修改《WTO争端解决谅解》，进一步明确上诉机构只能在争议解决所必需的范围内审查提交的上诉问题。关于遵循先例的问题，该提案建议上诉机构与WTO成员举行年度会议，给成员国提供针对上诉机构报告发表意见的机会。关于上诉机构成员独立性问题，该提案建议明确规定上诉机构成员任期，时间为6~8年，并增加秘书处工作人员。上述方案总结囊括了众多成员的观点和意见，简单明了、合理可行，只要协商一致稍微修改《WTO争端解决谅解》即可实现。遗憾的是美国没有接受上述提案，只是一味地批评，亦未提出自己的改革建议。

### （二）总理事会磋商结果

2018年12月12日，DSB主席提议由总理事会启动非正式磋商程序，进一步协调各方立场。截至2019年11月底，举行了多次磋商会议，形成了5份报告，[91] 针对美国的质疑，其他成员达成以下共识：（1）离任成员的过渡性规则。在上诉机构成员任期届满180日前，启动遴选程序，如果常规任期届满前出现空缺，则立即启动遴选程序。即将离任成员应接受60日可以完成的上诉案件，应该完成其任期届满前60日已经进行听证程序的上诉案件。（2）审限。上诉机构报告应在90日内完成，对于比较复杂或多个案件合并审理的情况，当事方可以协商延期，但必须及时同时通知DSB和上诉机构主席。（3）国内法问题。国内法查明属于事实问题，不得属于上诉审查范畴。上诉机构不得对事实问题进行重新审查或再行分析。（4）咨询意见。上诉机构应把审查范围控制在解决争议所必需的边界之内，当事人在上诉申请中没有提出的事

---

〔91〕 JOB/GD/215，JOB/GD/216，JOB/GD/217，JOB/GD/220，WT/GC/M/177.

项，上诉机构不得审查。（5）先例问题。专家组和上诉机构的报告均不构成先例。在后续类似的案件中，可以考量之前的理由。规则适用的一致性和可预见性对于 WTO 多边贸易规则体系具有重要价值。（6）越权问题。专家组和上诉机构在解释和适用 WTO 规则时，应严格遵守不得增加或减少成员协定义务的原则。（7）非正式会议。由 DSB 主持，每年至少举行一次非正式会议，建立 DSB 与上诉机构的常规对话机制，为成员就特定裁决之外的事项发表意见。上述协商意见，与欧盟提案基本一致，反映了多数 WTO 成员的立场。但美国依然一意孤行，除批评还是批评外，没有丝毫建设性的举措和意向。

### （三）替代性方案

在美国一再抵制，拒不配合的情况下，为了应对上诉机构停摆的局面。2019 年 7 月 25 日欧盟和加拿大提出了一个 B 计划，即替代性方案。[92] 其核心内容是启动《WTO 争端解决谅解》第 25 条规定的“上诉仲裁程序”，作为上诉机构停摆的一种临时安排。[93] 该程序复制

---

〔92〕 即《关于开发、交存和分享 WTO 争端解决行为的做法和程序的声明》（Statement on a Mechanism for Developing, Documenting and Sharing Practices and Procedures in the Conduct of WTO Disputes），参见 JOB/DSB/1/Add. 11。

〔93〕 2020 年 4 月 30 日，包括欧盟、中国、加拿大在内的 19 个成员向 WTO 提交申请，推动根据《WTO 争端解决谅解》第 25 条仲裁机制之规定，建构“多方临时上诉仲裁安排”（Multiparty Interim Appeal Arbitration Arrangement，MPIA），在上诉机构停摆期间，参与方将依据《WTO 争端解决谅解》第 25 条之规定以及 MPIA 上诉仲裁程序规范，来处理参与方之间的上诉案件，以此代替停摆的 WTO 上诉机构。2020 年 7 月 31 日，欧盟、中国等成员就 MPIA 仲裁员名单达成一致，组建了由 10 人组成的上诉仲裁员库，并联合向 WTO 争端解决机构作出通报。可以说 MPIA 为参与成员方提供了一个功能正常且独立的替代性 WTO 上诉仲裁机制。我国提名的清华大学杨国华教授获得各参与方的支持，成功当选仲裁员。其他 9 名仲裁员分别来自欧盟、加拿大、巴西、哥伦比亚、智利、墨西哥、新加坡、新西兰和瑞士。成功遴选仲裁员名单是全面实施 MPIA 的前提条件，对于维护争端解决机制的有效运转、维护以规则为基础的多边贸易体制具有重要意义。参见《商务部条约法律司负责人就世贸组织“多方临时上诉仲裁安排”仲裁员库成功组建发表谈话》，载商务部官网，http：//www. mofcom. gov. cn/article/news/202008/20200802989107. shtml，最后访问日期：2020 年 8 月 3 日。

《WTO争端解决谅解》第17条的做法，上诉案件将由3名前任上诉机构成员担任仲裁员，由WTO总干事选任。争议双方将在专家组设立后的60日内，签订仲裁协议。协议对仲裁日期、程序、权限、执行等内容予以明确规定，与WTO上诉程序类同。

该替代性方案的法律基础是《WTO争端解决谅解》第25条〔94〕规定的快速仲裁机制。换言之，WTO成员之间的争议除了诉诸专家组和上诉机构程序外，还可以启动仲裁程序。但关于仲裁员的选择、具体程序、裁决执行等问题，《WTO争端解决谅解》第25条并未详细规定，而是交由当事人协商。作为替代性争议解决方式，《WTO争端解决谅解》第25条仲裁机制比较合理。但20多年来，只有一起非典型案例援引此条，〔95〕因此快速仲裁机制并未发挥作用。其可能的原因有二：一是DSB争端解决机制的公平、高效；二是快速仲裁机制的缺陷。DSB争端解决出具的报告说理充分、逻辑严密，基本实现了公平高效的审判，再加上强制管辖权和强制执行的优势，不需要争议双方达成一致，赋予了DSB强大的生命力。相较而言，《WTO争端解决谅解》第25条的快速仲裁机制需要针对仲裁协议达成一致、协商仲裁程序、赋予其仲裁裁决的执行效力等，需要争议双方共同努力，协商一致。当然，欧加的替代性方

---

〔94〕《WTO争端解决谅解》第25条规定，(1) WTO中的迅速仲裁作为争端解决的一个替代手段，能够便利解决涉及有关双方已明确界定问题的争端。(2) 除本谅解另有规定外，诉诸仲裁需经各方同意，各方应议定将遵循的程序。诉诸仲裁的一致意见应在仲裁程序实际开始之前尽早通知各成员。(3) 只要经已同意诉诸仲裁的各方同意，其他成员方可成为仲裁程序的一方。诉讼方应同意遵守仲裁裁决。仲裁裁决应通知DSB和任何有关适用协定的理事会或委员会，任何成员均可在此类机构中提出与之相关的任何问题。(4) 本谅解对第21条和第22条在细节上作必要修改后应适用于仲裁裁决。

〔95〕在“美国版权法第110 (5) 节案”中，美国和欧盟达成协议，将美国版权法违反WTO规则而导致欧盟利益受损水平问题提交仲裁。这个仲裁与《WTO争端解决谅解》第22条第6款规定终止减让水平裁决的性质相同，而不是典型的作为争端解决替代方式的仲裁程序。事实上，《WTO争端解决谅解》第22条第6款经常被援用，而《WTO争端解决谅解》第25条只有一次。

案是把《WTO 争端解决谅解》第 25 条的快速仲裁机制只适用于“上诉程序”，极富创意，如此一来，仲裁协议是在专家组程序启动之前就达成的，一方可以直接对专家组报告启动上诉仲裁程序，不需要另一方另行同意。需要指出的是此为临时替代性方案，只适用于单独签订仲裁协议的成员方之间，即是一个可以自愿选择的诸边临时安排，不具有上诉机构那样的多边普遍性。2020 年 4 月 30 日，欧盟、中国等 19 个成员正式向 WTO 提交通知，设立“多方临时上诉仲裁安排（MPIA）”，此举是为了在上诉机构停摆期间推动 WTO 争端解决机制的正常运转。[96] 但截至 2021 年 3 月 20 日，尚未有受理案件。

WTO 设立已经 20 多年了，经济全球化已经日新月异，但 WTO 实体条约的谈判和改革已经严重滞后于经济全球化进程，待时机到来，必须同步加速推进，方能从实体权利到程序正义，从贸易自由化到争端解决的程序化，互为促进，同步前行。

**（四）MPIA**

已如前述，MPIA 正式设立后，面临的首要任务是遴选仲裁员。经过多轮磋商，欧盟、中国、澳大利亚等 19 个成员共同推荐、遴选了 10 名仲裁员，并在 2020 年 8 月 3 日正式发布了仲裁员名单。[97] 此后需要上诉的案件可以选择该仲裁程序，每个上诉案件将由 3 名上诉仲裁员审

---

〔96〕 除中国、欧盟外，多方临时上诉仲裁安排的参加方还包括澳大利亚、巴西、加拿大、智利、哥伦比亚、哥斯达黎加、危地马拉、中国香港特别行政区、冰岛、墨西哥、新西兰、挪威、巴基斯坦、新加坡、瑞士、乌克兰和乌拉圭。

〔97〕 分别为：墨西哥的马特奥·迭戈·费尔南德斯·安德拉德（Mateo Diego - Fernández Andrade）；瑞士的托马斯·柯提尔（Thomas Cottier）；新加坡的许禄义（Locknie Hsu）；加拿大的瓦莱丽·休斯（Valerie Hughes）；智利的亚历山德罗·加拉（Alejandro Jara）；巴西的何塞·阿尔弗雷多·格拉萨·利马（José Alfredo Graça Lima）；哥伦比亚的克劳迪娅·奥罗斯科（Claudia Orozco）；英国的乔斯特·鲍韦林（Joost Pauwelyn）；新西兰的佩内洛普·里丁斯（Penelope Ridings）以及中国的杨国华（Guohua Yang）。See JOB/DSB/1/Add. 12/Suppl. 5 of WTO.

理。每个案件的3名仲裁员按照轮换和随机的原则从10名仲裁员库中选定。这些上诉仲裁员将依据WTO上诉程序规则以及确立的上诉仲裁规则，来审理在上诉机构停摆期间的成员上诉案件。

1. MPIA的法律性质

MPIA是诸边性的，亦是临时性的。MPIA包括序言（9段）和正文(15段)，涵盖该安排的生效方式、宗旨和法律地位等。根据该安排正文第1段和第2段之规定，仲裁参与方在援引《WTO争端解决谅解》第25条规定的仲裁时，因为成员不够导致上诉机构无法审理专家组报告的情况，而采用的临时上诉仲裁程序。此时，参与方将不依据《WTO争端解决谅解》第16条第4款和第17条提起上诉。这表明17个初始的参与方通过WTO框架内开放性的诸边协议（尽管采用了“多方”安排表述，实际上是相对《WTO争端解决谅解》这一多边协议而言的诸边协议)，同意以该临时上诉仲裁安排替代现行上诉程序。所有参与该协议的WTO成员在DSB瘫痪期间，都不得向DSB提起上诉，旨在避免待审专家组报告可能出现长期悬而未决的情况。但是，《WTO争端解决谅解》第25条第2款第1句规定：“除本谅解另有规定外，诉诸仲裁需经各方同意，各方应议定将遵循的程序。”由此，该仲裁程序须由争议的当事方达成一致同意的书面仲裁协议。为了满足此要求，MPIA附件1的约定程序作为标准的仲裁协议模板，提供参与方在诉诸临时仲裁上诉时采用，届时只要在该模本标题加上DSB案号即可。

如此彻底克服了欧盟分别与加拿大及挪威之前达成的双边临时仲裁上诉安排的缺陷，实现了双边仲裁协议的诸边化或多边化，质言之，在诸边协议的法律框架内规定各参与方都应遵守的双边仲裁条款。这是自GATT以来多边贸易体制争端解决机制的又一个创举，充分体现了WTO多数成员的主张，即“承认WTO争端解决机制的运行对于规则为基础的贸易体系至关重要，且独立公正的上诉程序必须继续是其不可缺少的特征”。在美国利用协商一致原则故意停摆DSB的情况下，MPIA则体现了绝大多数成员决心维护 WTO 多边争端解决法治的坚定立场和创造性智慧。

MPIA 是一项临时性的诸边协议。该协议序言“强调本安排的临时性”，并明确：“参与方继续承诺解决 DSB 成员的任命为优先问题，并强调 MPIA 将继续有效直至 DSB 重新完全恢复运行。”该协议从各参与方联合通知 WTO 之日起正式生效，在生效后的 1 年内，各参与方拟对 MPIA 进行全面评估。MPIA 的建立有利于维持 WTO 争端解决机制的运转维护以规则为基础的多边贸易体制。

2. MPIA 与上诉机构的关系

作为 WTO 框架内临时仲裁上诉的关键部分的约定程序共 19 段，既作为今后任何该安排参与成员就相互间争端解决的专家组报告提起上诉时，根据《WTO 争端解决谅解》第 25 条第 2 款应遵循的“议定程序”，也是 MPIA 组成部分的诸边协议内容。其中包括如下与《WTO 争端解决谅解》上诉条款有关的主要程序：（1）临时仲裁可上诉的时间点与截止日。①在专家组最终报告向争议方发布之日，不是根据《WTO 争端解决谅解》第 16 条第 4 款须向全体成员发布之日，上诉机构少于 3 位成员，且即便当日上诉机构能够审理上诉，此类报告一当事方仍可选择临时仲裁上诉，抑或向上诉机构上诉（约定程序第 2 段）；②为了确定临时仲裁上诉的截止日，争议方应联合申请专家组在预期发布最终报告之日前的 45 日确定此预期日，以便在最终报告向争议方下达后，但不应迟于该最终报告发布给 WTO 其他成员的预期日之前的 10 日，请求专家组根据《WTO 争端解决谅解》第 12 条第 12 款而中止，并在该中止之日起算 20 日内向 WTO 秘书处提交临时仲裁上诉的通知（约定程序第 3 段、第 4 段、第 5 段）。可以理解这样的时间点安排旨在避免走通常的专家组报告发布之日 60 日内经由 DSB 上诉，而是通过申请专家组通报该预期日之前 10 日内请求中止该程序，并在该中止之日起算 20 日内提起临时仲裁上诉。相较之下，临时仲裁上诉的提起截止日比《WTO 争端解决谅解》第16条第4款规定的在专家组报告散发之日起算60日内提起上诉的期间更短。(2) 临时仲裁上诉的仲裁庭组成。从10人常设上诉仲裁员池选择3人组成上诉仲裁庭。有关上诉程序均参照《WTO争端解决谅解》第17条及DSB工作程序，包括上诉仲裁庭的仲裁员“可以与仲裁员库中的其他成员讨论与上诉有关的议题，此举不影响仲裁员对此类决定的排他性责任及自由”。从临时仲裁上诉的启动和仲裁庭成员来看，虽不同于现行上诉，但其他程序基本参照《WTO争端解决谅解》程序规则。

3. 明确仲裁上诉期限

约定程序第12段规定：“争议方请求仲裁员在提交上诉通知之日起算90日内作出裁决。为此目的，仲裁员可采取必要之措施，确保程序流畅又不干扰争议方的程序权利和义务。此类措施包括但不限于：限制书面陈述页数、时间和截止日，以及必需的开庭长度和次数。”但第14段也允许：“按照仲裁员的建议，争议方可同意延长推迟90日时限作出裁决。”因此，除非仲裁员建议，原则上临时仲裁上诉应在90日内完成。

4. 避免审议专家组的事实评价

约定程序第13段规定：“如有必要在90日期限内作出裁决，仲裁员也可向当事方提出实质性建议，诸如剔除因缺少《WTO争端解决谅解》第11条下对事实客观评估的主张。”这主要服务于90日仲裁上诉期限的需要，而非为了区分审议专家组对作为事实问题的成员国内法所作的客观评估，以及此类评估是否合规的问题。但原则上应避免审议专家组对事实的评判理据，如此将有利于临时仲裁上诉庭聚焦于法律问题。

5. 上诉裁决无须DSB通过

约定程序第15段规定：“当事方同意遵循仲裁员裁决，该裁决应是最终的。根据《WTO争端解决谅解》第25条第3款的规定，裁决应通知而不是由DSB采纳，并通知任何相关协定的理事会或委员会。”

这表明从提起临时仲裁上诉，到仲裁裁决一经作出即可生效，均无须经过 DSB，而是通过 WTO 秘书处即可。由此产生的临时仲裁上诉管理问题，连同仲裁员名单的组成及部分重组等管理问题，与 WTO 总干事及秘书处的关系，乃至临时仲裁上诉和仲裁员的费用等，尚有待 MPIA 参与成员进一步议定，并在 WTO 现行体制下无须所有 WTO 成员的协商一致决定。

综上，虽有《WTO 争端解决谅解》第 25 条作为依据和现行上诉机制的参照，但实质上是 WTO 框架下少数（可能发展为大多数）成员间合意创设的临时性多边协议。无论如何，MPIA 是 WTO 上诉机构停摆期间的临时替代，不是长久之计，最终目标仍应是主要成员方真诚协商，充分沟通，推动、恢复上诉机构的正常运转。

## 二、WTO 争端解决机制之启示

### （一）争端解决体系是机构闭环运行的必要条件

基于有效的国际条约而设立的国际组织至今已近万个，但自带司法性的、独立争端解决机制的却屈指可数，设有二审上诉程序就只有 WTO 一家。争端解决机制对条约及基于条约而设立的组织意义重大。首先，可以有效地化解关于条约权利义务的纠纷。条约及组织自己设立的争端解决机制一般即为量身定做，无论是当事人主体、案件类型，还是裁决执行，都是基于本条约和组织自身的需要而设定，具有合适、高效、科学的特点。其次，自身独立的争端解决机制可以促进条约权益的良好落实。如果一个成员方违背了条约义务，受损害的缔约方则可以向争端解决机构提出诉请。通过相应的裁决，既可以挽回受损害缔约方的利益，又可以纠正违约方的违约行为，促使其与条约的要求保持一致。最终可以确保条约的良好遵守和履行。最后，自身独立的争端解决机制可以确保条约规则的确定性。争端解决机制通过相关案例对条约的条款含义进行解释确认，进而形成稳定、一致的规则适用惯例，维持条约含义的确定性。当然，大量案例的积累和条约条款的解释，也可以为之后的当事人提供稳定的预期和合理的期待。

WTO 争端解决机制的成功实践基本实现了上述目标，为多边贸易体制提供了一个稳定、透明、可预期的闭环式救济维护框架，促进了 WTO 更好地实现贸易自由化和提升各成员福利的宗旨和目标。从这个角度而言，亚投行独立投资争端解决机制的建构是有必要的。

### （二）反向协商一致原则保证了裁决自动通过

裁决的通过，即反向协商一致原则是 WTO 对 GATT 机制最大的改进之一，该机制的适用可以确保专家组报告和上诉机构报告几乎是“自动”通过，大大促进了裁决的通过比率。其最大的启示是裁决通过机制应确保裁决易于生成和生效。需要指出的是，传统上的商业仲裁机构或投资仲裁机构，一般采用了全体仲裁员“多数决”机制，持不同意见的仲裁员可以把自己的意见在裁决中载明，该机制的目的也是确保裁决易于通过与生效。因此，无论是 WTO 的“反向协商一致”还其他仲裁领域的“多数决”，都赋予了裁决顺利通过的程序和效率，亚投行裁决的通过可以采用“多数决”机制，简单高效，易于操作。

### （三）程序时限确保了程序正义

时限和效率是程序正义的应有含义。时限也是任何程序规则的必要条件之一，是确保程序效率的基本要求。无论是专家组程序，还是上诉机构程序，《WTO 争端解决谅解》和《上诉审议工作程序》都明确了具体的时限要求。因此，WTO 争端解决机制对亚投行争端解决规则设立的重要启示之一，即为确立明确而灵活的时限标准。之所以要求“灵活”的原因有二：一是 WTO 上诉程序时限的设定不够灵活，当事人和承办人无权决定程序的延长，导致案件大面积超期，进而引发美国的异议。二是通过工作程序规则，而非条约或协定文本来设定审限的灵活安排，易于及时地修改和调整。因为，修改条约需要所有成员协商一致，难度较大，而修改程序规则则相对容易，一般由秘书处主持即可。从这个角度而言，ICSID 的框架更合理。笔者将在后续章节中进一步阐述。

### （四）上诉机构确保了法律解释的统一性

WTO 上诉机构是常设机构，不仅有 7 位常任法官，还有近 20 位资深的律师秘书予以协助，上诉机构的裁决由 3 人组成的“合议庭”负责，但需要全体 7 人参与案件讨论，且最好报告也要与另外 4 个人协商后作出并发布，[98] 避免了矛盾裁决，基本实现了裁决的统一性。对初审的审判监督，对初审错误裁决的有力监督，7 位常任法官确保了裁决的一致性，为争端解决机制赢得了信任和威信，如果说争端解决机制是 WTO “皇冠上的明珠”，那么上诉机制就是明珠上的一颗钻石。[99]

WTO 上诉机构是整个争端解决机制的亮点，上诉机构通过系列案件报告，对 WTO 各主要协定的条款含义进行了全面的解释和澄清，大大促进了协定规则适用的统一性和稳定性。也为后续案例提供了稳定的预期。基本避免了类似于 ICSID 同案不同判的困境，强化了成员对机构的信任。如果说，部长级会议和总理事会是 WTO 规则的最终解释者，那么上诉机构就是 WTO 规则的澄清者和捍卫者。

## 三、WTO 争端解决机制的教训

### （一）常任法官遴选机制

WTO 上诉机构成员的连任和遴选需要全体成员协商一致，导致美国仅凭一己之力即可让上诉机构停摆，这是上诉机制最初制度设立的一个

---

〔98〕 参见《上诉审议工作程序》第 4 项。

〔99〕 James Bacchus, *Not in Clinical Isolation*, *in Gabrielle Marceau*, *ed.*, *A History of Law and Lawyers in the GATT/WTO: The Development of the Rules of Law in the Multilateral Trading System*, Journal of International Economic Law, 2017, p. 507.

重大缺憾。由此，无论是上诉机构后续的改革，抑或是其他争端解决机构的建构，需要注意以下几点：首先，法官或仲裁员的连任和遴选，应当根据地域、经济体量等因素综合确定成员推荐的名额，并由全体成员采用“多数决”（过半数即可）的投票方式决定任命和连任。或者把此项权力直接在协定或条约中授权给秘书处来行使，全力避免“协商一致”可能导致的决策困境。其次，初审专家组成员或仲裁员可以是兼职的，但上诉机构成员应该是专职的。为了确保上诉机构人员的确定性，任期可以稍微长一些，如5~9年。具体人员数量也应该根据实际需要进行动态调整。任期的长短和人数的调整权限也由各成员采用“多数决”的方式确定，或由秘书处自身确定，其他成员可以提出异议。与“协商一致”相较，“多数决”最大的优点是决策容易通过，有效避免了少数成员凭一己之力即可阻碍程序正常运转的可能性，大大提升了机制的抗压能力。

### （二）灵活确定案件审理期限

《WTO争端解决谅解》第17条第5款规定了在特殊情况下，上诉机构的审限也不能超过90日，实践证明90日内完成审查难度较大。因此，可以采用以下几种方式提高准时结案率。（1）可以适当延长上诉的审理期限，如延长为10个月或12个月。（2）或者干脆把延长审限的权限赋予该审判庭，如果审判庭认为期限内很难完成，可以自行决定或者由当事人申请，适当延长审限，但对总的审限应该有一个限制，如不能超过24个月等。一般而言，审判庭由3名法官组成，可以采取“多数决”的方式来确定是否延长审判期限，以及延长多少期限。

### （三）科学分配实体规则和程序规则事项权限

WTO争端解决机制遇到的一个最大的问题是推动DSB改革需要修改《WTO争端解决谅解》，而修改协定又需要全体成员协商一致。因为，协商一致原则固然可以强化成员之间的融洽关系，但只要部分成员抵制，不予配合，修改协议的决议就很难通过。因此，什么事项和权限需要协定或条约规定，什么事项需要由“工作程序规则”来确定，应该逐一明确。因为，修改“工作程序规则”可能由秘书处或总理会即可完成，但如果修改协定必须通过全体成员协商一致或者多数通过，难度较大。而修改“工作程序规则”则容易得多。由此，总的原则是实体性问题由协定条款确定，而所有程序问题都由工作程序规则确定，无法区分究竟是实体性问题还是程序性问题，诸如仲裁员任期、连任等，则归为程序性事项，由工作程序规则予以确定。如此，不但可以减少修改协定的次数，而且可以保持程序修改的灵活性，随时对程序进行改革与完善。从这个角度而言，ICSID 做法比 WTO 争端解决机构更合理。

### （四）增加上诉审裁决的种类

无论是国内民事诉讼二审程序的审查范围，还是《WTO 争端解决谅解》的上诉机构审查范围，都仅限于“法律审查”，未包括事实审查。原因在于，一审主要解决事实认定，二审只审查法律适用是否正确，此种安排不但可以提高程序效率，还可以节省司法资源。但这样就产生了一个问题：如果二审程序中发现有些事实没有查清楚，或者需要补充重要的事实情况，又该如何进行？在此种情况下，国内民事诉讼程序直接发回重审即可，借此可以进一步查实二审中指出的相关事实问题。但《WTO 争端解决谅解》第 17 条第 13 款规定了上诉机构对专家组报告可以维持、修改或推翻 3 种情况，但没有国内法上“发回重审”程序，如果专家组报告载明的事实不足以进行法律定性，上诉机构又无权进行事实调查，这样很可能无法对案件进行充分的法律认定，只能推翻专家组报告，作出一个“不伦不类”否定性裁决。上诉机构如果可以选择“发回重审”，那么针对需要继续核实补充的事实问题，就可以通过“发回重审”程序进一步查清认定。

由此，亚投行专门性的投资争端解决机制，建议上诉审查程序的结果设定为 4 个种类，即维持、修改、推翻和发回重审。如果上诉审判庭认为初审事实清楚确凿、法律适用正确，那么可以裁处维持；如果上诉审判庭发现事实不清，证据不足，那么可以裁处发回重审；如果上诉审判庭发现初审事实清楚确凿，法律适用错误，那么可以依法改判。当然，如果事实问题和法律问题不好区分，那么这个辨别权限建议直接交给上诉庭即可。

第四章

# ICSID国际投资仲裁机制

用仲裁的方式解决投资争议，由来已久，并已经制度化、国际化。作为世行集团的成员之一，ICSID 是第一个解决投资者与国家之间纠纷的专门性投资仲裁机构，国际社会第一次实现了用“投资者与国家”争端解决的司法机制取代传统上的外交保护，即投资者可以直接通过 ICSID 解决纠纷，而不是诉求母国的外交保护，亦是第一个自成体系的争端解决机制。ICSID 机制旨在通过避免属地司法管辖和外交保护带来的政治压力，消除投资者对东道国属地风险的担忧，鼓励外国私人投资向发展中国家流动。尽管针对 ICSID 缺陷的争论从未停止，[1] 但其特色做法依然值得关注，尤其是管辖权、仲裁机制和执行程序，对亚投行争端解决机制的建构不乏启示意义。

## 第一节　ICSID 机制缘起与发展

国际投资的快速发展，跨国投资纠纷大量涌现，传统上的国际商事

〔1〕 例如，偏袒投资者利益而忽视了东道国行使公共政策的权限；同案或类似案件不同判，矛盾裁决不断；上诉机制缺失，错误裁决难获纠正；仲裁员遴选不透明，缺乏多样性和地域代表性等。See SW Schill, *The Public Law Challenge: Killing or Rethinking International Investment Law?*, Columbia FDI Perspectives No. 58, 2012, p. 167.

仲裁机构，无论是国际性的还是区域性的，对解决跨国投资争议都有些力不从心。故而建立一个专门性国际投资纠纷解决机制，就成为必要。对此世行、发达国家、发展中国家，曾有过种种设想和方案，经过多年反复讨论，最后付诸实施的是世行〔2〕1966年通过的《ICSID公约》，基于该公约设立了ICSID，并制定了一套较为完善的仲裁规则。

## 一、ICSID的宗旨

《ICSID公约》序言提到，鉴于国际私人投资对国际经济发展的作用，创设国际仲裁机构，为解决国家与外国投资者争议提供便利，以鼓励促进私人资本的跨国流动。

### （一）为国际投资争议提供仲裁的便利

《ICSID公约》序言指出，注意到各缔约国和外国投资者之间可能不

〔2〕鉴于国际投资争议主体兼具“公私”两种特性，传统上的国际商事仲裁机构东道国政府难以接受，而具有公法性质的国际仲裁院和常设仲裁院等机构，又不向私人投资者开放。为了谋求更满意的投资争议的解决方法，国际法学会、经合组织、世行等，相继提出了种种设想和方案，企图在资本输入国和资本输出国之间缔结一项条约，以提供仲裁的便利。最终世行的方案胜出。1962年世行在华盛顿召开第七届年会，理事会认为有必要考虑创设某种特别机构来处理国际投资争议，以改善国际投资环境。为此要求执行理事会研究建立一个常设仲裁法院，来处理投资者与东道国之间的投资争议。理事会经过调查及多次讨论后，举行了一系列由各国政府推荐的法律专家组成的咨询委员会会议。根据咨询委员会讨论的结果，世行于1964年在东京召开的第19次年会上，通过了理事会报告，要求理事会在制定政府协定的基础上，解决资本输入国与外国投资者之间争议的公约草案。1965年世行推出《ICSID公约》，提交所有成员方批准。《ICSID公约》经过22个国家批准后于1966年10月4日正式生效，并设立了ICSID，属于世行的一个下属独立机构。截至2020年7月10日，《ICSID公约》已有成员163个，参见ICSID网，https：//icsid. worldbank. org/en，最后访问日期：2020年7月10日；截至2021年1月1日，受理案件总数为1023件，未结案件266件。参见《2020年投资者与东道国间争端解决案件报告》，载UNCTAD网，https：//unctad. org/en/PublicationsLibrary/diaepcbinf2020d6. pdf.，最后访问日期：2021年2月3日。

时发生投资争议，虽然此种争议通常将遵守国内法律程序，但在某些情况下，采取国际解决方式可能是适当的，也更符合当事人双方的利益和诉求。因此，ICSID 的设立，在传统东道国司法程序和外交保护之外，为此类争端的解决提供了另一种选择。《ICSID 公约》第 1 条第 2 款亦明确，“中心的宗旨是依照本公约为各缔约方和其他缔约方的国民之间的投资争端，提供调解和仲裁的便利”。当然，ICSID 本身并不亲自审理或调解案件，只是提供条件和便利，是由秘书处主导下组成的仲裁庭和调解庭负责具体案件的审理与裁处。

### （二）充分尊重当事人的意思自治

尽管《ICSID 公约》为投资者与东道国投资争议的解决提供了另外一种选项，但仅仅是一个“选项”，当事人可以选择 ICSID 的管辖，也可以选择其他方式。《ICSID 公约》序言指出：“不能仅仅由于缔约国批准、接受或核准本公约这一事实而不经其同意就认为该缔约国具有将任何特定的争端交付调解或仲裁的义务。”换言之，加入该公约并不必然等于接受了其管辖，加入公约时或加入公约后，缔约方可以把它将考虑或不考虑提交给中心管辖的一类或几类投资争议另行通知给 ICSID。[3] 即使缔约方没有通知接受 ICSID 案件的管辖范围，缔约方和投资者也可以采用书面同意的方式，个案选择 ICSID 的管辖。

### （三）推动国际投资争议的法治化

《ICSID 公约》通过把国际投资争议纳入国际仲裁的法治化程序，推动国际投资争议逐渐摆脱传统的外交保护和政治干涉，实现去政治化的目的，这是一大进步。如是，大大增加了国际私人投资的信心，促进了国际私人投资的快速增长。从另一个角度而言，也大大促进了国际投资法的进步与发展，向国际法治迈进了一大步。

---

〔3〕 参见《ICSID 公约》第 25 条第 4 款的规定。

## 二、ICSID 的法律地位

### （一）ICSID 的法律人格

《ICSID 公约》第 18 条规定，ICSID 基于公约而设立，具有完全的国际法律人格（full international legal personality），主要包括缔结契约之能力，取得和处置动产和不动产的能力，以及提起诉讼的能力等。

### （二）ICSID 的豁免权

为了使 ICSID 顺利履行其职务，《ICSID 公约》设定了 3 类豁免权：一是 ICSID 本身在各缔约方领土内享有豁免和特权。二是 ICSID 的财产、资产和档案免于一切法律诉讼和强制措施，免征一切捐税和关税，除非 ICSID 放弃此种豁免。三是 ICSID 的主席、行政理事会成员、调解员和仲裁员以及秘书处的官员和雇员，履行职务时的一切行为享有豁免法律诉讼之权利，其收入和报酬免于征税。[4] 除非 ICSID 放弃此种豁免。

### （三）ICSID 的行政框架

ICSID 总部设在世行的总行办事处，作为常设性国际争端解决机构，ICSID 设有两大行政分支，即行政理事会（Administrative Council）和秘书处（Secretariat），并分别设有一个调解员小组和一个仲裁员小组。行政理事会是由各缔约方委派 1 名代表组成，如无相反声明，一缔约方已经委派到世行的理事自然地成为该缔约方的代表。ICSID 行政理事会的主席由世行行长担任，但无表决权。[5] 行政理事会是 ICSID 的核心行政

---

〔4〕 参见《ICSID 公约》第 19 条至第 24 条的规定。

〔5〕 参见《ICSID 公约》第 4 条、第 5 条的规定。

机构，为了更好地推动ICSID履行职责，其被赋予了广泛的行政职权。[6] 召开会议是行政理事会惯常的工作方式，一般每年召开一次年度会议，如经5个以上成员申请，也可召开临时会议。ICSID对行政理事会成员和主席的工作不予给付报酬。

秘书处由秘书长、副秘书长各1名，以及若干职员组成，主要负责ICSID日常行政事务性工作。秘书长和副秘书长由行政理事会主席提名，2/3多数通过，任期6年，可以连任。秘书长是ICSID的法律代表和主要官员，履行《ICSID公约》和理事会规则规定的职权，包括任命工作人员、认证仲裁裁决、核证裁决副本等。秘书长和副秘书长的职务不容许执行任何政治性任务，保证ICSID的正常工作不受外来的政治影响。[7]

仲裁员小组和调解员小组，由每一个缔约方向每一小组指派4人组成，但不限于该缔约方的国民。理事会主席可以向每一个小组委派10个人，接受委派的成员应具有不同的国籍。小组成员任职期限为6年，可以连任。仲裁员和调解员不是截然分开的，同一个人可以在两个小组服务。两个小组指派的人员应该符合一定的资格，即具有高尚的道德品质，具有法律、金融、商务等公认的能力，可以被信赖作出独立的判断。[8]

---

〔6〕 参见《ICSID公约》第6条的规定，(1) 行政理事会在不损害本公约其他条款赋予它的权力和职能的情况下，有权：①通过中心的行政和财政条例；②通过交付调解和仲裁的程序规则；③通过调解和仲裁的程序规则；④批准同银行达成的关于使用其行政设施和服务的协议；⑤确定秘书长和任何副秘书长的服务条件；⑥通过中心的年度收支预算；⑦批准关于中心活动的年度报告。上述①、②、③和⑥项中的决定，应由行政理事会成员的2/3多数票通过。(2) 行政理事会可以设立它认为必要的委员会。(3) 行政理事会还应行使它所确定的为履行本公约规定所必需的其他权力和职能。

〔7〕 参见《ICSID公约》第9条、第10条、第11条的规定。

〔8〕 参见《ICSID公约》第12条至第16条的规定。

## 三、ICSID的管辖权

### （一）适格的仲裁当事人

ICSID管辖的案件须是一个缔约方政府和另一缔约方国民之间因直接投资而产生的任何法律纠纷。“另一缔约方”，是指争议双方同意将争议提交仲裁之日或请求登记之日，具有作为纠纷当事国以外的另一缔约方国籍的任何自然人或法人。[9] 如果该自然人同时具有争议缔约一方的国籍（双重国籍），则不是适格当事人，也无法通过获取争议缔约的同意而改变。换言之，此时该自然人只有通过放弃争议缔约方的国籍，才能成为适格当事人。如果作为争议一方的法人同时具有争议缔约方的国籍，且该法人被外国人所控制，只要争议双方同意，仍可被认为是另一缔约方的国民，成为适格的争议主体，其争议可以交由ICSID管辖。[10] 反之，不同缔约方个人与法人之间的争议，不同缔约方之间的争议，缔约方与本国国民或非受外国控制的本国法人之间的争议，均不属于ICSID的管辖范围。

此外，争议缔约一方当事人必须是有权代表该缔约方的人或实体。因为很多国际投资协议是投资者与东道国境内的石油、矿产公司或者其代理机构签订的。《ICSID公约》第25条第3款规定：某一缔约方的所属机构的同意，需要经过该缔约方批准，除非该国已告知ICSID，无须

---

〔9〕 国际投资活动中，几乎所有的投资者都是公司，所以“国籍”问题是由公司成立地或公司总部所在地的法律来确定的。由于很多投资是通过在东道国建立企业实体的方式进行的，因而，有关国籍的规定将会排除在ICSID的仲裁。《ICSID公约》第25条第2款已经解决了这个问题，规定当事人可以同意将在本地设立的公司作为另一个国家的国民来对待。很明显，这种实用主义的方法保证了《ICSID公约》的广泛的适用范围，并得到多数缔约方的赞成。参见沃尔夫冈·彼特、苏敏：《解决投资争端国际中心仲裁的特色》，载《环球法律评论》1989年第4期。

〔10〕 参见《ICSID公约》第25条的规定。

此种批准。因此，投资者在签订投资协议之前，应该查明代表国家签约的实体是否具有这种合法的授权，进而确保其已经具有合法当事人的资格。

**（二）须书面同意**

"同意"是争议双方将具体争议提交 ICSID 解决的意思表示，亦是 ICSID 管辖权的前提。换言之，ICSID 首先应取得争议双方当事人的书面同意，才能取得对其争议的管辖权。但《ICSID 公约》对同意的条件只作了一般性规定，为 ICSID 后续的认定留了很大余地。在实践中，有关书面同意一般可以概括为以下 4 种情况：第一，争议发生后，双方达成专门性的、同意 ICSID 仲裁的协议。第二，东道国与投资者签订的投资协议中包含了 ICSID 仲裁条款。第三，东道国的外资法中允许外国投资者可以单方面提交 ICSID 仲裁，争议发生后，投资者即可单独启动仲裁。第四，东道国与投资者母国签订的投资协定，约定了 ICSID 的仲裁条款，争议发生后，外国投资者亦可以单独向 ICSID 提请仲裁。当然，外国投资者表示同意将争议交付 ICSID 管辖的选择权，是以投资者国籍国提交公约批准书为条件的。此外，一旦同意即产生法律后果如下：一则，一旦"同意"即排除了外交保护。投资者母国不得另行提起外交保护或国际索赔。除非另一缔约方未能履行此项争议的裁决义务。纯粹为了促进争议的解决而进行的外交协商，则排除在外交保护之外。二则，排除其他救济方式。除非另有约定，当事人选择 ICSID 仲裁，则意味着排除任何其他救济途径。这也意味着东道国不能以用尽当地救济的原则来对抗，而拒绝交付给 ICSID 裁决。三则，争议双方当事人一旦提交书面同意的申请，任何一方当事人不得再单方面撤回其同意。[11]

**（三）须是"法律争议"**

《ICSID 公约》第 25 条规定，ICSID 管辖"因直接投资而产生的任

〔11〕 参见《ICSID 公约》第 26 条、第 27 条的规定。

何法律争议”。何为“法律争议”，第25条并未明确界定。根据世行行政理事会的相关报告，所谓“法律争议”，是指“争议必须包括法律上的权利与义务的存在及其范围，关于违反法律义务的赔偿性质及范围之争”。[12]“法律争议”究竟是否包含“利益冲突”，还是“权利冲突”，抑或是二者兼具，依然比较抽象，难以衡量。但迄今为止，ICSID还没有因为一项争议不是“法律争议”而拒绝管辖的先例。

### （四）须是“投资争议”

《ICSID公约》第25条明确了必须是因“直接投资”而产生的法律争议。但该公约也没有给“投资”的内涵予以明确。有意忽略此问题的用意可能是赋予仲裁庭更大的自由裁量权，把更多的案件纳入ICSID管辖。根据多数双边投资协议和ICSID案例实践，“投资”一词广义上的解释，可以是直接投资，也可以是间接投资，可以是货币、股权、资产，也可以是知识产权、技术、有价证券，以及各种具有财产性的请求权。

由此，ICSID的管辖权规则简单明了，机动灵活，厘定了与其他解纷机构以及东道国法院之间的界限，可以有效避免管辖权冲突。总结如下：尊重契约和条约中载明的仲裁条款；支持仲裁同意是不可撤回的，一方当事人拒绝仲裁无法阻止仲裁程序的启动；当事人没有选择适用法律时，可以适用国际法；国内法院不得以任何理由对ICSID裁决进行司法审查，包括公共利益或公共政策。

## 四、ICSID的仲裁程序

### （一）仲裁庭的组成

符合ICSID管辖的投资争议，若双方当事人已经同意采取仲裁程序

---

〔12〕 姚梅镇：《国际投资法》（第3版），武汉大学出版社2011年版，第394页。

解决纠纷，争议缔约方或投资者方可以向 ICSID 秘书长提出书面仲裁请求，由秘书长将该项请求的副本转交另一方当事人。提请仲裁的书面申请应列明以下事项：具体的投资争议、双方当事人身份信息、双方同意选择适用的仲裁规则等内容。[13] 在 ICSID 接受仲裁申请并登记之后，须尽快组成仲裁庭。仲裁庭一般由双方同意选定的 3 人仲裁员组成。如若双方对仲裁员的人数和任命方式无法达成同意，则仲裁庭由 3 人组成，即每方从仲裁员名单指定 1 名，第三名则由双方共同任命，并担任首席仲裁员。如果在申请登记的 90 日内双方当事人无法有效组成仲裁庭，理事会主席经任何一方请求，并尽可能同双方磋商后，可以任命尚未任命的 1 名或多名仲裁员，组建仲裁庭，但主席必须从仲裁员名单中选任仲裁员，而且必须是当事方之外的第三方的国民。[14] 除主席指定仲裁员外，双方也可以从仲裁员名单之外指定仲裁员，但必须符合《ICSID 公约》第 14 条规定的仲裁员资格要求。并且仲裁庭的多数仲裁员不得是争议一方缔约方的国民或争议投资者所属国的国民，但独任仲裁员时不受此限。

### （二）仲裁庭的权限

《ICSID 公约》第 41 条确立了“仲裁庭有自行决定其本身权限”的原则，即法庭对特定争议是否具有管辖权及其范围，有权自行决定。如果争议一方提出相反意见，认为该争议事项不属于 ICSID 管辖范围，那么也是由仲裁庭自行考量决定，同时可以认定是否把其作为先决问题，或与争议问题一起审理。此规定意味着，即使秘书长已经登记的案件，调解员和仲裁庭也可以认定为该项争议不属于 ICSID 管辖的范围。但是仲裁庭组成后，应尽力与当事人进行充分沟通，包括程序问题、口头书面程序事项、使用的语言、仲裁费用等。充分协商和沟通有助于了解双

〔13〕 参见《ICSID 公约》第 36 条的规定。

〔14〕 参见《ICSID 公约》第 37 条至第 40 条的规定。

方的分歧、诉求及相关事实，也有助于程序的顺利推进及裁决双方的认可。

除非双方有相反的约定，仲裁程序适用双方同意提交仲裁之日的仲裁规则进行，如果双方未能确定所适用的仲裁规则，则由仲裁庭自行决定。[15] 即在当事人对所适用的仲裁规则无协议时，才由仲裁庭决定此问题，所以仍然体现了仲裁程序中的当事人自治原则。

### （三）仲裁裁决的作出

仲裁庭以多数票对争议作出书面裁决，投赞成票的仲裁员应在裁决书上签字，所有仲裁员都可以附上个人意见，未经双方当事人同意，不能公开裁决。[16] 裁决形成后，秘书长应快速将核定后的裁决副本送达每个当事人，裁决副本发出之日，而非收到之日，即为裁决作出之日。裁决作出后的45日内，当事人可以就漏裁事项、抄写计算错误、文字错误等向仲裁庭提出，由其更正，并按裁决一样的方式通知当事人。[17]

### （四）裁决的解释、修改与撤销

双方当事人如果就裁决文本的含义和理解出现分歧，任何一方可向秘书长提出书面申请，要求对裁决分歧之处给予解释。在允许的条件下，应把此项申请提交给原裁决的仲裁庭进行解释，如果不可能，则应重新组成仲裁庭，对该问题进行解释和澄清。[18]

裁决作出后的3年内，当事人发现对裁决可能产生决定性影响的新事实的，并且该项事实不是由于当事人的疏忽而未被发现，在发现新事实的90日内，可向秘书长提出修改裁决的书面申请。如果可能，该项修改由原来的仲裁庭作出，如果已经不可能，则应组成新的仲裁庭，对该

---

[15] 参见《ICSID公约》第44条的规定。
[16] 参见《ICSID公约》第48条的规定。
[17] 参见《ICSID公约》第49条的规定。
[18] 参见《ICSID公约》第50条的规定。

项请求作出修正。[19]

如果发现《ICSID 公约》第 52 条规定的撤销裁决的理由，任何一方当事人可以向秘书长提出书面请求，要求撤销裁决。[20] 当事人提出撤销裁决的申请，应在裁决发出后的 120 日内为之。以受贿为由要求撤销裁决的，则应在发现受贿证据后的 120 日内作出。但无论如何，上述撤销裁决的申请应在裁决作出后 3 年内提出，超过 3 年的，即使发现上述可以撤销的理由，也无法申请撤销。

ICSID 秘书长收到撤销申请后，应从仲裁员名单中指派 3 人组成专门委员会，但参与原裁决的仲裁员不得再次参与该撤销委员会，3 人仲裁员中不得有相同的国籍，不得为纠纷一方国家的国民，不得为上述任一方指派参加仲裁员小组的成员，也不得在同一争端中担任调解员对裁决进行审查。[21] 经撤销性委员会审查后，如果符合上述任何一项撤销理由，则有权撤销部分裁决或整体裁决。如有必要，撤销委员会也可以在作出撤销决定前，停止裁决的执行。如果裁决最终被撤销，经任何一方请求，可以重新启动仲裁程序，再次组建仲裁庭重新审理。

**（五）裁决的执行**

仲裁庭依法生效的裁决，对争议双方具有拘束力以及终局性，一方当事人不得寻求任何其他上诉途径，也不得采取《ICSID 公约》规定之外的其他类似救济措施。裁决免于各缔约方法院的任何司法审查，包括不得以违反其公共秩序而进行的司法审查。各缔约方应把 ICSID 的裁决认定为相当于各缔约方法院的终审判决，予以遵守、承认和执行。此规定的重要意义是避开了国家主权豁免的难题。在一缔约方管辖的领土内

---

〔19〕参见《ICSID 公约》第 51 条的规定。

〔20〕《ICSID 公约》第 52 条第 1 款规定了 5 种可以撤销裁决的理由：(1) 仲裁庭的组成不适当；(2) 仲裁庭显然超越其权力；(3) 仲裁庭的成员有受贿行为；(4) 有严重的背离基本程序规则的情况；(5) 裁决未陈述其所依据的理由。

〔21〕参见《ICSID 公约》第 52 条第 3 款的规定。

承认和执行 ICSID 裁决的当事人，应向该缔约方之前指定的有管辖权的法院或其他机构，提交经 ICSID 秘书长核准无误的裁决书副本，裁决的执行应受制于被请求执行的缔约方关于执行的现行法律的管辖。[22] 这主要是考虑不同法系缔约方的司法制度不同，如是有利于执行的灵活性及实际效果。在通常情况下，如果投资者败诉，那么胜诉的东道国可以通过本国法院，执行投资者在本国的财产，或者向其他缔约方的法院申请强制执行。如若东道国败诉，其又不自动履行裁决义务，投资者亦可以向东道国有管辖权的法院，或其他缔约方有管辖权的法院申请强制执行。例如，在 1977 年 AGIP S. P. A. v. People's Republic of the Congo 的征收补偿案中，[23] 裁决生效后，刚果政府拒不履行裁决，无奈之下，胜诉申请人在法国申请执行刚果政府的财产，法国巴黎上诉法院宣布将承认执行裁决后，迫于压力刚果政府立即主动履行了裁决义务。

但是，《ICSID 公约》第 55 条留下了一个执行豁免的小漏洞。[24] 这样在第 54 条要求各缔约方把 ICSID 裁决作为其终审判决履行的同时，等于赋予了该国可以根据其本国豁免法而免予执行的保留权。实践表明，这一个小隐患并未成为 ICSID 机制切实的威胁和障碍。可能的原因如下：首先，当前，国际法可适用于执行豁免的规则已经发生了深刻变化，限制豁免主义已经成为主要趋势，尤其是在全球化进程中，聚集了世界主要金融中心或跨国公司总部的缔约方境内，这种趋势更为明显。其次，该公约本身对滥用第 55 条的执行豁免打了一个补丁。《ICSID 公约》第 27 条规定投资争议提交给 ICSID 管辖后，投资者母国应放弃外交保护救济，但当败诉缔约方不遵守或不执行裁决时，则可以恢复外交保护的适

〔22〕 参见《ICSID 公约》第 53 条、第 54 条的规定。

〔23〕 See ICSID Case No. ARB/77/1, Accessed July 10, 2020, https://icsid.worldbank.org/en/Pages/cases/casedetail.aspx?CaseNo=ARB%2f77%2f1.

〔24〕《ICSID 公约》第 55 条规定，第 45 条的规定不得解释为背离任何缔约国现行的关于该国或任何外国执行豁免的法律。

用。再次，可能触发新的诉讼。如果败诉的缔约方不予履行或执行仲裁裁决认定的义务，《ICSID 公约》第 64 条规定了争端缔约方可把任何争议提交给国际法院解决。最后，可能给本国经济带来不利影响。如果败诉方拒绝承认或执行裁决，可能会降低外资对其投资的信心，阻碍 FDI 的流入，亦可能引发世行或其附属机构财政上的报复，包括停止贷款援助，降低信用评级等。最终影响东道国经济的发展。

从投资者角度而言，为了更好地避免《ICSID 公约》第 55 条留下的这个小漏洞，建议投资者商定 ICSID 仲裁条款时，明确约定东道国应放弃执行豁免，以免其败诉后不主动执行。

## 五、ICSID 的法律适用

法律适用是国际投资争议解决的先决性问题，关乎裁决实体问题的认定和裁决结果的公正。ICSID 仲裁庭的法律适用主要规定在《ICSID 公约》的第 42 条。[25] 此条的规定体现了以下法律适用规则。

首先，充分尊重了当事人的意思自治。仲裁庭首先应当适用当事人同意的法律规则，承认当事人有选择所适用法律的绝对自由。这种选择范围是非常广泛的，包括投资者母国法律、东道国属地法律、第三国法律，以及《国际法院规约》第 38 条所涵盖的国际法规范等。其次，如果当事人对所适用的法律未能达成一致，此时则由仲裁庭选择争议一方缔约方的法律，即投资者所在地的东道国法律，以及可以适用的国际法规则。如果东道国是发展中国家，存在法律空白，则可以根据东道国的

〔25〕《ICSID 公约》第 42 条规定，(1) 仲裁庭应依照双方可能同意的法律规则对争端作出裁决。如无此种协议，仲裁庭应适用作为争端一方的缔约国的法律（包括其冲突法规则）以及可能适用的国际法规则；(2) 仲裁庭不得借口法律无明文规定或含义不清而暂不作出裁决；(3) 第 1 款和第 2 款的规定不得损害仲裁庭在双方同意时按公允及善良原则对争端作出裁决的权力。

冲突法规则，选择第三方的法律，甚至国际法规则。当然，从《ICSID公约》起草开始，关于仲裁庭是否可以选择国际法规则的问题，就引起了巨大的争议。发展成员认为，既然投资者在东道国境内进行投资，其隐含的前提是投资者已经认可、接受了东道国的法律，故应该受制于东道国的法律约束，而不是国际法。发达成员认为，当东道国法律缺失，或者与国际法相抵触时，如果仲裁庭认为有必要，则有权使用国际法，即根据《ICSID 公约》设立的仲裁法庭是国际法庭，应当适用仲裁地法，即国际法。[26] 经过反复讨论，多次争论，最终删除了最后一款对国际法的定义，形成了《ICSID 公约》第 42 条的表述。再次，仲裁庭不得拒绝裁判。长期以来，禁止拒绝裁判原则已经获得国内法和国际法的承认和接受。换言之，仲裁庭应处理提交给仲裁庭的每一个问题，不得因为法律空白或模糊不清而拒绝裁判。最后，仲裁庭可以基于“公平和善意”原则进行裁决。实际上《ICSID 公约》第 42 条第 3 款的规定是《国际法院规约》第 38 条第 2 款的重现。此规定意味着仲裁庭可以不必根据法律进行裁判，而是基于法律原则进行裁判，赋予了仲裁庭较大的选择权限，故而对此进行了限制，需要双方当事人同意。

《ICSID 公约》第 42 条规定的法律适用原则，既尊重了当事人的意思自治，在一定程度上保证了当事人对案件的可预期性，又兼顾了国际私法上最密切的联系原则，在当事人没有选择的情况下，适用东道国的法律，而且在东道国法律不完备的情况下，可以辅助国际法。层次清晰，逻辑严密，值得借鉴。

## 六、缔约方之间争议的解决

《ICSID 公约》第 64 条规定了缔约方之间关于公约的解释或其他的

---

〔26〕 G. Schwarzenberger, *Foreign Investment and International Law*, Stevens & Sons, 1969, p. 221.

任何争议的解决方式，即双方通过谈判协商解决，如果协商未果，任何一方可以提请国际法院，除非争议双方同意采取另一种解决方法。因为《ICSID 公约》或 ICSID 没有最高的权力机构，理事会是最高的行政机构，没有解释澄清公约条文内涵的权威机构。因此，缔约方就公约条文发生的争议提交给国际法院，是比较好的选择。当然，如果缔约方的争议是关于调解委员会或仲裁法庭的权限之争，依照《ICSID 公约》第 32 条第 1 款和第 41 条第 1 款的规定，对其权限范围，调解委员会和仲裁委员会都是其自身权限的决定者，对其权限范围有权自行裁定，而不能据此提交给国际法院请求解决。国家已经同意本国国民同其他缔约方之间的投资争议交付或已交付仲裁的，也无权在国际法院开始诉讼程序，只有在该缔约方未能遵守和履行关于此项争议所作的裁决时，才有权向国际法院申诉。

## 七、附加便利规则

附加便利规则〔27〕为 ICSID 管辖公约第 25 条管辖范围之外的仲裁案件提供了可能。常见的情况是仅一方当事人为《ICSID 公约》缔约方或缔约方的国民，尤其是为没有批准《ICSID 公约》的东道国。例如，加拿大、墨西哥、俄罗斯等，提供了一条通往 ICSID 管辖之路。因此，附加便利规则的实际意义，在于它可以受理东道国或投资者母国是非

---

〔27〕 包括《仲裁附加便利规则》（The Arbitration Additional Facility Rules）和《调解附加便利规则》（The Conciliation Additional Facility Rules）。其中附加便利规则，参见 ICSID 网，http：//www. worldbank. org/icsid/facility/facility. htm，最后访问日期：2020 年 7 月 2 日。关于附加便利规则更多的内容，参见 A Broches，The Additional Facility of the International Centre for Settlement of Investment Disputes（ICSID），（1979）4 Yearbook Commercial Arbitration，p. 373；P. Toriello，The Additional Facility of the International Centre for Settlement of Investment Dispute（1978 – 1979）4 Italian Yearbook of Int'l L59。

《ICSID 公约》缔约方的案件。当然，根据“附加便利规则”提交 ICSID 中心管辖时，需要双方当事人明确的书面同意。

附加便利规则下的仲裁活动不受《ICSID 公约》限制，而是遵守了其自身规则的规定。一则，《ICSID 公约》载明的关于承认和执行裁决的条款不适用于根据“附加便利规则”所作出的裁决。此时，“附加便利规则”裁决可以依据 1958 年的《纽约公约》进行执行。二则，根据“附加便利规则”作出的裁决的效力也不同于根据《ICSID 公约》所作出的裁决，适格的国内法院可以审查或撤销依据“附加便利规则”所作出的仲裁裁决，但无权对依据《ICSID 公约》所作出的裁决进行任何审查。

## 第二节　ICSID 机制的几个特点

ICSID 多边投资争端解决机制是国际投资争议解决的一次重大突破，首次实现了投资者与国家之间争议的国际仲裁，不但为国际投资争议的解决提供了第三条道路和程序的便利，还大大强化了缔约方之间的协作与信任，在一定程度上预防、抑制了东道国对外国投资者违约的冲动，规范了东道国的外资管理行为。实践表明，《ICSID 公约》的签署以及 ICSID 的设立，为世行主导下的国际投资的自由化流动创造了一个健康、稳定、可预期的良好环境和氛围，再加上双边 BIT 中大量接受 ICSID 管辖的仲裁条款的出现，大大助推了国际资本流向新兴经济体，进而促进了其经济的快速发展。概言之，ICSID 机制的以下几个方面值得借鉴，这些方面对亚投行争端解决机制的建构也颇具启示意义。

## 一、以世行为依托

可以说，如果没有世行，就没有ICSID机制。从最初提出建构该机制的动议，到多次会商谈判，再到最后公约文本的草拟，以及后来《ICSID公约》的签署和管理，均是在世行的主持下进行的。无论是机构还是人才方面，世行为ICSID机制的推动提供了极大的便利。此外在运行管理上，ICSID也是深深嵌入了世行。第一，《ICSID公约》的序言明确规定，加入《ICSID公约》的前置性条件是该国首先应该是世行的成员。当然有一个例外规定，即《国际法院规约》的成员以及行政理事会2/3多数同意加入的成员，不受前述前置条件的限制。[28] 在实践中，这种情况比较鲜见。第二，根据《ICSID公约》第2条的规定，ICSID的总部设在国际复兴开发银行总行办事处。实际上两个组织是在同一幢楼上，办公室也有交叉和重合。第三，世行的行长兼任ICSID行政理事会的主席，各缔约方所指派到世行的理事和副理事同时也是该国在ICSID理事会的代表和副代表。[29] 由于世行的行长长期以来都是美国人担任，因此ICSID的理事会主席也一直是美国人。第四，缔约方对ICSID费用的负担，亦是按照其在世行中的股份比例进行分配的。ICSID对使用世行的设施而支出的费用或其他收入不足以弥补其支出的，那么银行缔约方应按其认购的银行股本之比例，而非银行缔约方按行政理事会通过的决定来分担超过的部分。[30] 第五，世行是《ICSID公约》文件的保管人。各缔约方应将对公约的批准、接受或核准书以及修改的文本交存于世行。世行负责将本公约核证无误的副本，送发相关成员方以及被邀请

---

〔28〕 参见《ICSID公约》第67条的规定。

〔29〕 参见《ICSID公约》第4条、第5条的规定。

〔30〕 参见《ICSID公约》第17条的规定。

签署本公约的任何其他国家。[31]

世行之所以积极推动建构 ICSID 机制，不仅因为有关海外私人投资的某些保证制度［多边投资担保机构（MIGA）］与其有密切的联系，而且 MIGA 保证制度的主要目的也是鼓励国际私人资本不断地流入发展中国家，搭建 ICSID 和 MIGA 的主要功用契合了世行的宗旨和目标。特别是世行的国际地位和声誉，较能赢得资本输入国和资本输出国政府的信任。这就使许多政府和海外投资者希望通过世行的帮助，对未来可能发生的投资争议获得有效的保证。譬如，世行在调解苏伊士运河公司国有化问题的协定中的作用，就是一个明显的例证。世行在促进双方协商一致方面，往往能起到积极作用。世行还同意作为最后的代理人，通过银行代位支付定期赔偿付款，也可同意通过自己的斡旋有助于协调当事人之间可能发生的任何纠纷。

由此，无论是主持建立 MIGA，还是设立 ICSID，世行的目标始终是一致的，即降低投资风险，改善东道国投资环境，推动国际投资的自由化流动，推动世界经济，尤其是发展中国家经济的均衡发展。由于 ICSID 受制于世行，因而，当一个国家违反义务时，不仅会影响国际信用评级，降低国际投资的信心，而且还可能使他受到世行及其附属机构缩减贷款的掣肘。因此，从另外一个角度看，ICSID 仲裁机制也有利于防止东道国权力的滥用，促进东道国提升外资营商和法治化环境，更好地保护外商投资。

## 二、以专门性公约为基石

随着经济全球化的发展，诸多国际问题（商品与资本的自由化流动、环境保护协作、国际安全合作、应对重大公共卫生事件等）均需要

〔31〕 参见《ICSID 公约》第 73 条的规定。

多国进行国际层面上的通力合作。否则，无法有效解决相关问题。ICSID 的设立在一定程度上即是为了促进国际投资的跨国流动，尤其是向发展中国家的流动，以促进全球经济的均衡发展。实践经验表明，成功的国际合作需要以条约为基础，以常设组织为依托。

《ICSID 条约》与 ICSID，犹如《WTO 协定》与 WTO 一样，前者是后者存在的宪法性文件基础。缔结一个条约，建立一个常设机构，由其负责条约的运行实施，是国际组织建构的一贯路径。从国际条约法的视角，国际条约实为国家之间的契约，有约必守是一项古老的习惯国际法规则。当然，无论一国是否有加入某项条约的选择权，只要自愿加入了某项条约，就应该遵守条约设定的义务。只有通过国家之间的条约才能把本属于一缔约方国内部分案件的司法管辖权让渡给该条约和组织，各缔约方通过该组织行使条约的权利，履行条约义务。

与 WTO 相较，ICSID 对案件的管辖权有两大特点：一是加入《ICSID 公约》并不必然代表该国承认了 ICSID 的管辖权，接受 ICSID 管辖权的同意需要另行向秘书处提交通知。而加入 WTO 则必须接受其争端解决机构的管辖权，没有选择的余地。换言之，WTO 成员必须接受其争端解决机制的管辖，除非退出 WTO 组织。《ICSID 公约》这种灵活处理可能的好处是为缔约方留下了思考的缓冲期，抑或是反悔期，大大提高了公约的认可度和接受度。二是 WTO 受理的案件仅限于成员与成员之间的公法性质的纠纷，进/出口商（私人）无法在 WTO 起诉其他成员，尽管成员的贸易管制措施最终影响的是进/出口商的利益。而 ICSID 受理的案件则是私人与成员方之间的案件，即私人可以把政府诉请到国际仲裁机构，这是国际争端解决机制的一个巨大的突破。有些学者总结，WTO 的国际贸易纠纷解决制度类似“外交保护”。换言之，它处于国际投资争端解决机制 50 年或者 80 年之前的阶段。就像投资争端解决机制发展到投资者与国家之间的争端解决机制这样一个羽翼丰满的阶段一样，未来将会有越来越多的实际需要某种“贸易者与国家”间的争端解决机制。[32]

与传统国际商事仲裁机制相较，ICSID 机制亦有两大特点：一是有专门性条约为基础。无论是商业安全委员会（SCC）仲裁规则，还是《国际商会仲裁规则》和《联合国国际贸易法委员会仲裁规则》，显然都不具有条约的性质，只对当事人选择的个案具有管辖权和拘束力。而且偏向传统的商事仲裁，而非投资仲裁。二是传统商事仲裁的非自足性。传统商事仲裁机制一般遵守下列原则，即尊重仲裁庭所在国的仲裁法、承认司法机关对临时性保全措施的管辖权、仲裁裁决的撤销需要借助外部救济、国家对仲裁裁决既判力的尊重有限。而 ICSID 机制却是一个自足的、封闭运行的、自成一体的机制体系。

## 三、以具体规则为驱动

如果说，通过外交保护来解决国际投资争议，是以外交或政治为驱动的解决方式，那么 ICSID 机制，则是一个以规则或法律为导向的解纷机制，成功实现了国际投资争议的去政治化，抑或法律化。具体体现在《ICSID 公约》第 26 条的规定，选择了 ICSID 仲裁，即意味着排除其他任何救济途径，包括传统的外交保护。当然，缔约方可以要求以用尽当时行政和司法救济作为提交仲裁的前提条件。无论如何把投资争议框定在了法律解决的轨道上。在整个投资仲裁机制中，《ICSID 公约》和《ICSID 仲裁规则》是最普遍、最重要的规则来源。

第一，ICSID 机制是以条约、规则为基础的，几乎所有制度均有规范依据。作为政府间的国际条约，《ICSID 公约》的签署不但确立了

---

〔32〕 参见［尼泊尔］苏利亚·P. 苏贝迪：《国际投资法：政策与原则的协调》，张磊译，法律出版社 2015 年版，第 221 页。

ICSID 的国际法主体资格，还框定了其与世行的有效衔接与协调。《ICSID 公约机构规则》（ICSID Convention Institution Rules）和《行政及财务条例》（Administrative and Financial Regulations）则为 ICSID 提供了稳定、透明、可预期、机制化的规范运作指引。此外，还有一整套完善的程序规范，保证了 ICSID 的调解、仲裁程序的顺利展开。主要包括《ICSID 调解规则》（ICSID Convention Conciliation Rules）、《ICSID 仲裁规则》（ICSID Convention Arbitration Rules）等。

第二，对非缔约方的案件管辖亦有明确的规范依据。ICSID 之外的仲裁活动受制于其他规则的约束。为了给非缔约方提供灵活选择 ICSID 仲裁的机会，世行于 1978 年创设了一个 ICSID 附加机构（Additional Facility）。该附加机构另行制定了一套规则，即《附加便利规则》《附加便利查明事实规则》《附加便利调解规则》《附加便利仲裁规则》。[33] 为非缔约方选择 ICSID 仲裁提供了充分的规则依据。当然，这些规则主要以传统商事仲裁规则为模板设立和运行的。因此，尽管附加机构接受秘书处的管理，但《ICSID 公约》是不适用于附加机构程序的。

由此，ICSID 为争端当事人提供标准条款，为仲裁和调解程序提供拟定好的程序规范以及机构支持，并为仲裁程序和调解程序分别提供仲裁员名单和调解员名单。此外，ICSID 还为每个仲裁庭指派 1 名职员担任法律秘书，以及为仲裁庭听证程序提供支持。因此，ICSID 不但可以管辖涉及缔约方的投资争议，还可以管辖不涉及缔约方的投资争议；不但有仲裁程序规则，还有调解程序规则；不但提供硬件设施支持，还提供人力智力支持；不但是一个自成一体的国际法运行机制，而且把这种法律机制渗入了缔约方的国内法中，获得了承认和遵从。

---

〔33〕 The Additional Facility Rules, The Fact Finding Additional Facility Rules, The Conciliation Additional Facility Rules, The Arbitration Additional Facility Rules.

## 四、以体系自足为特色

与传统的商事仲裁机制相较，ICSID 机制最大的特色之一是其运行体系的自足性。主要体现在以下几个方面。

### （一）仲裁规则对管辖权的确定性

根据《ICSID 公约》第 41 条的规定，仲裁庭是其自身权限的决定人，当事人提出的管辖权异议由仲裁庭审定。其第 44 条规定，如果发生仲裁规则未作规定的问题，则由仲裁庭决定。其第 47 条更是赋予了仲裁庭有采取任何临时措施的管辖权。ICSID《仲裁程序规则》（Rules of Procedure for Arbitration Proceedings）第 20 条也规定了，仲裁程序应适用当事人选择的规则，但《ICSID 公约》另有规定的除外。由此，一套完整的仲裁规则类似一国国内的仲裁法，使 ICSID 自我赋予了确定性的管辖权和自我裁量权。

### （二）对仲裁裁决的撤销实行内部救济

如前所述，《ICSID 公约》第 52 条规定了，符合条件可以撤销的案件，其撤销权归属理事会主席任命的专门委员会，其他任何国内法院对其 ICSID 裁决的既判力没有任何审查的权利，须直接按照国内终审判决予以执行。[34] 质言之，ICSID 的裁决独立于缔约国国内法院的撤销审查，[35]

〔34〕 即使是 1958 年《承认及执行外国仲裁裁决公约》（《纽约公约》）第 5 条第 1 款第 5 项依然规定了，仲裁裁决受制于相关国家法院的司法审查，可以被裁决地所在国法院或裁决所依据法律的国家主管机关撤销。换言之，缔约方对裁决既判力的承认并非强制性的和绝对的。

〔35〕 在“Benvenuti and Bonfant Srl v. Government of the People's Republic of the Congo 案”和“Societe Ouest Africaine des BetonsIndustriels（SOABI）v. State of Senegal 案”中，上诉法院推翻了巴黎一审法院在决定准予执行之前对 ICSID 仲裁裁决进行审查的做法。参见李贵英：《国际投资法专论：国际投资争端之解决》，台北，元照出版有限公司 2004 年版，第 66 ~ 70 页。

只能借助于 ICSID 机制的内部救济，这种完全自足性的特点，显著区别于实行外部监督的传统商事仲裁机制。

由此可知，ICSID 机制规则体系非常严密、完善，每一个完善的程序都是独立的，不受第三方的任何干扰。任何一个缔约方的国内法院既无权对 ICSID 程序施加任何影响，也不能撤销或以其他任何形式审查 ICSID 作出的裁决。〔36〕但依据 ICSID《附加便利仲裁规则》所作出的裁决除外。整个 ICSID 程序也不因当事人的不合作而受到影响。若争议一方逾期未指定合格的仲裁员，ICSID 可以自行指定。ICSID 对每一个案件是否具有管辖权也可以自行决定。整个仲裁程序也不因任何一方不配合或不出庭而中止，仲裁裁决免受缔约方任何司法审查，裁决的拘束力和强制力不因一方的不合作而受到影响。

综上，从缔约方政府和投资者选择 ICSID 开始，到裁决的撤销、承认与执行，ICSID 建构一个完整的、封闭式的自足体系，排除了缔约方对仲裁程序和裁决既判力的司法“干扰”，确保了对整个仲裁程序的掌控和自决。

## 第三节　ICSID 机制的缺陷与改革

ICSID 堪称国际投资争端解决机制的典范，〔37〕成立近 60 年来，推

〔36〕在司法结果审查实践中，存在两个可能互相冲突的价值原则：终局原则和正确原则。终局原则体现了争端解决对经济和效率的追求。而正确原则是一个不易实现、耗费时间和精力的价值目标，而且可能牵涉多个权力层级，这在国内法院上诉程序中尤为常见。在国际投资仲裁中，终局原则往往受到更多的重视。

〔37〕ICSID 仲裁庭在“Gas Natural SDG v. the Argentina Republic 案”中指出：向外国投资者提供这样的条款可以向他们保证由投资引发的争端不会遭遇被认为是灾难性的延误或国内法庭在司法上受到的政治压力。因此，国际仲裁的前景被设计成为可以为东道国提供摆脱投资者母国政府所施加的政治压力。我们仍然坚信，在对投资的保护中，独立国际仲裁机构的保障是至关重要的，或许是最重要的因素。See Gas Natural SDG v. the Argentina Republic, ICSID Case No. ARB/03/10 of 17 June 2005, para. 29.

动了国际投资法的发展，改善了东道国投资营商环境，促进了国际投资的自由化流动。但任何机制都不是完美的，ICSID 机制也不例外，上诉机构缺失、透明度问题、矛盾裁决、仲裁员中立等始终困扰 ICSID，甚至一度引发国际社会对 ICSID 机制的信任危机。[38] 因此，总结 ICSID 机制运行中存在的问题，并探讨可能的解决途径，能够为亚投行争端解决机制的设立提供更好地鉴戒。

## 一、上诉机构缺失，错误裁决难获纠正

《ICSID 公约》是政府间多边公约，为投资者与国家之间投资争端的解决提供了程序性框架，但没有为国际投资保护提供实质性标准，抑或是实体法。质言之，公约没有实体法作为基础，只用一套程序性规则搭建了一个解纷平台。这是导致矛盾裁决的法律性根源，也是晚近被质疑和诟病最多的，即裁决缺乏一致性和缺少纠错机制，这两个问题时常交织在一起，实为一个问题的两个方面，由于上诉机制缺失，导致不一致，甚或错误的裁决难获纠正，无法形成统一的条约法律解释规则和适用规则，反过来又导致了更多不一致裁决的出现。经常作为 ICSID 仲裁机制被申请人的东道国，最关注的是条约解释及适用的体系性影响，但当前仲裁庭几乎在所有的重要法律问题上，诸如投资准入、MFN 条款适用、

---

〔38〕 2010 年以来的局面与 GATT 时代乌拉圭回合类似：几乎所有的缔约方都认为投资仲裁有问题，只不过对问题的轻重缓急和解决方案存在分歧。安西娅·罗伯茨（Anthea Roberts）将各种改革主张分成了 4 类，以日本和美国为代表的保皇派，主张维持现状，小修小补；以欧盟和加拿大为代表的改革派（Reformists），主张建立投资法庭和上诉机制；以南非、巴西和印度为代表的革命派（Revolutionaries），彻底抛弃 ISDS，回归传统的商事仲裁机制；其他尚未表态的国家。尽管每个派别有些内部差异，但此区分大体反映了此轮 ISDS 改革进程中的国际现状。See Anthea Roberts, Incremental, Systemic, and Paradigmatic Reform of Investor – State Arbitration, 112 American Journal of International Law (2018), p. 24.

保护伞条款的解释、征收补偿标准、间接征收的认定等，都存在不一致的裁决理由。故而“条约碎片化”不能有效回应质疑之声。[39] 仅凭 ICSID 裁决撤销机制已经无法解决当前的问题。建立常设上诉机构可能是解决该问题的合理选择。

尽管《ICSID 公约》第 52 条规定了一种“类似上诉”的裁决撤销制度，可以在特定条件下由专门的委员会对裁决宣布无效，但该撤销程序只能撤销原有裁决，不能改判，更不能发回重审。而且《ICSID 公约》第 52 条列出的 5 项撤销理由都是重大程序性违法，不涉及裁决实体性问题。换言之，只维护了程序性公正，即“最低限度的公正”。[40] 该撤销程序与通常意义上的上诉程序是有区别的，ICSID 的撤销程序仅审查裁决程序的合法性，不对裁决实体问题进行判定。而上诉程序则既审查裁决的程序问题，又审查裁决的实体认定问题。ICSID 负责管理撤销申请的专门委员会在以往的实践中，多次明确了撤销程序与上诉程序之间的不同。[41] 其中，在 CDC Group plc v. Republic of Seychelles 案[42]中专门

---

〔39〕 有极少数国家为了表达不满，根据《ICSID 公约》第 71 条的规定，宣布退出了公约，玻利维亚 2007 年 5 月 2 日退出，厄瓜多尔 2009 年 7 月 6 日退出，委内瑞拉 2012 年 1 月 24 日退出。

〔40〕 Sebastian Perry, Arbitrator and Counsel: the Double – Hat Syndrome, Global Arbitration Review, 2012.

〔41〕 Amco v. Indonesia, Decision on Annulment, 16 May 1986, para. 43; MINE v. Guinea, Decision on Annulment, 22 December 1989, para. 4; Wena v. Egypt, Decision on Annulment, 5 February 2002, para. 18; CDC v. Seychelles, Decision on Annulment, 29 June 2005, para. 35; Soufraki v. UAE, Decision on Annulment, 5 June 2007, para. 20; Rumeli v. Kazakhstan, Decision on Annulment, 25 March 2010, para. 70; Enron v. Argentia, Decision on Annulment, 30 July 2010, para. 5 – 63; Fraport v. Philippines, Decision on Annulment, 23 December 2010, para. 76.

〔42〕 ICSID Case No. ARB/02/14.

委员会的阐释最具代表性。[43]

被宣告无效的裁决只能重新启动仲裁程序，大大增加了当事人的时间和金钱成本。上诉机构的建立可以协调不同仲裁在解释国际投资法时出现的差异和分歧，消除法律的不确定性。从理论上而言，每一个仲裁庭都有援引或者不援引其他裁决对类似法律问题所作解释的自由，但在实践中，仲裁庭多半倾向于只有方便时才援引之前仲裁裁决的理由。

两个仲裁庭对类似法律问题作出不同裁决的案例有 SGS v. Pakistan 案和 SGS v. Philippines 案，两个仲裁庭在对双边投资协定的保护所适用的合同争议的范围上，得出了不同的结论。SGS v. Philippines 案的仲裁庭认为，SGS v. Pakistan 案件的裁决只对该案具有拘束力，而不能作为未来仲裁庭在类似案件中必须遵循的先例。[44] 两个仲裁庭对于类似法律问题作出不同裁决的另外一组案例是 LG&E v. Argentina 案和 Enron v. Argentina 案。LG&E v. Argentina 案仲裁庭已经接受了阿根廷政府在面对经济危机时采取的管制性措施是必要的这一抗辩理由。但是，Enron v. Argentina 案的仲裁庭却不接受这一抗辩。但讽刺的是，两个仲裁庭中

---

〔43〕 专门委员会指出，撤销机制针对的是威胁裁决程序基本公正性的错误（但无关裁决内容的正确与否），其衍生于《ICSID 公约》起草者使裁决具有终局性和约束力的愿望，该愿望是对“基于条约必须遵守”和“已决事项不再理”之概念的习惯国际法的表述，故撤销机制与《ICSID 公约》的目标和宗旨相一致。当事人将争端诉诸 ICSID 仲裁的原因（至少部分原因）是因为他们希望能更加高效地解决争端，而国内司法体系具有繁复的审级和上诉制度，甚至《ICSID 公约》之外的仲裁机制也可能存在如此“诟病”（ICSID 之外的仲裁可能受到一国法院依据该国法律进行的审查，其执行亦可能面临当事人依据包括《纽约公约》在内的准据法而提出抗辩）。

〔44〕 该仲裁庭认为：一般而言，尽管在 ICSID 机制下的不同仲裁庭应该寻求彼此的做法的协调一致，但是对于每一个仲裁庭来说，最终都必须根据可以适用的法律来行使自己的权力，而这一点对于每个双边投资协定和每个应诉国家而言显然都是不同的。See SGS v. Philippines, ICSID Case No. ARB/02/6 of 29 January 2004, para. 97.

有1名仲裁员是同一个人。对于前一个案件仲裁庭所认定的危机情况，后一个案件仲裁庭却保持了沉默。[45]

与之类似的还有，Vivendi案的撤销委员会在这个问题上并不接受Vivendi案原仲裁庭作出的裁决。撤销机制只具有上诉机制的有限功能。正如在Plama v. Bulgaria案中，[46] ICSID的一个仲裁庭可能对另一个仲裁庭的裁决进行不正确的解读，但对于这样的裁决却无法上诉。甚至在后一个仲裁庭发现前一个仲裁庭存在法律错误时，也没有权利对前者所作出的裁决错误予以纠正。例如，尽管在CMS v. Argentina案中的撤销委员推翻了裁决中的部分内容，但同时认为自己没有权力推翻该裁决中包含了重要法律错误的另一部分内容。在对原裁决有危机情况的分析进行批评后，撤销委员接着提道：如果它是在以上诉法庭的角色发挥作用，那么它就必须以这个理由重新审查这个裁决。[47]

由此，如果ICSID具有上诉机制，这个法律体系将更具有凝聚力、公信力和法律上的确定性。在不同的仲裁裁决中，上诉机构将要求获得更高的权威性和受尊重程度。在有关国际贸易法律纠纷的WTO争端解决机制中正是如此，并且类似的方法可以被国际投资法所汲取。因此，用上诉制度取代《ICSID公约》第52条的裁决撤销制度是ICSID未来改革的趋势之一。当然，为了保持ICSID仲裁现有的高效性，上诉审理应该设立严格的时限要求。

---

〔45〕 See Enron v. Argentina, Award of 22 May 2007, Accessed June. 1, 2020, http//: www. investmentclaims. com/decisions.

〔46〕 See Plama Consortium Ltd v. Republic of Bulgaria, ICSID Case No ARB/03/24, Decision of 8 February 2005, 69, para. 217.

〔47〕 W. H. Knull & N. D. Rubins, *Betting the Farm on International Arbitration: Is it Time to Offer an Appeal Mechanism?*, American Review of International Arbitration, 2000, p. 57.

## 二、程序透明度不够，制约了非当事人的参与

### （一）程序透明度的主要问题

传统商事仲裁程序，保密性被认为是私人主体之间国际商事仲裁的主要优点之一。ICSID 仲裁程序继承了严格尊重程序保密性和当事人的意思自治。但在投资仲裁程序中，公共利益的存在使对开放性和透明度的要求越来越高，对保密性特质提出了挑战。因为案件争议的焦点问题可能涉及东道国政府的管理或管制行为的合法性认定，而政府的管理或管制行为很可能牵涉第三方利益或公共利益。因此，ICSID 保密性做法引发了国际社会长期以来的质疑与关注。为此，ICSID 进行了系列改革。主要涉及以下两个方面：信息获得和第三方参与。

《行政及财务条例》第 22 条和第 23 条规定，ICSID 秘书长有义务公布未决案件及其进展相关消息，并通过 ICSID 进行发布。根据《ICSID 公约》第 48 条第 5 款的规定，只有当事人同意的情况下，仲裁裁决才可以公布。2006 年 4 月实施的仲裁规则修正案规定，ICSID 目前有公布每一个仲裁裁决及其法律推理摘录部分的义务。[48] 除另有约定，当事人也可以决定发布仲裁裁决或其他决定。当前，ICSID 大部分仲裁裁决都以某种形式进行了发布，也有一些仲裁裁决和决定未公开发布。但根据 ICSID《附加便利仲裁规则》作出的非 ICSID 仲裁裁决只是偶尔发布。针对未决的仲裁裁决案件相关文件，情况比较复杂。当事方并未被禁止发布其仲裁请求或者相关文件，但在通常情况下，当事人一致决定不予发布。[49]

2006 年之前，大部分听证程序都不对外开放，只有仲裁员、仲裁庭

---

〔48〕《ICSID 仲裁规则》第 48 条第 4 款。

〔49〕 Biwater Gauff v. Tanzania, Procedural Order No. 3, 29 September 2006; Procedural Order No. 5, 2 February 2007; World Duty Free v. Kenya, Award, 4 October 2006, para. 16.

工作人员、当事人及其代表和证人才能出席。有利害关系的第三方无法参与其中。2006 年《ICSID 仲裁规则》进行了改革，第 32 条规定仲裁庭可以允许第三方参加全部或部分听证程序，除非当事人明确反对并知会 ICSID 秘书处。此项改革，一方面回应了公众对参与听证程序的渴求，另一方面回应了双边投资条约要求听证程序对公众开放的发展。

关于第三方提交“法庭之友”意见的问题，根据 ICSID 仲裁实践，仲裁庭在个别案件中接受了非当事人的意见。而且 2006 年《ICSID 仲裁规则》第 37 条第 2 项对此也进行了一定程度的认可，即在询问当事人后，仲裁庭可以允许非当事人提交与争端范围有关案件的书面申请，并发表相关意见。

ICSID 秘书处在 2006 年针对仲裁透明度进行了一些改革，但无论是所有裁决文件的发布，还是第三方参与听证程序以及提交“法庭之友”的意见，最终的决定权还是掌握在当事人手中。在 WTO 争端解决机制中，透明度是一个原则，反观 ICSID 仲裁机制，透明度依然是一个例外。因此，ICSID 应进一步提高透明度，包括授予仲裁庭对第三人参加程序的决定权，以及在一般情况下应公布裁决等，[50] 以实现保护当事人利益、社会利益与国家利益之间的平衡。

### （二）UNCITRAL 的改革

为了回应国际社会对东道国公共利益的关切，提升投资者国家间争议的仲裁程序透明度，UNCITRAL 经过长期努力，拟定并发布了《联合国国际贸易法委员会投资人与国家间基于条约仲裁透明度规则》(UNCITRAL Rules on Transparency in Treaty-based Investor – State Arbitration,

〔50〕 ICSID 透明度后续改革应澄清以下问题：明确可以公布的文件范围，第三人提交材料的条件和程序，听证程序的参与范围，审理程序公开的决定权和例外规定。这些改革可以借鉴 2014 年 4 月 1 日生效的《透明度规则》第 3 条至第 7 条的规定，以及 2017 年 10 月 18 日生效的《透明度公约》。载 https：//uncitral. un. org/en/texts/arbitration/contractualtexts/transparency，最后访问日期：2020 年 7 月 3 日。

以下简称《透明度规则》)，并于2014年4月1日生效。为了进一步澄清该规则的适用情形，UNCITRAL于2014年12月又发布了《联合国投资人与国家间基于条约仲裁透明度公约》[51]（United Nations Convention on Transparency in Treaty-based Investor – State Arbitration，以下简称《透明度公约》)。该公约对适用范围、保留要求、批准加入、修正退出等问题进行了进一步澄清和明确。

《透明度规则》第1条规定其适用范围，即针对2014年4月1日之后缔结的条约而引起的争端，若该仲裁程序是依据《联合国国际贸易法委员会仲裁规则》而发起的，《透明度规则》即应该适用，除非当事方另有约定；对于2014年4月1日之前缔结的条约而引起的争议，如果相关条约的缔约方或争议当事方同意适用《透明度规则》，则《透明度规则》予以适用。前者可称为"选择退出模式"，即对于新条约的缔约方来说，除非另有约定。后者可称之为"选择适用模式"，即对于旧条约的缔约方来说，除非当事方一致选择，否则《透明度规则》将不会自动适用于根据《联合国国际贸易法委员会仲裁规则》提起的仲裁程序。这种模式是比较合理的，因为对于新条约来说，当事方已充分注意到《透明度规则》是《联合国国际贸易法委员会仲裁规则》的组成部分，故而适用"选择退出模式"。对于旧条约来说，没有合理理由期望在《透明度规则》生效之前达成的投资条约内容已包含该规则，故而适用"选择适用模式"。

除其适用范围以外，《透明度规则》主要规定了文件公开、非当事人参与以及公开审理3项内容。《透明度规则》第3条规定除非有机密

---

〔51〕 UNCITRAL成立于1966年，长期致力于各种商业规则的协调统一，尤其是在促进国际投资仲裁的透明度提升方面发挥了重大作用。2013年12月16日发布的《透明度规则》，2014年4月1日正式生效。该规则只有8条，内容简洁而明确，却极大地提升了《联合国国际贸易法委员会仲裁规则》的透明度水平。《透明度规则》生效不久后，UNCITRAL又通过了《透明度公约》，该公约又称为《毛里求斯透明度公约》(Mauritius Convention on Transparency)，2017年10月18日生效，主要是对《透明度规则》的适用作了进一步明确。

信息或受保护信息，仲裁庭应向公众公开仲裁通知、对仲裁通知的答复、申请书、答辩书、争议各方提交的书面陈述和材料、物证及专家报告清单（非具体物证和报告）、非争议方提交的材料，以及仲裁庭的命令、决定和裁定。当然，仲裁庭可以自行或与争议各方协商后，公布上述之外的文件资料。任何人可以向仲裁庭申请公开专家报告和证人陈述，但相关物证不在公开之列。《透明度规则》第 4 条规定非案件当事人的第三方与争议各方协商后，仲裁庭可以允许就争议范围内的事项提交材料，第三方应该向仲裁庭提出申请，披露与任何争议方的利害关系，阐释仲裁涉及的具体事实合法问题，但不得对仲裁程序造成干扰和不必要的负担。《透明度规则》第 6 条、第 7 条规定，出示证据或口头辩论应公开举行，除非涉及机密信息或受保护信息。争议各方协商后，仲裁庭可以决定不公开举行部分或全部审理。此外，《透明度规则》第 5 条对非争议条约缔约方就条约的解释问题如何提交相关材料，也作出了相应规定。但遗憾的是，《透明度规则》未涉及非争议当事人的第三方能否参与听证程序，以及如何参与听证程序。在 ICSID 后续的透明度改革中，无法直接“拿来”，需要自行设计拟定相应规则。

在《透明度规则》规定的基础上，针对其规则的具体适用，《透明度公约》进一步予以明确。[52]《透明度公约》第 2 条把适用分为双边适用、多边适用和单方面提议适用 3 种类型。与《透明度规则》不同

〔52〕《透明度公约》（United Nations Convention on Transparency in Treaty-based Investor – State Arbitration），又称《毛里求斯透明度公约》（Mauritius Convention on Transparency），是由 UNCITRAL 第 47 届大会于 2014 年 7 月 9 日审议通过，由联合国大会于 2014 年 12 月 10 通过，2015 年 3 月 17 日在毛里求斯路易斯港开放供各方签署，随后在纽约联合国总部开放供签署。截至 2017 年 10 月 18 日，该公约的签署方有 22 个，批准方达到 3 个，《透明度公约》正式生效。《透明度公约》由 11 条组成，包括适用范围、《透明度规则》适用、保留事项以及对公约加入、批准、审核、保存、修正、退出等。截至 2020 年 8 月 1 日 23 个缔约方中，已有 5 个国家提交批准书（喀麦隆、加拿大、哥伦比亚、毛里求斯和瑞士），我国尚未加入该公约。

的是，在双边或多边适用时，《透明度规则》应适用于所有投资者与国家之间的仲裁程序，无论该仲裁程序依据哪种仲裁规则发起，只要争议双方当事人未对《透明度规则》第 3 条第 1 款第 a 项和第 b 项进行过保留声明。在单方提议适用时，只要被申请人未对第 3 条第 1 款作出保留声明，且申请人也同意适用的，则《透明度规则》将获得适用。此外，《透明度公约》还规定若《透明度规则》出现新旧版本适用冲突的情况，只要双方当事人未对《透明度公约》第 3 条第 2 款作出过保留，就应适用最新的《透明度规则》。另外，《透明度公约》还排除了申请人援用最惠国待遇条款来规避适用《透明度规则》的可能性。由此可知，《透明度公约》倾向不断扩大《透明度规则》的适用范围。

综上，在当前国际投资仲裁程序领域，《透明度规则》的标准最高。同时《透明度公约》又进一步扩大《透明度规则》的适用范围，并以国际公约的形式将国际投资仲裁的透明度规则提升到了更高的层面。由此，ICSID 机制透明度改革可以借鉴《透明度规则》的相关规定，不但有助于公平高效地解决国际投资争议，还可以提升第三方的参与度和国际社会对投资仲裁机制的信任。当然，UNCITRAL 拟定的《透明度规则》主要是针对依据《联合国国际贸易法委员会仲裁规则》而提起的仲裁程序，包括临时仲裁程序，不可避免地带有商事仲裁的印记，ICSID 借鉴时需要有条件地甄别和厘定。

## 三、仲裁员裁量权过大，公正性和独立性遭质疑

### （一）仲裁员的自由裁量权

已如前述，《ICSID 公约》建立了一整套确保仲裁员独立性、促进公

平公正裁决的规则,[53] 但在实践中的执行情况却不容乐观，仲裁员的异议程序和回避很难实现。一方面，因为制度程序设计存在瑕疵，决定权在其他两个仲裁员手中，导致“同事之间”无法下手的局面；另一方面，仲裁员和律师之间的“旋转门”形成了一个利益共同体，推动仲裁庭袒护投资者的利益，但忽视了东道国的公共管理权。

例如，在 Suez，Sociedad General de Aguas de Barcelona S. A. and Vivendi Universal S. A. v. Argentine Republic 案[54]和 EDF International S. A. , SAUR International S. A. and León Participaciones Argentinas S. A. v. Argentine Republic[55]案中，被申请人阿根廷政府针对瑞士籍仲裁员考夫曼提出异议，要求其回避。因为考夫曼在 UBS 公司担任董事，而 UBS 公司又是本案申请人的股东之一。但仲裁庭认为，考夫曼与申请人没有直接接触，只有间接关系，又没有证据显示其获取好处。故而驳回了阿根廷的申请。

在 LG&E Energy Corp. and LG&E International Inc. v. Argentine Republic 案[56]和 Enron Creditors Recovery Corporation (formerly Enron Corporation)

---

〔53〕 为了确保仲裁员的独立性和公正性，从仲裁员的选任与任职条件，到仲裁员不适格的救济程序，《ICSID 公约》作出了明确的制度安排。首先，《ICSID 公约》第 13 条规定，每个缔约方可以向仲裁员小组和调解员小组指派 4 人，主席可以向每个小组指派 10 人。当事人可以从这两个小组中选任仲裁员和调解员。《ICSID 公约》第 14 条要求仲裁员和调解员必须具备专业能力强、高尚的道德操守和独立的判断 3 个条件。其次，当事人有权申请撤销仲裁员或调解员资格。《ICSID 公约》第 57 条规定，当事人发现仲裁员不符合第 14 条规定的条件的，可以向仲裁庭或委员会申请取消其资格。最后，《ICSID 公约》第 52 条规定了针对不适格仲裁员的裁决的撤销程序，如果仲裁员缺乏独立性，很可能构成第 1 款“仲裁庭组成不当”，如果仲裁员与当事人有利益牵涉，很可能构成第 3 款的“受贿行为”，如果仲裁员明显缺乏公正性，可能第 4 款构成“严重背离基本程序规则”，当事人均可要求撤销裁决。

〔54〕 ICSID Case No. ARB/03/19.

〔55〕 ICSID Case No. ARB/03/23.

〔56〕 ICSID Case No. ARB/02/1.

and Ponderosa Assets, L. P. v. Argentine Republic 案中，[57] 两个案件高度类同，其案由都是因阿根廷政府在经济危机期间采取的临时管制措施而涉嫌违反条约义务，所涉行业都是阿根廷的天然气投资，适用的法律都是1991年《美国—阿根廷双边投资条约》。而在两案中同时担任仲裁员的范登堡，针对两个案件中的意见却完全相左，且没有给出任何理由和解释。明显缺乏仲裁员的独立性和公正性的基本要求，也缺乏作为一个仲裁员所应具备的严肃性和严谨性。

又如，在 Amco Asia Corporation and others v. Republic of Indonesia[58] 案中，印度尼西亚指出，申请人指定的仲裁员与其存在着可能的利益关系，因为该仲裁员曾经为 Amco 公司的实际控制者提供过税务咨询，而且后者拥有的公司与 Amco 公司存在合作关系，尽管此种利益牵涉在该案启动前已结束。但遗憾的是，仲裁庭的其他两位仲裁员拒绝了印度尼西亚的请求，并指出没有明确的证据支撑此种利益关系的存在。[59]

整体而言，仲裁庭对当事人提出的仲裁员异议的申请比较严格，而且强调必须有充分的证据。[60] 再加上《ICSID 公约》对仲裁员异议程序规定得比较模糊，而且针对仲裁庭不予支持后的裁定，缺乏救济程序，导致至今尚未有仲裁员被成功申请撤销资格的先例。[61]

### （二）仲裁员与律师的旋转门

长期以来，国际投资仲裁领域是一个欧美自治的精英小群体，是一

---

〔57〕 ICSID Case No. ARB/01/3.

〔58〕 ICSID Case No. ARB/81/1.

〔59〕 Christoph H. Schreuer, *The ICSID Convention: A Commentary*, Cambridge University Press, 2001, p. 516.

〔60〕 在“Compania de Aguas del Aconquija, S. A. &Vivendi Universal v. Argentine Republic 案”中，专门委员会认为，仲裁员与当事人存在职业关系不能自动导致仲裁员或委员会成员丧失资格。为了确定该关系是否足以构成对仲裁员或委员会成员独立自主性的合理怀疑，需要全面考虑所有因素。See ICSID Case No. ARB/97/3.

〔61〕 参见魏艳茹：《ICSID 仲裁撤销制度研究》，厦门大学出版社2007年版，第76页。

个相对封闭的小圈子，优秀的律师或仲裁员一案成名，容易脱颖而出，进而形成了欧美的“熟人社会”和“利益共同体”，相互支持、相互指定，同一人在仲裁员、律师、咨询专家、专家证人和仲裁庭秘书之间不断地切换角色。尽管多数情况下没有明显的利益冲突，但事项冲突（issue conflicts）和司法激进比比皆是。少数精英在国际投资仲裁的多重角色中来回切换，这也是导致仲裁员丧失独立性的重要原因之一。

根据 Malcolm Langford 等人的统计，整个国际投资仲裁（包括传统上的商事仲裁）约由固定的 100 多个专家参与，这些专家来自全球知名的 20 个左右的律师事务所、3～4 个仲裁管理机构、部分研究院所等。其中，前 25 名仲裁员参与审理了 943 个国际投资仲裁案件［第 1 名是法国籍的布丽吉特·斯特恩（Brigitte Stern），共在 88 个案件中担任仲裁员］，占案件总数的 90% 以上，25 名仲裁员中只有 4 人来自欧美之外的国家，亚洲和非洲为 0 人；前 25 名律师代理的投资仲裁案件多达 530 件［第 1 名是来自盛德国际律师事务所（Sidley Austin Powell Goldstein）的斯丹尼米尔·艾立克桑卓（Stanimir Alexandrov），共计代理 31 个案件］，占案件总数 58%，欧美的律师事务所和律师的主导地位显而易见，非欧美的律师几乎只能作为自己国家的内部法律顾问（in-house counsel）；前 25 名的专家证人参与了共计 159 件投资仲裁案件［第 1 名是来自美国的布伦特·卡茨马雷克（Brent Kaczmarek），共在 28 个案件中担任专家证人］；前 25 名仲裁庭秘书参与了共计 381 件投资仲裁案件，占案件总数的 68%。[62]

### （三）ICSID 的改革与完善建议

2004 年 ICSID 的改革强化了仲裁员主动披露的义务，即仲裁员应主动披露与案件所有可能的联系，以及可能影响其公正性的情形。这种企图强化仲裁员自律性来实现仲裁庭的客观公正，并未实质性改变现状。

---

〔62〕 Malcolm Langford, Daniel Behn & RunarHilleren Lie, *The Revolving Door in International Investment Arbitration*, Journal of International Economic Law, 2017, p. 28.

确保仲裁员独立性的改革措施可能有以下几点：第一，设立上诉机构。由于上诉机构由10人以上的单数专任仲裁员组成。不但可以纠正初审仲裁庭的错误，避免矛盾裁决，还可以保证上诉机构对法律解释和适用的一致性。第二，在上诉机构设立之前，可以采用13名专任仲裁员制度。这样的优点是可以确保仲裁员在不同案件中的一致性，缺点是费用大大增加，修改条约的难度较大。第三，修改相应的程序性规则，继续强化仲裁员的信息披露义务，严格限制仲裁员参与案件的条件，完善仲裁员异议和撤销程序。具体而言，被质疑仲裁员的回避改由专门委员会或行政理事会主席决定。明确规定仲裁员与当事人存在利害关系或者仲裁员明显缺乏独立性的情形，属于《ICSID公约》第52条规定的可以撤销仲裁的范畴。

在UNCITRAL支持下，有关“投资者—国家”投资仲裁机制的改革在持续推进，受到新冠疫情的影响，UNCITRAL第三工作组宣布第39次会议日程被迫推迟，但在整合成员提交报告的基础上，会议将要重点讨论的改革议题，已经发布，主要包括：股东索赔与间接损失，预防和缓和投资争议的替代性手段，缔约方对条约文本的解释，仲裁成本和索赔的担保，多重诉讼的合并与反诉，ISDS的多边改革等。[63] 关于ISDS

---

〔63〕 See A/CN. 9/WG. Ⅲ/WP. 189 – Annotated provisional agenda; A/CN. 9/WG. Ⅲ/WP. 170 – Possible reform of investor – State dispute settlement (ISDS) – Shareholder claims and reflective loss; A/CN. 9/WG. Ⅲ/WP. 190 – Possible reform of investor – State dispute settlement (ISDS) – Dispute prevention and mitigation – Means of alternative dispute resolution; A/CN. 9/WG. Ⅲ/WP. 191 – Possible reform of investor – State dispute settlement (ISDS) – Interpretation of investment treaties by treaty Parties; A/CN. 9/WG. Ⅲ/WP. 192 – Possible reform of investor – State dispute settlement (ISDS) – Security for cost and frivolous claims; A/CN. 9/WG. Ⅲ/WP. 193 – Possible reform of investor – State dispute settlement (ISDS) – Multiple proceedings and counterclaims; A/CN. 9/WG. Ⅲ/WP. 194 – Possible reform of investor – State dispute settlement (ISDS) – Multilateral instrument on ISDS reform, Accessed July 28, 2020, https://uncitral. un. org/en/working_groups/3/investor-state.

多边改革重点集中在多边机构改革的框架与选择，多边机构与现有及未来投资条约的关系，工作组同时提示各成员思考，关于上述两个问题是否存在最低限度的共识，共识是什么，多边机构如何灵活安排可选争议解决方式。[64] UNCITRAL 第三工作组有关 ICSID 最新的改革内容，笔者将在最后一章进行更详尽的探讨。

综上所述，ICSID 机制整体上运行良好，获得广泛认同，同时也存在诸多问题，其中上述三个方面是异议最集中、反映最强烈的。实际上，第一个问题和第三个问题的解决途径可以归一，即设立独立的上诉机构。不但可以解决矛盾裁决、法律适用、仲裁员倾向性裁判等问题，而且可以促进对法律适用的一致性，提振缔约方对 ICSID 的信任度。

## 第四节　ICSID 仲裁上诉机制的建构

已如前述，ICSID 机制出现信任危机的主要原因在于其上诉机构的缺失，导致错误裁决无法纠正，法律的适用与解释无法统一。借鉴 WTO 常设上诉机制的经验，“私人投资者与东道国投资仲裁上诉机制”的建构是解决 ICSID 正当性危机的关键，亦是对传统国际商事仲裁的创新与发展。

美国在其 2004 年《双边投资协定范本》（BIT）中最早植入“投资者与东道国投资仲裁上诉制度”，[65] 并延续扩展至随后的双边投资协定及自由贸易协定的投资章节中。其 2012 年《双边投资协定范本》不但

[64] See Possible reform of investor – State dispute settlement (ISDS) Multilateral instrument on ISDS reform, Note by the Secretariat, Accessed Aug. 10, 2020, https://undocs.org/en/A/CN.9/WG.Ⅲ/WP.194.

[65] See 2004 U.S. Model Bilateral Investment Treaty, Article 28, Item 10.

保留了上诉机制的规定，且增加了透明度要求。[66] 然而该协定范本并未拟定独立的上诉规则，只是明确其实施是基于“其他制度安排”或“多边条约”所形成的上诉机制，即更多的是一种建议性的，而非强制性的制度建构。

在美国投资仲裁改革的推动下，ICSID 秘书处亦曾在 2004 年提出“设立上诉机构”的建议，2004 年 10 月 22 日秘书处发布了一份谈论文件，[67] 根据该份文件的磋商结果，似乎存在一个广泛的共识，即如果上诉机制被纳入投资条约中，最好单独通过 ICSID 机制进行建构，而不是像美国 BIT 一样，根据每一份相关条约予以重复设置。然而，同时也存在这样一种共识，即当前在 ICSID 框架下建立这样的机制条件似乎还未成熟，因为多数发展中国家担心上诉审理的成本问题。[68] 此外，对《ICSID 公约》的任何修改需要获得该公约的所有缔约方的同意，这也不是一项简单的任务。同时需要注意的是，玻利维亚 2007 年 5 月退出 ICSID 的理由之一是缺乏上诉救济途径，玻利维亚政府提出仲裁庭对外国公司存在偏袒，但针对这个错误裁决却无法上诉，是一个糟糕的事情。

由于不同共识的存在，促使秘书处最终以“考量到技术和政策上的难题，时机尚未成熟，需要继续研究”[69] 为由，将该计划无限期地搁置。晚近，随着国际社会共识的进一步积累，UNCITRAL 第三工作组正在努力推进 ICSID 的系列改革，其中即涵盖了设立上诉机构的内容。但是，晚近贸易保护主义的兴起，国际投资具有较大不确定性，UNCITRAL

---

〔66〕 See 2012 U. S. Model Bilateral Investment Treaty, Article 28.

〔67〕 International Centre for Settlement of Investment Dispute, Possible Improvements of the Framework for ICSID Arbitration, ICSID Secretariat, Discussion Paper of 22 October 2004.

〔68〕 A Redfern et al. , *Law and Practice of International Commercial Arbitration*, London, Sweet & Maxwell, 2004, p. 479.

〔69〕 See ICSID Secretariat, Suggested Changes to the ICSID Rules and Regulations, Working Paper, May 12, 2005.

主导的 ICSID 改革进展也受到一定的影响。无论如何，在 ICSID 框架下设立上诉机制，是一个比较合理的途径，也是 ICSID 机制本身一个终究需要解决的问题，对亚投行争端解决机制的建构也有启发意义。因此，此问题依然值得探讨。

## 一、ICSID 上诉机制的法理基础

从波斯纳法经济学视角看，ICSID 上诉机制建构的法理基础有二：一是降低法律错误成本；二是使统一的法律规则得以创制和维护。〔70〕ICSID 引入上诉机制亦同此理，即克服 ICSID 裁决监督机制的僵化与缺陷，避免错误裁决，维持裁决的一致性，消除投资争端解决法律体系的“碎片化”。

### （一）克服 ICSID 裁决监督机制缺陷

与一般国际商事仲裁裁决由相关法院予以撤销的外部监督机制不同，ICSID 对错误裁决只提供了唯一的内部撤销机制，且可以撤销的裁决仅限于“重大程序违法性”，不涉及实体问题，即只维护了“最低限度的程序性公正”，对诸如东道国公共利益的维护等实体性问题未加考量。故，《ICSID 公约》第 52 条的撤销机制无法回应当事方对初裁裁决寻求实体监督的客观需要。首先，“错误裁决”只能向 ICSID 秘书处提出撤销申请，且撤销理由只限于“五种程序性违法”〔71〕情形，法律适用错误和实体裁决错误没有任何救济途径，存在监督空白。易言之，由于《ICSID 公约》第 54 条要求在所有缔约方境内仲裁裁决必须被赋予“国内终审法院判决的效力”，即当事人亦无法向国内有管辖权法院提出异

〔70〕参见［美］理查德·A. 波斯纳：《法律的经济分析》，蒋兆康译，中国大百科全书出版社 1997 年版，第 760 页。

〔71〕See 1st Paragraph of ICSID 52 Article.

议之诉。其次，根据《ICSID 公约》第 52 条第 3 款之规定，整个撤销机制亦是不完全、不彻底的。因为，依据仲裁员名单专门成立的“特别撤销委员”对裁决只能作出撤销或维持的决定，不能自行对裁决作出有效更正。故，如果“错误裁决”被裁定维持，再无任何可以纠错的机会；如果裁决被撤销，则又回到初始状态，争端不但没有解决，反而增加了时间、金钱成本。再次，ICSID 裁决撤销程序运行效力低下。据统计，仲裁撤销程序从登记到结案平均需要 5 年，有些案件甚或被拖延 10 年之久，[72] 导致仲裁高效的特质丧失殆尽。最后，ICSID 裁决撤销机制存在滥用问题，进一步加剧了监督机制的危机。《ICSID 公约》第 52 条第 6 款规定，如果裁决被废除或者取消，经任一当事方的请求，应将争端提交给依照本章第二节组织的新仲裁庭，且没有设定次数限制，即当事人可以以不同的理由多次启动裁决撤销程序，甚或把仲裁无限拖延下去。[73] 因此，不少学者指出，仲裁委员会撤销制度被过分滥用，严重影响了 ICSID 裁决的终局性、高效性及权威性，亦造成案件的拖延与低效，冲销了 ICSID 原本的价值优势。[74]

而且，涉及非缔约方或非缔约方投资者的投资争端可以根据 ICSID《附加便利规则》提交仲裁，但在此种情况下的裁决错误，不能启动《ICSID 公约》第 52 条的内部独立监督程序，只能在仲裁地或者被申请承认与执行的内国法院，依据内国法或相关条约规定申请撤销、拒绝承认与执行该仲裁裁决。如此，又引发内国法院对 ICSID 仲裁裁决监督的

---

〔72〕 See Amco Asia Corp. v. Indonesia, Klockner Industrie - Anlagen GmbH v. Cameroon, etc. , Accessed Oct. 10, 2020, https: //icsid. worldbank. org/en/pages/cases/pendingCases. aspx? status = p.

〔73〕 Thomas W. Walsh, *Substantive Review of ICSID Awards: Is the Desire for Accuracy Sufficient to Compromise Finality*, Berkeley Journal of International Law, Vol. 24: 2, p. 444 (2006).

〔74〕 Karl P. Sauvant, *Appeals Mechanism in Investment Disputes*, Oxford University Press, 2013, p. 237.

诸多弊端。首先，仲裁机构与其所在地的内国法院多少存在某种隐然的关系，其中立性受到质疑。其次，不同国家的仲裁法关于裁决撤销的标准不尽相同，监督结果的一致性难以保证。最后，如果内国法院对仲裁裁决的监督权力过大，则会损害仲裁的高效性、中立性价值；反之，如果监督权限有限，则又难以达到客观、公正的目标。因此，如果允许内国法院对 ICSID 裁决进行司法审查，就违背了 ICSID 设立的初衷，即避免东道国当地司法救济可能导致的不公正，亦与当前减少司法干预仲裁的发展趋势相违背，故建立投资仲裁上诉机制是唯一可行的现实选择。

综上，ICSID 内部裁决撤销机制仅对裁决的程序性错误进行有限的纠正，而对事实认定、法律适用等实体性错误存在“有意”的忽视，再加上 ICSID 裁决撤销制度的先天不足，实际上往往导致错误裁决难获纠正。故而，设立仲裁上诉机制不但可以满足当事人对裁决进行全面审查，寻求实体公正的现实需要，而且通过上诉机构的一致性判定，尤其是对法律适用的相对统一认定，可以促进国际投资仲裁裁决的一致性和法律的统一性。

### （二）促进裁决的一致性及公平性

导致 ICSID 裁决不一致的原因大概有两点。首先，ICSID 仲裁员多为兼职，受其经历、信仰导致的专业性和个体主观性的影响，同一个仲裁员在不同案件中也可能立场迥异，进而引发矛盾性裁决。其次，ICSID 对仲裁员只是原则性的管理，仲裁员不受干扰、中立裁量的权限较大，保证裁决一致性比法院遵循先例更困难。由此，不同时期由不同仲裁员组成的不同仲裁庭，难以形成稳定、成熟的投资法适用与解释规则，跨机构投资法适用与解释规则的整合或趋同变得愈加困难。[75]

因此，建立 ICSID 投资上诉机制对仲裁庭初审裁决进行合法性审查

〔75〕 参见刘笋：《国际投资仲裁裁决的不一致性问题及其解决》，载《法商研究》2009 年第 6 期。

与监督，能最大限度地整合初审裁决中不同仲裁庭对同一个问题的分歧，形成较统一的法律适用与判例解释规则，为此后的同类争端的裁决确立先例，进而形成投资争端解决的国际习惯法，最大限度地实现投资法的去“碎片化”。

尽管 ICSID 上诉机构不能违背《ICSID 公约》第 53 条的规定：仲裁庭的裁决只对双方有拘束力，对非案件当事人无法律约束力，但正如 WTO 上诉机构判例一样，一个稳定权威的投资争端上诉机构形成的判例，对今后裁判事实上的影响与拘束是不容忽视的。易言之，在类似争端已有先例的情况下，仲裁员的自由裁量将更趋于客观合理，如果其裁决与先例完全违背，则面临被上诉机构审查的风险，进而督促仲裁员对每一个案件的审慎与客观。

如果效仿 NAFTA 仲裁机制，由仲裁地国内法院保留对投资仲裁裁决进行终审的权利，则不符合晚近减少司法干预仲裁的发展趋势，且法院司法审查范围一般仅限于仲裁裁决程序不当或管辖权效力瑕疵，案件的实体性错误得不到纠正，此与 ICSID 内设立上诉机制进行实体审查有本质区别，不能取而代之。

因此，在“渐趋减少法院司法参与仲裁”之背景下，引入内国法院监督 ICSID 裁决的建议，不但会破坏 ICSID 仲裁机制的独立性与自洽性特质，也将动摇仲裁赖以存在的基础，进而丧失仲裁固有的价值优势。此外，如果法院过度介入仲裁，使仲裁演变成另一套诉讼，仲裁再无存在之理由，故“过多的监督如同没有监督一样百弊丛生”。[76]

综上，诚如 WTO 争端解决机制，独立、自洽的上诉机构可以纠正法律适用错误及实体裁决失误，特别是那些在 ICSID 机制外作出的裁决，即据 UNCITRAL 和 ICSID《附加便利规则》作出的裁决，将极大强化 ICSID 主导下的国际投资法适用规则与判例解释规则的统一性与确定性，

〔76〕 参见赵健：《国际商事仲裁的司法监督》，法律出版社 2000 年版，第 162 页。

增强仲裁裁决的可预期性，重塑人们对 ICSID 的信心。

## 二、ICSID 上诉机制所涉主要问题

投资仲裁上诉机制是 ICSID 的重大改革之一，其秘书处在 2004 年的讨论稿中指出，在国际投资法日趋碎片化的今天，上诉机制的建构将增进 ICSID 的可接受性，同时基于效力、经济及裁决一致性的考量，倡议建立单独的多边上诉机构。[77] 本书集中论述秘书处讨论稿以此轮改革可能涉及的两个主要制度性问题。

### （一）上诉审的模式或路径选择

对 ICSID 裁决上诉机构的建构模式，主要有以下 4 种观点。

第一，建构一个专门性的国际投资上诉法院，[78] 其上诉管辖权囊括了 ICSID 以及双边、区域性的仲裁庭作出的所有投资仲裁裁决。此种模式将极大地推动国际投资仲裁裁决的一致性及国际投资法的一体化发展，系最理想化的模式，但也是难度最大的。在 ICSID 内部增设一个上诉制机构都难以达成一致的情况下，由 150 多个成员另行达成一个新的条约，其难度是显而易见的。

第二，改革 WTO 的上诉机制，增设专门的投资仲裁上诉庭，ICSID 仲裁裁决可以直接诉至 WTO。[79] 此途径可以充分利用 WTO 成熟的纠纷解决机制，并促进投资仲裁的统一性与一致性。但缺陷亦是明显的，首先，WTO “贸易纠纷解决规则” 与投资规则的契合性较差，必须签订

---

〔77〕 See ICSID Secretariat Discussion Paper, *Possible Improvement of the Framework for ICSID Arbitration*, 2004, para. 23 – 24.

〔78〕 Susan D. Franck, *The Legitimacy Crisis in Investment Treaty Arbitration: Privatizing Public International Law Through Inconsistent Decisions*, Fordham Law Revies, 2015.

〔79〕 David A. Gantz, *An Appellate Mechanism for Arbitral Decisions in Investor – State Disputes: Prospects and Challenges*, Vanderbilt Journal of Transnational Law, 2015.

独立的“投资争端上诉机制规则协定”。迄今为止，无论是在WTO体制外，还是在WTO体制内，达成一项多边投资条约协定的努力均遭失败，在预见的未来，依然困难重重。其次，WTO争端解决制度的当事方不是私人，而是国家，即WTO机制并没有赋予私人投资者作为争议当事人的资格。因此，投资议题的负担可能进一步使WTO不堪重负，举步维艰。

第三，在BIT及区域贸易协定（RTA）或FTA中分别设立投资仲裁临时上诉机构。[80] 此方案的优势是便于在小范围的两个或几个国家内快速达成相关协议，可行性较强。缺陷是各个临时仲裁庭严重分散化，仲裁裁决不一致的问题依然难解，反而会进一步加剧投资仲裁的碎片化。另外，临时仲裁庭的仲裁员多为兼职，专业素养参差不齐，流动性较大，很难形成统一的法律适用规则，可能导致仲裁的混乱与无序。再加上每一个案件都要组成一个临时仲裁上诉机构，制度成本极高，效益低下。

第四，在ICSID内部建立专设仲裁庭，提供统一的投资仲裁上诉服务。[81] ICSID秘书处亦倡议，建立专门性统一的投资仲裁上诉机制，如此不但可以提高仲裁裁决的一致性，而且可以避免BIT和FTA临时仲裁上诉机构混乱的可能性。然而此方案最大的障碍是《ICSID公约》第53条第1款规定的“除公约另有规定，不得进行上诉或采取任何其他补救办法”，即如果在ICSID内部设立专门性上诉机构，必须修约，而修约是困难的。根据《ICSID公约》第66条第1款的规定，需要2/3以上的缔约方同意修约，且要求所有缔约方都批准、接受或认可建议修改的文本。由此，要想所有缔约方达成设立上诉机制的一致意见来修改公约几乎是不可能的。因此，ICSID秘书处提议在《ICSID公约》之后增拟一

---

〔80〕 David A. Gantz, *An Appellate Mechanism for Arbitral Decisions in Investor - State Disputes: Prospects and Challenges*, Vanderbilt Journal of Transnational Law, 2015.

〔81〕 William H. Knull, Ⅲ & Noah D. Rubins, Betting the *Farm on International Arbitration: Is it Time to Offer an AppealOption*?, The American Review of International Arbitration, 2000.

个“上诉便利规则”（The RulesonAppeal Panel），让缔约方在双边投资条约中可以自由选择是否援引适用。此举实际上亦是修约，但《维也纳条约法公约》第41条第1款规定，多边条约两个以上当事方在特定情况下，可以仅在彼此间达成对条约修改的协定。《ICSID 公约》并未禁止对条约的修改，且增设上诉机制是为了提高仲裁裁决的一致性和准确性，以减少投资壁垒，促进投资自由化发展。基于此，建构上诉机制是契合《ICSID 公约》宗旨的，也未损益其他缔约方基于公约获得的权利。因此，增拟“上诉便利规则”供缔约方之间选择适用即构成上诉机制得以建立的法理基础。

综上，在多边贸易、投资谈判长期停滞，贸易保护主义渐趋抬头的背景下，成立专门性的投资上诉法院，抑或在 WTO 内部增设专门性的投资上诉仲裁庭，实难实现规则的突破。在双边或区域协定中，增加“临时上诉机制”，可能事与愿违，加剧投资法“碎片化”而无益于问题的解决。因此，在 ICSID 有共识的缔约方之间先行达成“上诉便利规则”，供所有国家在双边、区域或多边协定中选择适应，是当前较可行的路径。

### （二）上诉审的审查范围

国际法沿袭了大陆法系的成文法传统，理论上未对“事实与法律”进行严格区分。国际投资仲裁法实践亦多次表明，诸如“公平公正待遇标准”“充分补偿之标准”“国家安全例外”等争议事项，常常难以区分“事实问题”或“法律问题”，亦无必要区分。诚如理查德·B. 比尔德（Richard B. Bilder）所言，当今一些最引人关注的和最有影响的国际投资法问题所牵涉的不只是事实问题，也不只是法律问题，而是事实和法律问题的混合物。[82] 因此，鉴于事实与法律问题通常难以区分，故没有必要强行分割，应同时赋予 ICSID 仲裁上诉机构事实和法律的审定权，

〔82〕 Richard B. Bilder, *Fact - Finding Before International Tribunal*, Transnational Publisher Incorporation, 1991.

赋予其对初审裁决全面审核的监督权。

上诉审仅限于“事实审”的做法源于英美法系传统，即由初审陪审团负责认定所谓的“一般人的、不会偏离真实正义的”事实问题，没有必要再列入上诉审的范围。而ICSID仲裁是由3名仲裁员组成的仲裁庭对事实问题进行初审，即沿袭了大陆法系一审法官事实审和法律审的传统。因此，ICSID上诉机构应继续沿用大陆法系的做法，把重大的事实问题纳入上诉审的范畴，而不是照搬英美法系“上诉审即法律审”的制度设计，排除对事实的审查。

另外，WTO上诉机构把其审查范围限定在“法律适用错误”，进而导致了“法律错误”和“事实错误”人为分割的困境，备受争议与批评，其应引以为戒。只有赋予ICSID上诉机构全面审查权才能真正发挥对初审裁决纠错功能，促进裁决的一致性与客观性。然而如果对上诉机构事实审查权不加限制，可能沦为被诉方恶意拖延执行的工具，降低仲裁的效率价值。因此，建议借鉴“禁止反言”的国际习惯法原则，把上诉事实审查的范围限定在初审未涉及或有争议的事实上，当事人初审中认可的或无争议的事实不得要求上诉机构重新审理。如此，既可保证上诉事实错误的纠错机会，又可以提高上诉监督效力。

### （三）上诉机构性质与仲裁员行为准则

ICSID在2004年讨论稿中，并未明确上诉机构的法律性质，而是建议由行政理事会选举产生、秘书处任命的15人组成上诉机构仲裁员名册，其中8人任期3年，7人任期6年。借鉴WTO的《WTO争端解决谅解》第17条第3款的规定，上诉机构仲裁员必须是国际投资、法律、条约等方面的权威人士。[83] 但笔者认为，ICSID上诉机构应该是常设

---

〔83〕 See ICSID Discussion Paper, Possible Improvement of the Frame work for ICSID Arbitration, World Bank (Oct. 22, 2004), http://www.worldbank.org/icsid/archives.htm.

的，其成员应该是专职的。如果是兼职，初审阶段的“仲裁员—律师”间旋转门、仲裁裁决的不一致、上诉审的效力等问题将难以避免。

此外，上诉仲裁庭的仲裁员在整个案件审理过程中都应该遵守信息披露义务，披露与案件当事人或案件本身可能的任何直接或间接的利害关系。有学者认为，仅履行信息披露义务，可能无法实现避免利益冲突的价值目标。因为，在当前的国际投资实践中，仲裁员可能兼任了投资者的法律顾问，即很可能在一个案件担任仲裁员，在另一个案件担任法律顾问。要想彻底消除利益冲突，这种情况必须避免。[84] 而上诉机构仲裁员专职或常任制，可能是解决此问题的较好路径之一。笔者建议，应借鉴 WTO《关于争端解决规则与程序的谅解》制定一个完备的全面的仲裁员行为准则，把相关担忧和问题用规则予以明确。

## 三、中国应对 ICSID 上诉机制改革的建议

2008 年经济危机后，中国把促进对外投资作为国家倡议全力推行，极大提升了我国对外投资的速度与规模。2015 年中国成为仅次于美国的第二大资本输出国（ODI）及最大的资本输入国（FDI），在国际经贸关系中的“双向投资大国身份”越发凸显。而且，2010 年以来我国在 BIT 中全面接受 ICSID 仲裁的趋势越发明显，并把可提交仲裁的事项扩大为“与投资有关的所有争议”。故，ICSID 上诉机构的改革与我国利益攸关。此外，作为“一带一路”资本输出大国，ICSID 机制对投资者利益的天然偏好，无疑有利于维护我国沿线投资者利益。然而沿线国家对 ICSID 接受度并不高，我国投资者难以单方诉诸 ICSID 管辖。因为，对于“双

〔84〕 See How and Mann, Aaron CSbey, Lu Ke Peterson, Konrad Von Moltke, Commentson ICSID Discussion Paper, Accessed July 8, 2020, http://www.iisd.org/pdf/2004/investmenticsidresponse.pdf.

向资本大国”的中国来说，ICSID 裁决对“投资者”或“东道国”任何一方的偏好，都是一把“双刃剑”，只有切实实现仲裁机制的公平、公正，才符合我国既要维护海外投资者利益，又要捍卫东道国的外资管理权的双重需求。由此，在 ICSID 秘书处启动新一轮改革的背景下，中国应积极参与 ICSID 上诉机制的建构，以期最大限度维护我国权益。

### （一）中国应积极推动 ICSID 争端上诉机构的建立

针对晚近出现的 ICSID 裁决不一致而引发的“正当性”危机，有些西方学者主张完全废弃 ICSID，重新回归到东道国法院救济，或由东道国法院进行复审。[85] 如此，将不利于维系投资者对东道国投资环境之信心，也与投资自由化发展方向相违背，并将损害投资仲裁的独立性及国际投资法的一致性，因而是不可取的。晚近我国在 130 多个 BIT 中越来越多地接受 ICSID 管辖的趋势下，尤其是随着“一带一路”倡议的推进，中国对外投资将进入一个新高潮。如此，ICSID 所涉中国及中国投资者的潜在案件将日趋增多，为了平衡维护我国作为东道国的公共利益和保护海外投资者利益的双重需求，应积极参与 ICSID 上诉机制的建构。

美国主导下成立的 ICSID 的仲裁员绝大多数源于发达国家，导致 ICSID 裁决对早期发达国家海外投资者利益的维护形成了一种天然的“偏好”。另外，由于国际投资争端的专业性及复杂性，能够胜任的仲裁员也主要集中在欧美国家，且人数较少。仲裁员作出的裁决对投资者越有利，就会有越多的投资者选择其担任仲裁员，如此会造成仲裁裁决愈发偏袒外国投资者的情形，进而形成“同业竞争”，严重损害仲裁结果的公正性。因此，某些仲裁员被反复指定，可能缘于其较高的专业素养，也可能缘于其长期偏袒外国投资者的仲裁倾向。与此相较，对于长期被动应诉的东道国来说，即使裁决对其有利，也很难进一步扩大 ICSID 投

---

〔85〕 参见刘笋：《国际投资仲裁裁决的不一致性问题及其解决》，载《法商研究》2009 年第 6 期。

资争端的案件数量，这就意味着很难有更多选择仲裁员的机会。[86] 如此，对于同时亦是吸引大量外国投资东道国的中国而言，当面临外国投资者的大量仲裁诉请时，ICSID 裁决“倾向投资者”的天然偏好，对我国来说是不利的。因此，我国有必要推动上诉机构的建立，提供一个对初裁裁决进行纠错及监督的有效途径，在保护我国海外投资者利益的同时，兼顾保护我国作为东道国的公共利益。

另外，ICSID 上诉机构的增设，可充分发挥其“造法”之功能，推动国际投资法规则的统一与完善，助益国际投资争端解决步入“规则导向”的发展轨道，消除政治化解决的倾向，进而维护投资法的严肃性和一致性，抑制仲裁员“倾向投资者”的天然偏好，兼顾东道国公共利益的保护，促进 ICSID 机制的良性发展。

**（二）联合美国共同推动 ICSID 上诉机构的建立**

21 世纪以来，美国在 ICSID 作为被诉方的投资仲裁案有 10 余起，多起被诉致使美国开始转变立场，从曾经最大限度地维护投资者的利益开始转向同时兼顾东道国利益的维护。基于维护自身公共利益的考量，美国成为资本输出国中“第一个与投资者利益分手的国家”。[87] 促使美国最早倡导 ICSID 设立投资仲裁上诉机构，其初衷无疑是：继续主导 ICSID 以维护美国利益，限制投资者滥诉行为，促进投资仲裁裁决的一致性及公正性。2015 年中国成为最大的吸引外国投资的东道国，再加上晚近在双边投资协定中有全面接受 ICSID 管辖的倾向，中美共同推动 ICSID 上诉机制建构的现实利益诉求趋向一致。因此，中国应联合美国共同探讨应对 ICSID 投资仲裁合法性危机的方法及上诉机构建构的具体规则。另外，ICSID 增设上诉机构，涉及公约重大修改，任何一方都难

---

〔86〕 参见徐崇利：《公平与公正待遇：真义之解读》，载《法商研究》2010 年第 3 期。

〔87〕 Thomas W. Walsh, *Substantive Review of ICSID Awards: Is the Desire for Accuracy Sufficient to Compromise Finality*, Berkeley Journal of International Law, Vol. 24: 2, p. 444.

以完成。在中美两国合作推动的情况下，可以说服各自的“盟友”，争取 ICSID 更多缔约方的支持，再借助最惠国待遇规则的“扩展效应”，将大大提高 ICSID 上诉机构成功设立的可能性。

在 ICSID 多边上诉机构建立之前，中美可以在当前正在谈判 BIT 中，先行尝试“双边投资争端上诉机制”模式，并在此同意的基础上，为共同推动 ICSID 上诉机制的建立积累最大合作意愿。抑或是在中美“双边投资协定”中不直接涉及双边上诉机制的制度性内容，而是直接接受“将来的 ICSID 上诉机制”，为今后共同推动 ICSID 上诉机制埋下伏笔。毕竟，多边上诉机制比双边上诉机制更能促进仲裁裁决的一致性和公平性，符合包括中美双方在内的多数缔约国的利益。

### （三）充分发挥世行对 ICSID 改革的推动作用

从理论上而言，ICSID 是一个独立于世行的、具有“完全法律人格”的自治性国际组织，但其功能与业务却深深嵌入世行机制。例如：1965 年《ICSID 公约》由世行主持制定，世行行长即为 ICSID 最高权力机构（理事会）主席，ICSID 缔约方资格只向世行成员和被邀请成员开放等。因此，准确把握世行集团五大“齿轮”间相互衔接和相互配合的微妙关系，发挥世行对 ICSID 机构改革的影响力，对于 ICSID 上诉机构的成功设立至关重要。我国是世行的六大股东之一，可直接委派执行董事，有一定的发言权及影响力。因此，在 ICSID 上诉机构改革的关键节点，我国可以助推世行对 ICSID 上诉机制的建构发挥更大作用，尤其是所涉《ICSID 公约》文本修改、上诉范围与条件、上诉仲裁员遴选等重要问题，世行的功用不可或缺。

综上，ICSID 上诉机构的建立对我国而言整体上利大于弊，我国应积极联合主导 ICSID 的主要缔约方，尤其是美国、日本、欧盟，共同推动上诉机制的建构。正如加入《ICSID 公约》并不意味着必然接受其管辖一样，积极推动上诉机制建立，并不意味着必须立即全盘接受，起初可以采取审慎态度，有步骤、有区别的方式逐步接受，即可先行与 ICSID 缔约方中的目标国家通过互惠适用的方式来接受上诉机制，等条件成熟后，再全面接受亦为时不晚。

## 第五节　ICSID 制度对亚投行争端解决机制的启示

已如前述，作为国际投资争端解决领域最具特色的机构，ICSID 通过为仲裁和调解活动提供规则和机构支持，为国际投资争端的解决提供了替代性选择，促进了东道国，尤其是发展中国家，投资法治环境的改善，推动了国际投资的自由化流动，提升了国际投资对全球化的贡献。[88] ICSID 投资仲裁机制近 60 年的成功实践，无疑为亚投行争端解决机制的建构积累了重要经验。同时，其运行中呈现的一些问题，以及正在进行的改革举措，也为亚投行争端解决机制的建构提供了重要参考。

### 一、以亚投行为依托

ICSID 机制的成功与世行的支持密不可分，包括前期谈判及文本拟

〔88〕 学者关于国际投资条约促进外国经济增长以及该条约在地理分布方面的影响上存在持续的争论。证明一国外国投资的增长是新缔结条约直接引起的经验性证据仍是空白，尽管晚近研究表明条约缔结产生了积极的效果。同时也应该意识到，东道国法律环境的改善只是影响投资决定的一个重要因素，投资决定的主要推动因素是经济方面的考量，法律并不是首要的因素。另外，全球化导致可以获得关于各经济体法律和经济的准确实时信息，特定国家对潜在投资如果缺乏法律的稳定性，可能影响投资者积极的投资决定。因此，对东道国法律稳定性的充分程度以及一国总体投资环境是影响投资决定的因素之一，但对于潜在的投资者来说并不是一个决定性因素。See E. Neumayer & L. Spess, *Do Bilateral Investment Treaties Increase Foreign Direct Investment to Developing Countries*?, World Development, Vol. 33: 10, p. 1567 – 1585 (2005); M. Hallward Driemeyer, *Do Bilateral Investment Treaties Attract Foreign Investment*?, World Bank Policy Research Working Paper No. 3121.

定、运营协助、文件资料的管理等，均受益于世行的全程参与支持。二者成功组合的关键有三：一是两个机构的宗旨和目标是一致的，都是为了促进国际投资的自由化流动，促进世界经济的均衡发展。只不过实现的方式有所不同，可谓殊途同归。二是源于世行的成功实践及其积累起来的良好的国际信誉，为ICSID机构赢得广泛缔约国的参与奠定了坚实基础，也为ICSID裁决在东道国境内的顺利执行提供了助力。三是两个机构之间实现了互助互惠。世行支持ICSID的运行，反过来ICSID改善了贷款项目所在地的投资法律环境，也为利用世行贷款的投资者与东道国政府之间的投资争议的解决提供了另一种选择。

由此，亚投行争端解决机制的建构，应该借鉴ICSID与世行之间的合作机制。如此可以实现二者共赢。（1）亚投行已经积累了较广泛的成员基础和良好的国际信誉。截至2020年10月6日，亚投行成员数量已增至103个，贷款项目达到87个，贷款总额超过190亿美元，已覆盖50余个国家和地区。[89]（2）二者目标基本一致。亚投行致力提升“一带一路”沿线国家的基础设施，改善其交通运输条件，最终促进其社会经济的发展。而亚投行争端解决机制旨在通过公平高效地解决国际投资纠纷，改善“一带一路”沿线国家国际投资的法治环境，促进国际投资在沿线国家的自由化流动，进而实现经济的快速发展。亦可谓殊途同归。（3）二者可以相互促进，相互支持。一方面，亚投行可以作为一个联络和主持机构，为争端解决机构的前期谈判和后续运行，提供部分资金、场地和人力的支持。另一方面，亚投行争端解决机构设立后，可以改善沿线国家的投资环境，为其贷款项目投资提供机制化保障。（4）二者涵盖地域范围基本一致。尽管我们一再强调亚投行和“一带一路”是一个开放的多边机构和倡议，但其主要覆盖范围依然以亚太为主，尤其是东亚、中亚、西亚及南亚，这也是“一带一路”主要区域范围。而亚投行

---

〔89〕 参见亚投行网，https：//www.aiib.org/en/index.html，2020年10月6日访问。

争端解决机构的主要区域范围也是以“一带一路”沿线国家之间的投资争议为主。换言之，与 ICSID 有一些竞争，但更多的是合作。关于亚投行争端解决机构的名称、管辖权范围等将在最后一章中进一步深入探讨。

## 二、以条约和规则为基础

如前文所述，ICSID 机制是建立在一系列条约规则基础之上，[90] 条约和规则确保了 ICSID 机制的稳定、透明、可预期，并确保了其良好运行。首先，《ICSID 公约》是整个争端解决机制的宪法性文件，是 ICSID 存在的法理基石。《ICSID 公约》明确了 ICSID 与世行的关系、ICSID 的管辖权范围、管理机构及其职责权限、仲裁和调解程序的框架、裁决的终局性及可执行性、裁决的撤销、加入和退出公约事项、公约的生效等具体问题。为 ICSID 机制的运行提供了明确的法律指引。其次，ICSID 采用了基础性法律（《ICSID 公约》）+规范性文件（程序性规则）的框架模式。世行主持下各缔约国就只需要对《ICSID 公约》这一基础性法律进行协商签署，《ICSID 公约》一旦生效，其他所有规范性文件按照《ICSID 公约》的授权可以由理事会或秘书处拟定，不再需要各缔约方逐一签署和批准。如是，不但大大降低了规则拟定的难度，而且提升了规则制定和修改的效力。最后，ICSID 机制没有实体法，只有程序法。这是 ICSID 争端解决机制与 WTO 争端解决机制的重大区别之一。从逻辑上讲，任何纠纷解决体系都应建立在一套实体法规则基础之上，如同 WTO 一样，但是由于 ICSID 创设之初各成员之间的巨大分歧，无法针对

---

[90] 主要包括《ICSID 公约》《ICSID 公约机构规则》《行政及财务条例》《ICSID 仲裁规则》《ICSID 调解规则》《附加便利查明事实规则》《附加便利仲裁规则》《附加便利调解规则》《仲裁员名册》等。

实体规则达成一致，从实用主义角度出发，只能采用“先程序后实体”的策略。这无疑是理性对感性的一次妥协。然而，事实证明这次理性的妥协是国际投资法迈出的最大胆、最创新的一步。随着国际投资“实体法”多边谈判的多次失败，再次证明这一次“理性的妥协”是一次成功的创举。[91]

以条约、规则为基础的ICSID机制，第一次将投资者与国家之间的投资争端纳入了机制化解决的轨道，避免了投资者与东道国之间投资争议的政治化升级，进而引发外交对抗。也正是ICSID法治化机制实现了国际投资争议的“去政治化”，成为国际投资争议解决的主要场所。这也是亚投行争端解决机制的可借鉴之处。

### （一）亚投行争端解决机制应以条约为基础

通过条约设立国家组织或机构已经成为协调国际经贸关系、解决国际争议的普遍实践。条约是国家之间的“合同和契约”，而政府之间缔结的国际投资条约必须得到善意的遵守。[92] 一国可以选择不加入或者退出条约，一旦加入成为缔约方，即必须遵守条约义务。国际法基本原理决定了，通过条约而设立的国际机构具有合法的效力。无论是WTO还是ICSID均是以条约为前提和基础的。此外，常设机构也是执行、实施条约的必要条件。常设机构不但可以解释条约，监督条约设定的权利和

---

[91] 1995年OECD尝试推进国际投资实体法的多边谈判，并于1998年4月22日发布《多边投资协定》（MAI）最终草案文本。但由于主要成员国之间的分歧，1998年底谈判终止。1994年WTO的《与贸易有关的投资措施协议》（TRIMs）标志WTO首次整合国际投资法的尝试取得成功。但2004年，距OECD谈判终止后6年，WTO将国际投资实体法整体纳入WTO法律框架的努力也宣告失败。目前，随着贸易保护主义的抬头，新冠疫情对全球投资的影响，自由主义推动下的全球化进程严重受阻，实现国际投资实体法的突破，任重道远。

[92] 《维也纳条约法公约》第26条规定，凡有效之条约对其各当事国有拘束力，必须由各该国善意履行。第27条进一步明确规定，当事国不得援引其国内法规定为理由而不履行条约。此规定表明，只要缔约国批准了一项条约，应该严格恪守，而且国际条约的效力高于国内法。

义务的履行，还可以推动条约的修改与完善。因此，条约及其常设机构，二者相辅相成、相互影响、相互促进。

### （二）亚投行争端解决机制须拟定程序性规则

如果条约是亚投行争端解决机制的法律基石，那么相应程序性规则就是保障争端解决程序运行的关键。条约需要各缔约方签署批准，程序性规则可以由常设性机构自行拟定，并通过理事会表决。概言之，程序性规则可以分为两大类：一是关于亚投行争端解决常设机构的运行规范，包括财务制度、行政规范等；二是关于争端解决的程序性规范，包括仲裁规则、调解规则、仲裁员遴选规则、听证程序规则、上诉机构规则、执行程序规则等。此外，为了方便非缔约方案件的管辖，还需要拟定相关的便利规则，包括仲裁便利规则、调解便利规则和上诉便利规则。

### （三）亚投行争端解决机制应遵守“先程序法、后实体法”原则

这种先易后难的思路已被 ICSID 证明是切实有效的。主要原因如下：（1）由于投资法深度介入缔约方的经济管理权，很多关键性问题的分歧至今难以统一（如征收补偿标准、准据法、保护伞条款、最惠国待遇适用等），[93] OECD 和 WTO 统一多边投资实体法的努力均告失败，当前全球化背景下，亚投行实现统一国际投资实体法，达成多边国际投资条约的难度依然较大。（2）当前亚投行的成员有资本输入国和资本输出国，二者对待国际投资法的态度不同。从法系上看，涵盖了英美法系、大陆法系和伊斯兰法系三大类别，统一国际投资实体法的难度是显而易见的。此外，由于运行时间较短，亚投行协调、号召能力显然与 OECD 和 WTO 相比还有一定的差距。由此，“先程序法、后实体法”的路径，可以降低亚投行前期的协调难度，提高成功的概率。争端解决机构运行以后，静待统一国际投资实体法的机遇，谋定而后动。

〔93〕 R. Dolzer, *Perspectives for Investment Arbitration: Consistency as a Policy Goal?*, Transnational Dispute Management, 2018.

## 三、设立独立的上诉机构

设立独立的上诉机构是 WTO 争端解决机制的重要经验，也是 ICSID 上诉机构缺失的教训之一。由于缺乏上诉机构，无法对案件实行有效纠错和监督，不能形成统一的实体法解释规则，导致 ICSID 不一致的裁决频发，在一定程度上影响了缔约国对机制的信任。在统一的国际投资实体法缺失的当下，上诉争端解决机构尤为重要。因此，亚投行争端解决上诉机构的设立应注意以下几点。

### （一）上诉机构须是一个常设机构

借鉴 WTO 上诉机构成功的经验，亚投行上诉机构应该是常设的，仲裁员应该是专职的。根据《WTO 争端解决谅解》第 17 条第 3 款的规定，亚投行上诉机构仲裁员须是国际投资、法律、条约等方面的权威人士。[94] WTO 上诉机构的危机同时也揭示了，上诉机构常任仲裁员不应少于 10 人，应该是 13～17 人的单数，两批次任期最好交错配合。需要注意的是，条约文本应把上诉机构仲裁员人数的确定权赋予理事会，理事会可以根据实际需要进行调整，不宜调整一次就修约一次，要最大限度地降低协调难度，避免 WTO 上诉机构改革的困境。

### （二）上诉机构审查不应局限于“法律适用错误”

已如前述，亚投行上诉机构的审查范围既要包括法律适用错误，又要包括事实认定错误。一方面，有些情况下法律适用和事实确认不易区分，如果把上诉审查限定在法律错误上，不可避免地导致二者人为区分的困境；另一方面，为了节约上诉机构司法资源，提升审判效力，上诉规则可以限定，

〔94〕 See ICSID Discussion Paper, Possible Improvement of the Frame work for ICSID Arbitration, 22 October 2004, Accessed July 8, 2020, http://www.worldbank.org/icsid/archives.htm.

对初审已经接受的事实，上诉人不得再行提起审查要求，即上诉审查的事实范围只限于初审阶段上诉人没有认可的事实，以及重大的事实认定错误。

### （三）拟定“上诉机构规则”和“上诉机构附件便利规则”

一方面，基础性条约应该把拟定此两项程序性规则的权限直接赋予理事会，程序性规则的拟定不应牵涉条约的修改，最大限度地降低修约的概率，进而保证机构运行的效力和秩序；另一方面，程序性规则是确保上诉机构正常运行的规范依据，实现争端解决的稳定、透明和可预期的目标。“上诉机构附件便利规则”为上诉机构管辖权之外的案件的上诉提供了合法性根据，有助于扩大亚投行争端解决机制的管辖权。当然，上诉机构的附加便利规则和初审的附加便利规则需要进行有效衔接，避免矛盾和不一致的情况。

### （四）不需要单独设立裁决撤销制度

ICSID 机制由于没有上诉机构，因此，《ICSID 公约》第 52 条设立的裁决撤销制度，其初衷即是代为履行上诉监督的职能。[95] 实践表明并未实现这一预期目标。因为亚投行争端解决机制拟设独立的上诉机构，可以对错误的裁决进行重审，包括维持、撤销和改判，已经全部涵盖了《ICSID 公约》第 52 条下的撤销制度，故而不宜另行单独设立裁决撤销制度。

## 四、亚投行争端解决机制应是自成一体的封闭体系

无论是 WTO 贸易争端解决机制，还是 ICSID 投资争端解决框架，共同的成功经验是“自我支持、自成一体的封闭式体系”，这也是与传统商事仲裁开放性体系的重大区别。此种封闭式体系的特征有二：

---

〔95〕 G. Kaufmann Kohler, *Annulment of ICSID Awards in Contract and Treaty Arbitrations: Are there Difference?*, in E. Gaillard and Y. Banifatemi eds., Annulment of ICSID Awards, 2004, p. 289.

一是裁决免受成员的司法审查，包括传统国内法上的公共政策或公共利益的审查，确保了裁决的既判力和终局性；[96] 二是裁决在缔约方境内具有确定的执行力，各缔约方司法执行机构无条件执行裁决是一项条约义务。

由此，为了确保亚投行争端解决机制自成一体的独立体系，需要注意以下几点。

首先，基础性条约应明确规定亚投行争端解决机构的裁决在各缔约方境内具有既判力的效力，免于各缔约方国内法院任何理由的司法审查，包括亚投行争端解决机构对案件是否有管辖权、仲裁是否有程序性瑕疵、裁决法律适用和事实认定是否有误、是否违反东道国公共利益和公共政策等。缔约方执行机构的权限仅限于核实裁决的真伪，剩下的即是把该裁决当作内国法院的终审裁决进行承认与执行。

其次，基础性条约应明确各缔约国负有无条件执行仲裁裁决的义务，可以借鉴《ICSID 公约》第 54 条的表述。一方面，各缔约方应把亚投行争端解决机构的裁决当作内国法院的终审裁决予以执行；另一方面，各缔约方应向亚投行秘书处指定其负责接收执行申请的联络法院或其他机构，确保执行的有效衔接。此外，如若缔约方配合不力，或者裁决执行不到位，应按照基础性条约和执行程序规则承担国际法责任。

最后，应该避免《ICSID 公约》第 55 条的执行豁免。尽管《ICSID 公约》对执行豁免的后果进行了一系列补救（如《ICSID 公约》第 27 条规定的可以恢复外交保护），而且援引国内法上的执行豁免也不能免

---

〔96〕 See AIG Capital Partners Inc. and another v. Republic of Kazakhstan (National Bank of Kazakhstan Intervening), High Court, Queen's Bench Division (Commercial Court), 20 October 2005 [2005] EWHC 2239 (Comm), 11 ICSID Reports 118.

除国家履行裁决的义务,[97] 但该项制度依然为裁决的执行留下了一定的隐患。因此，亚投行争端解决机制的基础性条约应尽可能地排除缔约国国内法上的执行豁免，促使其成为一个较彻底的自足封闭的法律体系。

由此，为了确保亚投行争端解决机制的自我一体，从初审到上诉审，再到裁决执行，应充分利用条约和程序性规则，建构一个完整的闭环式纠纷解决机制。当然，为了减少条约谈判的阻力，可以借鉴 ICSID 管辖的灵活安排，即加入基础性条约，并不必然意味着接受亚投行争端解决机制的管辖，接受其管辖需要另行提交书面同意。

[97] 在“MINE 诉几内亚案”中的裁决撤销专门委员会指出：应该明确的是，虽然国家豁免权是对强制执行的合法抗辩，但它并未提供任何允许国家不遵守裁决的依据或理由。实际上，如果一国拒绝遵守其条约义务，必然会产生国家豁免权能否作用于裁决的强制执行的问题。一国如不遵守裁决，便属于违反其国际义务，必将招致制裁。See MINE v. Guinea, *Interim Order No. 1 on Guinea's Application for Stay of Enforcement of the Award*, 12 August 1998, para. 25.

第五章

# 欧美FTA投资争端解决机制的晚近发展

由双边投资协定和区域性投资协定为驱动的国际投资法体系，呈现严重碎片化的特征，导致国际投资法的结构性缺陷。同时，多边投资协定的缺失也是导致国际投资争议解决碎片化、多元化的主要原因。20 世纪后半期，国际投资法以 BIT 为主要发展脉络和规则载体。而21 世纪以降，投资规则通常被纳入双边或区域 FTA 之中，日趋成为集贸易、投资、环保、竞争政策等为一体的综合性协定，投资只是其中的一个章节。随之而来的是投资争端，尤其是 ISDS 类型的投资争议，也成为 FTA 的一项重要内容。FTA 中投资争议的解决有什么特别，晚近发展呈现什么趋势。本章将结合欧盟投资法庭制度（Investment Court System，ICS）、TPP/CPTPP〔1〕、

〔1〕 TPP 意指《跨太平洋伙伴关系协定》，该协定是一个综合性、高水平的巨型 FTA，其前身是2003 年亚太经合组织成员（文莱、新西兰、新加坡和智利）签署的“四方协定”。2009 年 11 月 14 日，美国介入谈判进程，并强调要重塑 21 世纪的国际贸易协定标准，并建构一个高标准、高度自由化、涵盖多领域和范围的亚太区域一体化合作协定。在美国的号召下，澳大利亚、越南、秘鲁、马来西亚、日本、墨西哥、加拿大等国相继宣布加入谈判，“四方协定” 也随之更名为 TPP。2015 年 10 月 5 日，美国、日本、澳大利亚等 12 个家正式完成谈判。2016 年 2 月 4 日，在新西兰奥克兰 TPP 由 12 个成员国代表正式签署。但美国国会由于民主党和共和党严重分歧，导致 TPP 未获通过。2017 年 1 月 20 日，美国特朗普就职当天就宣布退出了 TPP。2017 年 11 月 11 日，其他 11 国在日本和越南的主导下，把 TPP 更名

TTIP[2]相关内容，重点分析其投资争端解决机制，以期对亚投行争端解决机制的建构提供更客观、全面的参考。

## 第一节　欧盟投资法庭制度

所谓欧盟投资法庭制度是晚近欧盟主导的双边或多边 FTA 中的投资争端解决制度的统称或代称。此 ICS 的创新主要体现在三个方面：一是用常设仲裁法庭代替了临时专设仲裁庭；二是设计了初审加上诉审的两审终审模式；三是以欧盟为缔约一方取代了之前由欧盟成员国分别签订条约做法。[3]

2009 年 12 月生效的《里斯本条约》授权欧盟作为一个整体对外签

---

为 CPTPP，即《全面与进步跨太平洋伙伴关系协定》。2018 年 3 月 8 日，11 国代表在智利首都圣地亚哥重新签署 CPTPP。2018 年 10 月 31 日，澳大利亚成为第 6 个完成国内批准程序的缔约方，满足了 CPTPP 规定的生效条件，2018 年 12 月 30 日正式生效。

〔2〕 TTIP 意指《跨大西洋贸易与投资伙伴关系协定》，是美国和欧盟之间的自由贸易协定，亦称“经济北约”。2013 年 7 月 12 日，美国与欧盟启动 TTIP 首轮谈判，前后共进行了 15 轮谈判。但 2016 年特朗普上台后，谈判基本停止，至今未能重启。TTIP 最新的欧盟协议草案为 2016 年 7 月 14 日版本，共计 24 章，包含市场准入、监管合作、规则、机构四大部分。投资法庭机制是第 2 章投资内容的第 3 节。根据第 15 轮谈判的报告，针对 ISDS 双方确立了共同目标和可行的方案，具体细节要等谈判最终结束后才能知晓，但该投资法庭体系是欧盟的创设性提议，是国际投资法律制度的重大突破。

〔3〕 2015 年前后，欧盟在 TTIP、《综合经济贸易协定》（CETA）和《越南与欧盟自由贸易协定》（EVFTA）的投资章节中嵌入了一套 ICS 以取代备受争议的 BIT 中的临时投资仲裁机制，这是 ISDS 发展的一次重大变革。ICS 主要内容如下：强调加强国家规制权（the right to regulate）；设立由初审法庭和上诉法庭组成的两审终审制度；仲裁员由缔约国委派任命；增加仲裁员行为准则规范；提高裁决的独立性和公正性；援引 2013 年 UNCITRAL《透明度规则》并此基础上改革，加强透明度；节省时间和费用，确立败诉方负担原则。

署条约的权利。[4] 2013 年 TTIP 谈判展开后，欧盟内部对改革 ISDS 机制进行了广泛而深入的讨论。2015 年欧盟委员会正式提出，在 TTIP 和欧盟其他的贸易投资谈判中，建立新的包含上诉制度的投资法庭体系。[5] 2016 年年初签署的《越南与欧盟自由贸易协定》（EVFTA）投资法庭机制首次付诸实践；同年，欧盟和加拿大《综合经济贸易协定》（CETA）[6] 全面嵌入 ICS 机制。CETA 第八章是投资规则，共有 45 个条款和两个附件。内容上涵盖了投资范围及定义、投资保护、非歧视待遇、保留及例外，以及投资者与东道国间的争议解决等。[7] 本章主要探讨欧盟主导的投资争端解决机制。尤其是首次创立的国际"投资法庭机制"既超越了欧盟传统的投资争端机制，又未盲从美式投资协定的窠臼，在一定意义上代表了投资争端解决的最新发展趋势。[8] 当然，很多制度设计需要进一步修正和完善，实际效果也有待实践检验。

由于 TTIP 谈判已经停滞，针对欧盟 ICS 机制的探讨主要以 CETA 和

---

〔4〕 See Article 3（1）e, Consolidated version of The Treaty on the Functioning of the European Union, [2008] OJ C 115/47.

〔5〕 欧盟明确表示投资法庭机制不仅会作为欧盟提议用于欧美贸易谈判，还会用于现在正在进行的以及将来可能的贸易投资谈判，最终希望建立一个常设的国际投资法庭，以克服传统投资仲裁机制的缺陷和不足，提高国际投资争端解决机制的效率、一致性以及合法性。See European Commission, Investment in TTIP and beyond-the path for reform, 6 May 2015, http://trade.ec.europa.eu/doclib/docs/2015/may/tradoc_153408.PDF; European Commission, Commission proposes new Investment Court System for TTIP and other EU trade and investment negotiations, 16 September 2015, Accessed Aug. 15, 2020, http://trade.ec.europa.eu/doclib/press/index.cfm?id=1364.

〔6〕 CETA（EU-Canada Comprehensive Economic and Trade Agreement, CETA），该协定于 2009 年 5 月启动谈判，2016 年 10 月正式签署，2017 年 2 月获得欧洲议会批准，2017 年 9 月临时生效，完全生效还须经过欧盟各成员国立法机关的批准。

〔7〕 See European Commission, CETA Chapter by Chapter, Accessed Oct. 15, 2020, http://ec.europa.eu/trade/policy/in-focus/ceta/ceta-chapter-by-chapter/index_en.htm.

〔8〕 See EUROPEAN COMMISSION, *Report on Implementation of EU Free Trade Agreement*, Accessed Oct. 12, 2020, http://trade.ec.europa.eu/doclib/docs/2018/October/tradoc/_157468.

EVFTA[9]中投资章节的内容为主，研判主要条款内容，分析主要制度设计。2017 年 2 月欧洲议会正式批准 CETA 临时适用，各成员方议会全部批准后开始正式实施。CETA 第八章投资章节第 F 节用 ICS 机制代替了传统的 ISDS 机制。由于 ICS 系全新的制度设计，成员方对该制度的讨论尚在持续，故而暂时未纳入临时实施的范畴，需要经过各成员方批准后才能最终实施。在此期间，欧盟和加拿大将继续协商诸如法官遴选、上诉机制等关键问题。

## 一、欧盟投资法庭的组成

### （一）初审法庭人数构成

欧盟投资法庭组建了“两审终审”的基本模式框架，包括初审法庭和上诉法庭两部分。在 TTIP、CETA 和 EVFTA 中初审法庭的人数和称谓不尽相同。[10] TTIP 和 CETA 规定的初审法庭的人数和组成是一致的，都是 15 人（可以根据需要以 3 的倍数增加和减少），欧盟、美国/加拿大和第三国国民各占 5 个名额，可以连任一次，ICS 庭长从第三国国民中抽签产生。[11] 而 EVFTA 规定的初审法庭人数是 9 人，欧盟、越南和

---

〔9〕 2012 年欧盟和越南启动自由贸易协定谈判。2016 年正式签署《越南与欧洲自由贸易协定》（EU-Vietnam Free Trade Agreement，EVFTA），欧盟议会和越南议会于 2020 年 6 月通过该协定，于同年 8 月 1 日生效实施。根据 2016 年欧盟内公布的 EVFTA 的正式文件，第 8 章第 2 节的第 3 部分是投资争端解决，第 4 部分是投资法庭体系。See European Commission，EU-Vietnam Free Trade Agreement：Agreed text as of January 2016，chapter 8，Accessed Oct. 15，2020，http：//trade. ec. europa. eu/doclib/docs/2016/february/tradoc_154210. pdf.

〔10〕 在 TTIP 中用的是“法官”（judge），在 CETA 中用的是“仲裁员”（arbitrator），而 EVFTA 中则是用的“成员”（members），不同的表述可能意味着法庭司法化程度的不尽相同，本文统一用初审法庭、上诉法庭和仲裁员的表述。

〔11〕 Arts 9（2），（3），（5）and（6），Draft TTIP Investment Chapter；Arts 8. 27（2），（3），（5），（6），CETA；Arts 12（2），（3），（5）and（6），EVFTA.

第三国国民各占1/3，可连任一次。[12] 欧盟投资法庭的初审仲裁员和上诉机构仲裁员，争议当事人均无权指定，是由各缔约方业已选定的。这是对传统投资仲裁机制中当事人指定仲裁员做法的重大改革。[13] CETA和EVFTA规定由缔约方组成的联合委员会负责遴选初审法庭和上诉法庭的仲裁员。[14] 每个投资者与东道国争议案件由3名仲裁员组成裁判小组，第三国仲裁员担任首席仲裁员，并负责指定仲裁庭的其他两名仲裁员。[15]

### （二）仲裁员任期及薪酬

初审法庭仲裁员任期第一届为6年，之后为5年，可连任一次，法庭的庭长和副庭长由第三国国民产生，任期两年。[16] 既然是常设法庭，仲裁员亦是常任的，需要支付相应薪酬。仲裁员的报酬由每月的固定薪酬、案件审理费用以及根据《ICSID行政和财政条例》第14条第1段获得其他费用，庭长和副庭长根据参与案件的情况领取额外酬劳，具体标

---

〔12〕 Art. 12, para. 2, EVFTA.

〔13〕 法庭的仲裁员由缔约方任命，这是ICS对传统的ISDS的重大改革之一，也是对投资仲裁体系的根本性变革。传统的ISDS机制中，作为当事人的投资者和东道国可以各自任命一名仲裁员，导致ISDS的批评者认为投资仲裁法庭会作出更有利于投资者的判决，该机制被投资者主导并对国家的规制权产生威胁。ICS通过赋予缔约方任命法官这一权利，将判决的主动权掌握在缔约方手中。但是，这种政治性安排同样被质疑的是对投资者的不公，被缔约方选出来的法官难免会偏向保护缔约方的利益。See Louise Woods, Fit for purpose? The EU's Investment Court System, March 21, 2016, Kluwer Arbitration Blog, Accessed Aug. 21, 2020, http://kluwerarbitrationblog.com/2016/03/23/to-be-decided/?_ga=1.226243674.1133268920.1488101578.

〔14〕 Art. X. 1, EVFTA; Art. 26. 1, para. 1, CETA.

〔15〕 Art. 12, para. 6, EVFTA; Art. 8. 27, para. 6, CETA.

〔16〕 Art. 9 (5), Art. 10 (5), Draft TTIP Investment Chapter; Art. 13 (5), EVFTA; Art. 10 (6), Draft TTIP Investment Chapter; Art. 13 (6), EVFTA.

准由委员会确定。[17]

## 二、仲裁员的资格要求

### (一) 职业道德要求

欧盟投资法庭对于仲裁员设定了严格的任职条件限制。首先，中立性要求。ICS 要求仲裁员不得隶属于任何政府，不得听从任何政府或组织对案件的任何指示。[18] 但是仲裁员是缔约方委派的，其国籍身份是确定的，具体案件中如何彻底避免利益瓜葛，的确有一定难度。[19] 其次，避免利益冲突。为了解决仲裁员在某些案件中可能担任代理人而导致的利益冲突问题，ICS 规定仲裁员不得参与案件有直接或间接利益关系的案件。[20] 这一限制性规定禁止了仲裁员和律师“旋转门”情况的发生，但需要考量仲裁员薪资和代理律师收入之间的平衡，否则难以吸引优秀的仲裁员。最后，严守道德准则。ICS 专门确立了仲裁员应遵守的道德

---

〔17〕 Art. 9, para. 12 and 10, para. 12, Draft TTIP Investment Chapter; Art. 12, para. 14 and Art. 13, para. 14, EVFTA; Art. 8. 27, para. 12 and Art. 8. 28, para. 7, (d), CETA; Art. 12, para. 16, EVFTA; Art. 8. 27, para. 14, CETA.

〔18〕 Art. 11 (1), TTIP Draft Investment Chapter; Art. 8. 30 (1), CETA; Art. 14 (1), EVFTA.

〔19〕 J. Anthony VanDuzer, Penelope Simons & Graham MayedIa, *Ntegrating Sustainable Development into International Investment Agreements-A Guide for Developing Countries*, Commonwealth Secretariat, 2012, p. 423.

〔20〕 EVFTA 和 CETA 规定法庭成员必须独立，不隶属于任何政府。法庭成员不得参与审议可能造成直接或间接利益冲突的任何争端。在任命后，不得在未决或新的投资争端中担任代理人或专家证人。如果争端一方认为法庭成员存在利益冲突，应向国际法院院长发送质疑其任命的通知。但是，CETA 没有像 EVFTA 和 TTIP 的建议稿那样在附件中自主地规定法庭成员的行为守则，而是援引《国际律师协会国际仲裁利益冲突指引》(International Bar Association Guidelines on Conflicts of Interest in International Arbitration)。根据第 8. 44 条，CETA 将制定行为守则的工作交给服务与投资委员会，由其日后规定披露义务、法庭成员独立性和公正性，以及保密等问题。See Art. 14, EVFTA; Art. 8. 30, 8. 44, CETA.

准则，包括独立性与公正性要求、保密义务和信息披露义务。这些道德准则要求基本参照了国际律师协会拟定的“仲裁员行为道德指导原则”。[21] 对仲裁员进行职业道德要求旨在维护其中立性，确保裁决的客观与公正。但单纯依靠职业道德，可能无法确保这一目标的实现，还需要硬性规范的约束。故 ICS 后续实践中需要拟定仲裁员规范准则，尤其是一些限制性规定。

### （二）专业性要求

上述 3 个 FTA 均规定了仲裁员的专业素养条件。第一，仲裁员须具有国际领域显著的专业能力，一般应为国际投资法、国际贸易法和国际争端解决领域的专家或学者。第二，具备其来源国要求的任职为司法人员的资格。[22] ICS 对仲裁员的专业性要求与 ICSID 和 WTO 的要求基本一致。但是，关于“司法人员资格”要求有待进一步澄清，有些联邦制国家，不同的州司法资格并未统一，此处是否包括取得具体州司法资格的法律人才，也需要进一步明确。

为了确保在仲裁员有限的情况下案件的审理效力，ICS 采用了 WTO 争端解决机制的做法，即允许上诉法庭审理涉及仲裁员本国的案件。[23] 这一点与 ICSID 严格排除争议当事人国籍仲裁员的做法正好相反。[24] 当前，针对 ICS 仲裁员缺乏多样性的批评依然存在，建议仲裁员的来源充

---

〔21〕 See International Bar Association, Guidelines to Conflicts of Interest in International Arbitration (2014), Accessed Aug. 23, 2020, http://www.ibanet.org/Publications/publications_IBA_guides_and_free_materials.aspx.

〔22〕 Art. 9 (4), Draft TTIP Investment Chapter.

〔23〕 Art. 17, Understanding on Rules and Procedures Governing the Settlement of Disputes (adopted 15 Apr. 1994, entered into force 1 Jan. 1995) 33 ILM 1226 (DSU). According to Art. 8, however, Citizens of Members whose governments are parties to the dispute or third parties as defined in paragraph 2 of Article 10 shall not serve on a panel concerned with that dispute, unless the parties to the dispute agree otherwise.

〔24〕 参见《ICSID 公约》第 39 条、第 52 条的规定。

分考虑性别、地域和法系的多样性，包括欧盟内部的平衡问题。

## 三、程序与费用

为了防止当事人滥诉，上述 3 个 FTA 均不要求用尽当地救济，可以把争议直接提交给 ICS，当然，欧盟投资法庭可以快速驳回明显无依据或轻率的诉请。

### （一）磋商程序

鼓励当事人优先使用磋商程序化解纠纷。磋商也是前置性程序，是向初审法庭提起仲裁的必经环节。[25] CETA 规定争议双方启动仲裁程序之前，须先行磋商，磋商的最短期限从一方提起磋商请求之日起 90 日内完成，最长不超过 180 日。[26] EVFTA 规定磋商程序应在提交磋商请求之日起 60 日内完成，争端双方可以协商一致延长这个期限。[27] 而且 CETA 还要求从提起磋商请求之日起，至少应经过 180 日，依然无法达成一致的，才能启动下一个初审程序，如此限定，有助于当事人充分协商，冷静行事。[28] 磋商的另一个功能是当事人通过磋商相互提供详细的信息，厘定案件争议的焦点，CETA 要求当事人必须提供有效必要的材料，以便澄清案件事实和双方的主要分歧。[29]

由此，ICS 磋商程序具有以下特点。首先，一审诉请内容和磋商内容相一致，把提请仲裁的诉求和磋商内容密切关联，提请仲裁的诉求仅

〔25〕 Art. 3. 6. 1，TTIP Draft；Art. 3. 33，EVFTA；Art. 8. 22，CETA.

〔26〕 Art. 8. 21 CETA.

〔27〕 Art. 8. 19，EVFTA.

〔28〕 Steffen Hindelang & Teoman M. Hagemeyer，*Study in Pursuit of an International Investment Court*：*Recently Negotiated Investment Chapters in EU Comprehensive Free Trade Agreements in Comparative Perspective*，European Union，Belgium，2017，p. 36.

〔29〕 Art. 8. 22（1）CETA.

限于磋商阶段的诉请范围，不能随意扩大。[30] 其次，程序化，尤其是明确所有的时间节点，包括启动磋商的期限通常是争议发生后的 3 年内，最长期限不超过 10 年，磋商时间通常为 60 ~ 180 日。这种严格细致的磋商程序要求，固然增加了稳定性、可预期性，但也在一定程度上丧失了灵活性和包容性，尤其是要求仲裁请求所有事项必须经过磋商程序，过于苛刻。如果在仲裁程序中发现新的事实或诉求，则必须折返至磋商程序，并且等待磋商时限届满，才能继续正在进行的仲裁程序，很可能造成案件严重拖延，降低程序效率。

### （二）初审程序

磋商无果后，当事人可以申请启动仲裁程序。ICS 初审案件一般由 3 名仲裁员组成独立仲裁庭或者 1 名仲裁员独任审理，独任仲裁须由第三国国民担任。[31]

传统上的 ISDS 仲裁程序耗时过久，长期以来备受诟病。ICSID 案件的平均裁处时间为 3.6 年，撤销程序平均还需要 2.3 年。[32] 为了提高程序效率，ICS 对审限进行了明确规定。首先是初审程序的时限。ICS 规定除非有充分的延迟理由，初审法庭应在申请人提交诉讼申请之日后的 18 个月内作出临时裁决。[33] 另一方可以在临时裁决后的 90 日内提请上诉。上诉审理期限为 180 日，除非仲裁庭有充分的延迟理由。[34] 如果上诉庭认为应发回重审，则初审法庭应在收到上诉庭报告 90 日内重新作出

〔30〕 TTIP 提案第 3.6.4 条；EVFTA 第 3.38 条；CETA 对此未规定。

〔31〕 CETA, Art. 8.27.

〔32〕 See Anthony Sinclair, *ICSID Arbitration: How Long Does it Take?*, 4 GAR J. 5 (2009).

〔33〕 Art. 28 (6), Draft TTIP Investment Chapter; Art. 29 (4), EVFTA; Art. 8.28 (7) (b), CETA.

〔34〕 Art. 29 (1), Draft TTIP Investment Chapter; Art. 28 (1), EVFTA; Art. 29 (3), Draft TTIP Investment Chapter; Art. 28 (5), EVFTA; Art. 8.28 (7) (b), CETA.

裁决。[35] 如是，原则上任何案件的审限都不会超过 2.5 年。大大提升了程序的效率。此外，ICS 尚未制定自己的仲裁规则，而是指引当事人合意选用《ICSID 程序规则》《ICSID 附件便利规则》《联合国国际贸易法委员会仲裁规则》等。[36]

### (三) 上诉审程序

TTIP 和 EVFTA 规定 ICS 上诉法庭都是 6 名仲裁员，缔约双方及第三国国民各占 1/3，任期是 4 年或 6 年，可连任一次。与初审法庭一样，上诉法庭设庭长和副庭长，由第三国国民担任。仲裁庭庭长按照随机原则选择 3 名仲裁员组成具体案件的上诉仲裁庭。与初审程序不同，上诉审禁止独任审理。上诉法庭的工作程序由其自行拟定。[37] 对于上诉案件的决策程序，TTIP 建议稿并未涉及，EVFTA 规定，初审法庭和上诉法庭以一致同意的方式通过裁决，如果无法达成一致，则以多数票方式通过，少数仲裁员意见可以匿名不表。[38] 上诉法庭仲裁员还要求候选人在各自的国家的“最高”司法机构任职或是由相当能力的司法职业人员任职。[39]

### (四) 仲裁费用

OECD 研究报告显示，传统上的 ISDS 案件费用居高不下，每个案件平均的费用成本超过 800 万美元，个别案件甚至超过几千万美元，其中律师、专家费用占比 82%，仲裁员费用占比 16%，行政费用占比

---

[35] Art. 28 (6), Draft TTIP Investment Chapter; Art. 29 (4), EVFTA; Art. 8.28 (7) (b), CETA.

[36] Art. 8.23, CETA.

[37] Art. 10, Draft TTIP Investment Chapter; Art. 113, EVFTA.

[38] Art. 12 (12), 13 (12), EVFTA.

[39] Art. 10 (7), Draft TTIP Investment Chapter.

2%。[40] ICS 仲裁员是专职的，除非经过庭长特别豁免，否则不能兼职从事任何其他职业。再加上上诉法庭仲裁的薪酬，ICS 的财政预算压力较大。为此，ICS 把费用分成了两部分，即初审法庭和上诉法庭。初审法庭的仲裁员固定薪酬和秘书处的费用由缔约双方共同承担，其他费用由败诉方承担。[41] 上诉法庭的仲裁员费用和初审法庭不同的是薪酬比初审法庭的仲裁员高出 2 ~ 3 倍，而且案件当事人无须承担其他费用。[42] 相较 ICSID 通常由当事人分担仲裁费用不同，ICS 采用了缔约方负担仲裁员固定薪酬，败诉方负担仲裁费用的改革，不但有助于减轻当事人的负担，而且可以防止当事人的滥诉和投机，节省司法资源。

## 四、第三方参与

第三方参与也是提升法庭透明度的重要举措之一。ICS 不但允许非争议当事人的条约缔约方（投资者母国）参与解纷程序，[43] 还允许与案件裁处结果有直接或间接关系的第三方自然人或法人参与案件。[44] TTIP 投资章节第 22 条和 EVFTA 投资章节第 8 条用了“应当”，排除了仲裁庭的自由裁量权，只要有符合条件的第三方申请参与诉讼，仲裁庭原则上都应准许。这与 UNCITRAL 有关《透明度规则》规定的仲裁庭“可以”允许第三方的申请[45]有本质的区别。此外，参与诉讼程序的第

---

[40] See OECD, *Investor-State Dispute Settlement*, Public Consultation: 16 May - 9 July 2012, p. 18; Catherine Titi, *The European Union's Proposal for an International Investment Court: Significance*, Innovations and Challenges Ahead, 2016, p. 19.

[41] Article 9, Draft TTIP Investment Chapter; Art. 12 (14), EVFTA; Art. 8. 27 (12), CETA.

[42] Article 10 (12), Draft TTIP Investment Chapter.

[43] Art. 22, Draft TTIP Investment Chapter; Art. 8. 38, CETA; Art. 25, EVFTA.

[44] Art. 23 (1), Draft TTIP Investment Chapter.

[45] Arts 1 (5) and 4 UNCITRAL Transparency Rules.

三方，无论是国家还是个体，不得单独提起诉求，只能支持或部分争议一方的主张。[46]

除第三方当事人外，ICS 还规定了“法庭之友”制度，非政府组织、民间团体、工商业代表等可以向欧盟投资法庭提交书面陈述。[47] 但是为了避免不必要的延迟和额外费用的产生，ICS 应制定详细的介入诉讼的规则。首先，应明确确定时间的限制，保证当事人和欧盟投资法庭有足够的时间对第三方的问题进行回馈。其次，第三方提交欧盟投资法庭的意见或反馈的问题应该对案件具有实质性指导。例如，世界卫生组织和国际劳工组织有关的专业性建议，如果第三方的问题明显不成立，或建议明显无意义，则有干扰诉讼之嫌，可以增加其负担，诸如分担仲裁庭相关费用等。

## 五、裁决的执行

ICS 的终局裁决包括未上诉的初审法庭裁决和上诉法庭的裁决，具有终局的效力，当事人不得寻求其他任何救济。[48] 3 个 FTA 规定缔约方在其领土内应承认 ICS 裁决的效力，并视为本国终审法院判决履行执行义务。[49] 同时，ICS 裁决的执行还需要依靠现有的《ICSID 公约》和《纽约公约》执行机制。ICS 明确规定其裁决应自动被认为是上述两个条约认可的仲裁裁决。[50] 由于条约义务的存在，可以确保 ICS 裁决在欧盟

---

〔46〕 Art. 23 (1), Draft TTIP Investment Chapter.

〔47〕 Art. 23 (5), Draft TTIP Investment Chapter.

〔48〕 Art. 30 (1), Draft TTIP Investment Chapter; Art. 8. 28 (9) (b), CETA; Art. 31 (1), EVFTA.

〔49〕 Art. 30 (2), Draft TTIP Investment Chapter; Art. 31 (2), EVFTA; Art. 8. 28 (9) (d), CETA.

〔50〕 Art. 30 (5) - (6), Draft TTIP Investment Chapter; Art. 8. 28 (9) (d), CETA; Art. 31 (7) - (8), EVFTA.

内部成员国以及条约的其他缔约方境内的顺利执行。

但是，在第三国境内是否具有执行的效力，欧盟委员会倾向按照《纽约公约》和《ICSID 公约》在第三国获得承认和执行。如此会产生以下几个问题：首先，ICS 裁决是否属于《纽约公约》规定的“仲裁裁决”。《纽约公约》第 1 条认定的仲裁裁决包括两种：一是投资争端中临时仲裁庭作出的裁决；二是常设性仲裁机构作出的仲裁裁决。而 ICS 实际上更像一个法院机制，要求承认执行裁决的第三国也将 ICS 裁决认定为《纽约公约》项下的裁决，不可避免将存有分歧。其次，第三国不是 ICS 依托条约（CETA、TTIP、EVFTA）的缔约方，是否有权利按照国内法程序启动对 ICS 裁决的司法审查，审查到什么程度。最后，《纽约公约》和《ICSID 公约》对仲裁裁决在执行目的地国的效力是不一样的，前者允许内国法院对仲裁裁决进行有限审查，后者则禁止内国法院任何形式的司法审查，包括妨害公共利益。如果两个条约同时作为裁决执行的依据，这一矛盾如何解决。这些问题需要在后续的规则中进一步协商明确。

## 第二节　欧盟投资法庭的上诉机制

ICS 是 ISDS 争议解决上诉机制的首次实践，也是其司法化的一个重要体现，是对传统国际投资争端解决的重大改革，有望在一定程度上改变 ICSID“一审终审”的缺陷和不足。[51] 按照欧洲议会的观点，上诉机制的设立可以避免错误的裁决，实现裁判的一致性和统一性，减少“同

〔51〕 Steffen Hindelang & Teoman M. Hagemeyer, *Study in Pursuit of an International Investment Court: Recently Negotiated Investment Chapters in EU Comprehensive Free Trade Agreements in Comparative Perspective*, European Union, Belgium, 2017, p. 175.

案不同判”裁决冲突。[52] 具体而言，比 ICSID 裁决撤销机制更省时、更高效，同时可以确保欧盟投资法庭以相同的方式解释条约，实现法律适用的统一性。[53] 当然，欧盟另起炉灶的 ICS 上诉机制也将对 ICSID 框架内建立上诉机制的共识造成一定的冲击，亦可能代表了国际投资争端解决的多元化发展趋势。

## 一、上诉法庭的程序

ICS 机制中，败诉一方可以上诉的理由比较宽泛，包括法律解释及适用不当、严重的事实错误以及《ICSID 公约》第 52 条规定的 5 种情况。对初审裁决有异议的一方在初审法庭裁决作出后的 90 天内，可以向 ICS 上诉法庭提交上诉申请。上诉审查期限为上诉之日起 180 日，特殊情况需要延长审限的，需要向当事人书面告知理由，但最长不得超过 270 日。[54]

CETA 上诉制度较简略，上诉法庭的人数尚未最终确定，仅规定上诉法庭分庭由 3 名仲裁员组成，裁决具有终局性，上诉法庭相关的行政和待决事项[55]都由联合委员决定。CETA 上诉机制的设计引发学者的一些担忧，即能否与《ICSID 公约》和《纽约公约》相兼容。一是 CETA 终审裁决是否属于《纽约公约》所认定的仲裁裁决；二是 CETA 终审裁

〔52〕 Christian J. Tams, *Procedural Aspects of Investor-State Dispute Settlement: The Emergence of an European Approach?*, 15 Journal of World Investment and Trade, 585, 598 (2014).

〔53〕 See European Commission, *Concept Paper: Investment in TTIP and beyond-the Path for Reform*, 2015, p. 9.

〔54〕 Art. 29 (1), Draft TTIP Investment Chapter; Art. 13 (16), EVFTA.

〔55〕 加拿大与欧盟之间的自由贸易协议第 8.28 条第 7 款规定，这些待决的事项包括：行政支持；启动和进行上诉的程序；发回重审的程序；填补上诉法庭空缺和审理案件的上诉法庭分庭空缺的程序；上诉法庭成员的报酬；与上诉开支有关的规定；上诉法庭成员的人数；以及对上诉法庭有效运作所必需的任何其他事项。

决也不符合《ICSID 公约》的精神，因为后者明确排除了上诉机制。[56] 与 TTIP[57] 和 EVFTA 上诉制度相较，CETA 上诉制度比较原则，很多细节在条约层面并未达成一致，需要进一步细化完善，这也表明加拿大在 ICS 制度设计方面具有一定的主导权，并未直接采纳欧盟的方案。

由此，ICS 兼具司法和仲裁双重特性：一方面，仲裁员固定但非专职化（如 CETA）、法庭裁决程序、上诉机制等已经具备了法院的特征；另一方面，法庭并没有常设机构和固定场所，尤其是 CETA，在法庭审理程序方面依然采用了传统的仲裁方式，并未引入法院审判中的证据规则，故而其司法化又是不彻底的。从 ICS 需要借鉴《ICSID 公约》和《纽约公约》的角度看，ICS 亦非一个自给自足的机制。ICS 可能有助于裁决的一致性和条约解释的统一性，以及提升程序的效率。但这是以牺牲当事人对程序的主导性参与为代价的，因此 ICS 整体上更有利于东道国。当然，在当前国际投资关系中，多数国家是双向投资国，兼具缔约方和东道国的双重身份，缔约时应该更加注重法庭本身的效率和公平，在选任仲裁员时应兼顾公共利益和投资者利益的平衡保护。长远来看，一个公平、高效的投资争端解决体系，相比对投资者或东道国产生“系统性偏好”的机制，才更符合多数双向投资国的利益诉求。[58]

---

〔56〕 August Reinisch, Will the EU's Proposal Concerning an Investment Court System for CETA and TTIP Lead to Enforceable Awards? —The Limits of Modifying the ICSID Convention and the Nature of Investment Arbitration?, 19 Journal of International Economic Law 761, 2016, p. 761 – 786; N. Jansen Calamita, The (In) Compatibility of Appellate Mechanisms with Existing Instruments of the Investment Treaty Regime, 18 Journal of World Investment & Trade 761, 2017, p. 769.

〔57〕 TTIP 以下几条构成了上诉程序，即第 10 条上诉仲裁庭、第 28 条临时裁决、第 29 条上诉程序、第 8 条第三方资助、第 18 条透明度、第 19 条临时决定、第 20 条停止裁决、第 21 条诉讼担保、第 22 条诉讼非当事人。

〔58〕 See Anthea Roberts, Would a Multilateral Investment Court be Biased? Shifting to a Treaty Party Framework of Analysis, Accessed Oct. 26, 2020, https://www.ejiltalk.org/would-a-multilateral-investment-court-be-biased-shifting-to-a-treaty-party-framework-of-analysis/.

此外，在上诉仲裁员资质要求上，TTIP、EVFTA 与 CETA 也不相同。前者要求上诉法庭仲裁员应具备担任国内最高司法官的资质或者是优秀的法学家，[59] 而 CETA 对上诉法庭仲裁员和初审法庭的仲裁员要求没有进行区别。这可能为上诉法庭案件审理带来不良影响，甚或是拉低上诉法庭的信誉。因为上诉法庭在对仲裁员的专业知识、职业道德和个人素养方面的要求显然更高一些。WTO 对专家组和上诉机构成员也设定了不同的标准。[60]

## 二、上诉法庭裁决的终局性

CETA 尽管对法庭的审理程序进行了简单化规定，但对于裁决的终局性规定较详尽。一是初审法庭裁决发布 10 日内，如果争议一方对裁决提请上诉，则上诉法庭裁决成为终局裁决。二是上诉法庭裁决发布之日立即生效，不受任何国内法院、仲裁机构或临时仲裁庭的审查。[61] 这就意味着即使 ICS 的法庭程序是按照 ICSID 仲裁规则，包括附加便利规则进行的，也不受制于《ICSID 公约》第 52 条撤销程序的规制。同样，即使 ICS 的法庭程序是按照《联合国国际贸易法委员会仲裁规则》或者《国际商会仲裁规则》进行的，裁决也免受任何国内法院的审查。这是确保 ICS 裁决既判力效力的必然要求。

无论是 WTO 争端解决机制还是 ICSID 在条约层面都是一个自成一体的封闭式体系，而 ICS 则需要借助外部机制，至少现在的设计是这样，包括仲裁规则和执行程序，因此其裁决的终局性受到一定的挑战。例如，败诉一方当事人如果换一个诉讼理由在国内法院重新起诉，那么 ICS 的

---

〔59〕 Art. 13. 7, EVFTA; Art. 10. 7, Chap. 2, TTIP Proposal.

〔60〕 Art. 17. 3, DSU.

〔61〕 Art. 8. 28 (9), CETA.

裁决又该如何执行，是否应该终止执行？既然ICS要求把《纽约公约》作为其执行依据，那么被要求执行的缔约国能否根据《纽约公约》第5条[62]的规定拒绝承认和执行ICS的裁决？裁决被拒绝承认执行后，又该如何救济？这些问题需要在后续谈判中进一步明确。

## 三、上诉法庭的审查范围

上诉法庭的审查范围是整个上诉机制的前置性问题。与WTO上诉机构审查范围局限于“法律问题和法律解释”不同，ICS上诉法庭的审查范围既包括法律审，又包括事实审，即特定情况下对案件事实认定的明显错误。[63] 而且把《ICSID公约》第52条规定的5种裁决撤销的理由[64]作为上诉法庭维持、修改或撤销初审法庭一审裁决的理由。[65] 出

---

〔62〕《纽约公约》第5条规定：(1) 裁决唯有于受裁决援用之一者向申请承认及执行地之主管机关提供证据证明有下列情形之一时，始得依该请求，拒予承认及执行：①第2条所称协定之当事人依对其适用之法律有某种无行为能力情形者，或该项协定依当事人作为协定准据之法律系属无效，或未指明以何法律为准时，依裁决地所在国法律系属无效者；②受裁决援用之一造未接获关于指派仲裁员或仲裁程序之适当通知，或因他故，致未能申辩者；③裁决所处理之争议非为交付仲裁之标的或不在其条款之列，或裁决载有关于交付仲裁范围以外事项之决定者，但交付仲裁事项之决定可与未交付仲裁之事项划分时，裁决中关于交付仲裁事项之决定部分得予承认及执行；④仲裁机关之组成或仲裁程序与各造间之协议不符，或无协议而与仲裁地所在国法律不符者；⑤裁决对各造尚无拘束力，或业经裁决地所在国或裁决所依据法律之国家之主管机关撤销或停止执行者。(2) 倘申请承认及执行地所在国之主管机关认定有下列情形之一，亦得拒不承认及执行仲裁裁决：①依该国法律，争议事项系不能以仲裁解决者；②承认或执行裁决有违该国公共政策者。

〔63〕Art. 8. 28 (2), CETA.

〔64〕《ICSID公约》第52条规定，任何一方可以根据下列一个或几个理由，向秘书长提出书面申请，要求撤销裁决：(1) 仲裁庭的组成不适当；(2) 仲裁庭显然超越其权力；(3) 仲裁庭的成员有受贿行为；(4) 有严重地背离基本程序规则的情况；(5) 裁决未陈述其所依据的理由。

〔65〕Art. 8. 28 (5), CETA.

现上述 5 种理由，ICSID 撤销委员会只能撤销裁决，而 ICS 还可以修改裁决，这可能导致二者实践上的冲突。

换言之，ICS 上诉法庭可以对初审法庭的各种错误进行审查，包括法律错误和明显的事实错误。ICS 上诉法庭审查范围已经超越了国内法院诉讼和 WTO 的上诉机构通常意义上的上诉审查范围。这对于维护个案正义、实现概念解释和法律适用的统一具有重要意义。但同时上诉法庭重复审查初审法庭已审查的事实问题，也会增加上诉法庭的工作量，或将导致一定程度上的司法资源的浪费。另有学者认为，应该赋予上诉法庭事实审查权，这样当事人可以获得双重救济，以便更好地澄清有关事实问题的分歧，甄别事实问题是公平判决的基础。[66] EVFTA 的规定与 CETA 基本相同，上诉法庭的审查范围包括事实错误和法律错误两大类。[67] 但是 TTIP 提案未对上诉审查范围作出详尽规定，有待在后续实践中进一步完善。

此外，CETA 上诉法庭在成员资格、程序设置、审查范围等方面的设计很像初审法庭的翻版，初审和上诉审区别不明显，两个仲裁庭有简单重复、叠加的倾向，可能在增加当事人财务负担的同时，又降低了仲裁的效率，有待实践结果的进一步检验。笔者认为，应该借鉴 WTO 的上诉审查机制，把 ICS 上诉法庭的审查范围限定在法律措施上，事实认定交由初审法庭负责。这样才可以更好地兼顾公平和效率，否则可能导致程序的繁杂，增加当事人的负担。

## 四、上诉保证金

EVFTA 和 TTIP 草案均规定了上诉保证金制度，即上诉一方不但需

---

〔66〕 参见邓婷婷：《中欧双边投资条约中的投资者—国家争端解决机制——以欧盟投资法庭制度为视角》，载《政治与法律》2017 年第 4 期。

〔67〕 Art. 28. 1, EVFTA.

要缴纳上诉费用，还需要缴纳一定数额的保证金，保证金的具体数额由上诉法庭根据案件具体情况确定。[68] 通过上诉保证金制度，从理论上讲，上诉法庭可以利用对保证金的裁量权实现对上诉案件数量的控制，减少完全没有必要的上诉案件，防止纯粹拖延时间的滥诉发生，节省司法资源。CETA 未涉及上诉保证金制度。

综上，笔者认为，无论是欧盟倡议的 ICS，还是美国倡导的 ISDS 改革，基于双边条约的上诉机制只能确保该条约解释和适用的一致性，对于根据不同条约作出的不一致裁决是无能为力的，而且大量双边条约的上诉机制反而可能导致更多不一致裁决的出现。因此，无论是当前 ICSID 的改革建议，还是多数学者的研究，[69] 都表明单一的多边上诉机制应是多数人的共识。当然，这并不意味着欧盟和美国基于双边的探索没有任何意义，至少对上诉法庭的组成运行、法律适用、裁决的效力等基本问题进行了先行实践和探索，在一定程度上为单一的多边上诉机制积累了经验。

## 五、ICS 上诉制度与 DSB 和 ICSID 撤销制度之比较

### （一）ICS 与 DSB 上诉机制的比较

通过上述分析，可以发现二者的不同：一是 ICS 上诉审查范围比 DSB 宽泛。DSB 只审查法律错误，而 ICS 还审查明显的事实错误。扩大上诉审查的范围，固然可以避开 DSB 经常陷入“法律问题”和“事实问题”的区分困境，但同时也加大了上诉法庭的工作量，导致对事实问

〔68〕 Art. 15, EVFTA; Art. 8. 29, CETA.

〔69〕 参见衣淑玲：《国际投资仲裁上诉机制探析》，载《甘肃社会科学》2007 年第 6 期。Doak Bishop, *The Case for an Appellate Panel and Its Scope of Review*, in F. Ortino, A. Sheppard and H. Warner eds., Investment Treaty Law: Current Issues Volume 1, British Institute of International and Comparative Law, 2006.

题的重复审查，可能造成司法资源的浪费。二是 ICS 可以发回重审。WTO 的 DSB 没有发回重审的权力，只能维持或改判。如此一来，如果上诉法庭遇到初审中没有分析认定的问题，ICS 可以直接发回重审。当然，上诉庭审也可以直接通过答辩质证环节来澄清一审未决的事实问题，判断是否发回重审应该是案件仲裁庭的自由裁量权。

### （二）ICS 与 ICSID 撤销制度的比较

《ICSID 公约》第 52 条撤销裁决的理由被 ICS 认定为可以上诉的理由。换言之，ICS 实际上是用上诉机制替代了 ICSID 的裁决撤销制度。两种制度的不同表现在以下方面：一是 ICS 的上诉法庭的组成不同于 ICSID 撤销委员会。前者的上诉法庭组成人员是常任的、专职的，案件的分配也是轮次进行。而 ICSID 撤销委员会是从仲裁员名单中选任的，是临时的，也不存在案件分配的问题，只要求同一个仲裁员不能同时在有利益冲突的两个或几个案件中担任仲裁员。二是二者上诉审查范围不同。ICSID 只审查符合《ICSID 公约》第 52 条规定的错误，主要是程序错误和仲裁庭的受贿行为，而 ICS 上诉审查范围更宽泛，不但审查法律和程序错误，还审查事实错误。三是两者的审查结果不同。ICS 的上诉法庭可以有 3 种选择，即发回重审、改判或部分改判和维持，ICSID 只有一种选择，即撤销案件，案件被撤销以后，当事人只能从头再来，如是周期较长，严重浪费司法资源。

## 第三节　欧盟投资法庭制度评析

通过 TTIP、CETA 和 EVFTA 的实践，欧盟彰显了通过 ICS 来代替传统投资争议解决方式的决心，根本上源于欧盟内部民众对传统国际投资争端解决制度的不满。[70] ICS 制度设计上极力模仿 WTO 和 ICSID，但对 ISDS 争端解决机制有些矫枉过正，代表了国际投资争端解决的多元化趋势，也将不可避免地导致国际投资争端解决的去中心化和“碎片化”，同时也应谨慎对待 ICS 引导下的国际投资争端解决的公法化倾向。

## 一、ICS 司法化倾向

传统的 ISDS 诉讼中，无论是 ICC 仲裁还是 ICSID 仲裁，仲裁庭的组成以及仲裁法律适用等事项基本上均由当事人主导。而 ICS 两级法庭以及专职、常任仲裁员的设置更多地体现了法院或司法化的倾向。传统投资仲裁的商事仲裁“一裁终局”的特征更明显，而 ICS 设立了两审终审制。如果说，ICS 是仲裁和法院机制的“混搭”，[71] 那么相较于 ICSID 投资仲裁，其司法化倾向更突出和明显。

---

〔70〕 欧盟委员会提出，ICS 机制旨在克服对当前国际投资仲裁员的专业知识和公正性的普遍怀疑。ISDS 投资争端解决机制的仲裁员是由争端当事人根据具体案件指定的，不能排除同一仲裁员同时担任其他投资争端案件当事人辩护律师的情形，此种“旋转门”情形存在明显的利益冲突，并难以确保仲裁员在履行职责时的客观公正。为此，欧盟主张，由缔约方公开任命的投资法庭成员可能要比投资争端当事人指定的仲裁员更加中立。参见肖军：《欧盟 TTIP 建议中的常设投资法院制度评析》，载《武大国际法评论》2016 年第 2 期；叶斌：《欧盟 TTIP 投资争端解决机制草案：挑战与前景》，载《国际法研究》2016 年第 6 期；邓婷婷：《中欧双边投资条约中的投资者—国家争端解决机制——以欧盟投资法庭制度为视角》，载《政治与法律》2017 年第 4 期；Anders Nilsson & Oscar Englesson, *Inconsistent Awards in Investment Treaty Arbitration: Is an Appeals Court Needed*?, Journal of International Arbitration, Vol. 30: 5, p. 562 – 576 (2013)。

〔71〕 ICS 中的仲裁元素也十分明显，如法庭审理适用仲裁规则，规定案件受理应符合《纽约公约》第 2 条的规定，适用 2013 年 UNCITRAL《透明度规则》，裁决结果适用《纽约公约》等，并且 CETA 和 EVFTA 中没有使用“法官”表述。当事人自主选择案件的仲裁员是仲裁区别于诉讼的典型特征之一，但也有例外，如适用《联合国国际贸易法委员会仲裁规则》进行仲裁的美伊求偿仲裁庭的仲裁员不是当事人指定的；国际篮联仲裁庭的仲裁员是由仲裁庭主席指定的。此外，3 个协定的不同条款规定了适用《ICSID 仲裁规则》《ICSID 附加便利规则》《纽约公约》等内容。

### （一）体现在争议解决机构和仲裁员的名称上

CETA 使用了“法庭”（tribunal）和“成员”（member）的表述，尽管相对中性，但依然放弃了传统上“仲裁庭”（arbitral tribunal）和“仲裁员”（arbitrator）的表述。TTIP 则更进一步，直接采用了“法院”（court）和“法官”（judge）的表述，〔72〕司法化倾向一目了然，也被学者称为“投资法院版本”。〔73〕但笔者依然倾向把其认定为仲裁机构，否则 ICS 裁决将不是《纽约公约》第 1 条认定的仲裁裁决，将无法获得执行。因为目前国际层面还没有一个类似《纽约公约》一样承认和执行法院判决的多边公约，民事司法协助条约多数是双边的。

### （二）体现在仲裁员的专职化上

与 WTO 专家组和 ICSID 仲裁庭提供兼职仲裁员名单以供选择不同，ICS 两级法庭仲裁员都是专职的、常任的，当事人无权任命法庭仲裁员。与传统仲裁程序中按小时计费的做法不同，ICS 仲裁员的薪酬由月薪和日服务费两部分构成。无论是 TTIP 和 CETA 初审法庭任职人数为 15 人，上诉法庭任职人数为 6 人，还是 EVFTA 初审法庭的 9 人设置，仲裁员的人数都是固定的、专职的（CETA 由联合委员会决定），有一定任期的，分别由缔约方和第三方委派。〔74〕类似 WTO 争端解决机制，由法庭庭长

〔72〕 CONCEPT PAPER Investment in TTIP and beyond the path for reform Enhancing the right to regulate and moving from current ad hoc arbitration towards an Investment Court, Accessed Oct. 28, 2020, http：//rade，ec，europa. eu/dodib/docs/2015/may/tradoc_153408. PDF.

〔73〕 参见叶斌：《欧盟 TTIP 投资争端解决机制草案：挑战与前景》，载《国际法研究》2016 年第 6 期。

〔74〕 在 CETA 联合委员会还未建立法庭仲裁员名单的过渡期，CETA 第 8. 27 条第 17 款仍保留了仲裁的某些特征，该款要求从现有提名中随机抽选 3 名法庭成员，由第三方国民担任首席，3 名仲裁员都由 ICSID 的秘书长任命。在此处，CETA 文本语焉不详，并没有指明由谁来提名，既可以理解为争端双方的提名，也可以理解为 CETA 联合委员会为建立法庭成员名单而作的提名。如果作后一种理解，即使在过渡期，投资争端方都没有权利选择法庭成员。

轮流或随机任命分庭3名不同国籍的仲裁员来负责案件的裁决，当事人丧失了指定仲裁员的机会，该设计基本抛弃了传统投资仲裁上的合意和自治原则。

### （三）设立庭长和副庭长

从第三国国民的法庭仲裁员中选出庭长和副庭长，任期为2年。其中，庭长最重要的职责是任命组建分庭成员，制定法庭规则，主导分庭的日常工作。但是CETA规定法庭的秘书长依然由ICSID中心的秘书长担任，这种寻求外部支持的设计表明ICS自成一体的封闭性有所欠缺。

有关ICS法律性质（仲裁或司法机构）的争论由来已久。[75] 尽管ICS机制的司法倾向更明显，但如果把其认定为法院体系，依然存在问题：一是无疑会增加后续成员接受的难度，犹如国际法院一样，尤其是大国存在天然抵制的情绪；二是其裁决的承认和执行将面临难题。很可能无法适用《纽约公约》，因为目前尚未有统一的条约确保法院判决在另一国的承认和执行。

诚然，ICS倾向消除律师与仲裁员“旋转门”的利益牵连，同时也牺牲了当事人选择的自主权，导致原本灵活、自主的仲裁程序演变成了单一、僵化的司法体制。由一裁终局改革为两审终审后，必然导致当事人诉讼成本的增加，包括时间和费用。由此，在双边层面建构包含上诉机制的投资仲裁制度的时机是否业已成熟，需要进一步地探讨。

---

〔75〕 有学者主张，在性质上ICS依然是一个仲裁机制；有学者主张，实质上看ICS已蜕变为诉讼机制；还有的学者持中间立场，认为ICS是一个准司法体系。参见黄世席：《欧盟国际投资仲裁法庭制度的缘起与因应》，载《法商研究》2016年第4期；Luise Woods, Fit for purpose? The EU's Investment Court System, March 23, 2016, Accessed Nov. 15, 2020, http://kluwerarbitrationblog.com/2016/03/23/to-be-decided/?_ga=1.226243674.1133268920.1488101578；C. Titi, The European Union's Proposal for an International Investment Court: Significance, Innovations and Challenges Ahead, TDM 1 (2017), Accessed Nov. 15, 2020, http://www.transnational-dispute-management.com.

## 二、仲裁员本国化利弊相随

ICS 任职仲裁员的来源要求缔约方和第三国国民各占 1/3。此种设定与 ICSID 仲裁规则和 UNCIRAL 仲裁规则都不相同。UNCIRAL 仲裁规则第 6 条第 7 款对仲裁员的国籍是建议性的、任择性的，既没有对当事人指定的仲裁员作国籍要求，也没有对首席仲裁员作国籍要求。《ICSID 公约》第 38 条要求首席仲裁员不得与争议一方当事人相同国籍或者为其国民。《ICSID 仲裁规则》（2006 年）则进一步排除了非首席仲裁员也不得与当事人就有相同国籍或者为其国民。

显然，ICSID 的限定更能体现仲裁员的中立性，尽管仲裁员的中立性与其国籍可能不存在直接的因果关系。CETA 关于非首席仲裁员应具有本国国籍的规定，可以说利弊相随。

一是利的方面。本国人担任仲裁员参与案件审理，有助于法庭准确地理解适用国内法，在一定程度上可以避免误解和误判。赋予了缔约方可能影响法庭的权力，缔约方在遴选委派仲裁员时，可以有意指派更关注本国利益或公共利益的专业人士。

二是弊的方面。一定数量的仲裁员源自缔约方的要求，可能导致法庭整体专业能力的下降，因为国际顶尖的投资贸易人才大多集中在欧美发达国家，越南、北非等发展中国家仲裁人才储备相对欠缺。[76] 另外，缔约方指派的仲裁员在具体的案件中可能对本国利益产生自然的偏袒和维护，也将不可避免地促使缔约方通过指派仲裁员从而实现影响法庭案件审理的目的，不利于仲裁员的客观中立以及裁决的公平公正。

此外，ICS 第三国仲裁员的确定程序比较原则，三个 FTA 都没有涉

〔76〕 Sergio Puig, *Social Capital in the Arbitration Market*, 25 European Journal of International Law, 387, 2014, p. 406.

及，如何解决缔约方对第三国选择的分歧，由缔约方双方协商还是联合委员会确定；选择第三国是否需要考虑地域分布、法域分布和专业分布，还是只考虑任职条件即可，这些问题需要后续进一步细化、明确，以便于操作。

## 三、初审法庭仲裁员的专职性

ICS 初审法庭仲裁员专职性和常任制，与上诉法庭设立一样，都是改革力度较大的举措，也是机制司法化的重要体现。无论是 WTO 的专家组程序，还是 ICSID 仲裁程序，专家组成员和仲裁员均不是常任的，ICS 改革对现有投资仲裁制度将产生根本性影响，尤其是剥夺了争端当事人选择仲裁员的权利。仲裁员专职性和常任制固然可以有效避免律师—仲裁员“旋转门”情况的发生，克服利益牵涉，但要想彻底杜绝仲裁员兼职，必须授予高薪，否则可能无法吸引优秀的仲裁员，毕竟国际投资纠纷解决的律师收入比较可观。如果授予高薪又将不可避免地增加缔约方财政负担，再加上上诉法庭常任法官的支出，对于不发达国家来说，的确是一笔不小的开支。这是一个两难的抉择。我国与欧盟之间的 BIT 谈判，如果接受 ICS 机制，可以针对初审法庭仲裁员制度提出自己的建议和主张，可以借鉴 WTO 专家组成员指示性名单的方式代替 ICS 初审法庭专职仲裁员制度。可以拟定更完善的仲裁员遴选程序，更科学合理的仲裁员任职条件，定期遴选、替换和更新。兼职仲裁员制度不但可以保留当事人指派仲裁员的权利，还可以节省财政经费。

与上诉法庭案件仲裁员的产生不同的是初审法庭案件仲裁员依然由争议双方当事人指定，即 15 名常任仲裁员是由缔约国委派，但在每一个案件中当事人可以在 15 人范围内进行指派，组成案件仲裁庭。[77] 如是，

---

〔77〕 Art. 3. 9. 6, TTIP Draft; Art. 3. 38, EVFTA; Art. 8. 27, CETA.

可能会削弱仲裁员的中立性，因为裁决倾向投资者的可能更大，这样就会为仲裁员带来更多的案件费用收益。由此，笔者建议，初审法庭具体案件仲裁庭的产生也效仿 WTO 上诉机构，每 3 个仲裁员为一组，采取轮流分案制。当然，这样就牺牲了当事人选择仲裁员的权利，但可以确保仲裁员的中立性不受干扰。

## 四、ICS 与欧盟法律的协调

欧盟法院通过 20 世纪 60 年代著名的 Costa v. E. N. E. L. 案确立了"独立自治法律体系"原则。该原则在国际法意义上有 3 个指向：一是欧盟签订的国际条约应符合欧盟宪法框架〔78〕，不得与之冲突；二是欧盟成员国如有异议，可以将拟生效的条约提请欧盟法院审查，确认其是否符合欧盟法律；〔79〕三是欧盟法院对欧盟法律享有专属解释的权力，是唯一有权解释欧盟法律及其二级立法的机构。〔80〕换言之，欧盟及其成员国不得把解释欧盟法律的权利授权给相应的国际法院或仲裁庭。

但欧盟致力建构的 ICS 本质上也是独立于欧盟现有法律框架的投资争端解决机构，在未来案件的审理中，将不可避免地解释并适用欧盟法律。由此引发两个问题：一是 ICS 是否有权解释欧盟法律；二是 ICS 对

〔78〕 应符合《欧洲联盟条约》（Treaty on European Union/Treaty of Maastricht）、《里斯本条约》（Treaty on the Functioning of the European Union, TFEU）、《欧洲联盟基本权利宪章》（Charter of Fundamental Rights of the European Union）等基础性条约。

〔79〕 Art. 218（11）, Treaty on the Functioning of the European Union.

〔80〕 Art. 267, Consolidated Version of the Treaty on the Functioning of the European Union art. 267, May 9, 2008, 2008 O. J.（C115）164.

欧盟法律的解释对欧盟法院是否具有拘束力。[81]

欧盟主导的ICS机制并未彻底解决上述问题，TTIP草案第13条干脆明确排除了欧盟法律的适用，同时规定ICS无权对欧盟法律进行审查，例外情况下对欧盟法律的解释对欧盟及其机构也没有拘束力。[82] CETA和EVFTA也规定ICS只能对国内法作出事实解释，包括欧盟法律及其成员国法律，但欧盟及其成员国机构不受ICS法律解释的约束。[83] 显然这样的条约“规避”无法解决问题，ICS作出的裁决需要欧盟成员国的承认和执行，也就是需要成员国政府机构的义务履行。最终ICS机制依然会对欧盟法院专属法律解释权造成冲击。这一问题尚需等待欧盟法院的进一步解释和协调。

## 五、发回重审机制尚需商讨

已如前述，CETA第8.28条和EVFTA第28.1条规定上诉法庭审查上诉案件，可以维持原判、部分或全部改判，还可以发回重审。“发回重审”制度的设立有以下问题：一是制度的必要性，即要不要发回重审，发回重审需要确立的具体条件；二是哪些案件、什么情况下可以发回重审，发回重审后的程序如何展开。针对第一个问题，笔者倾向删掉发回重审制度，理由有二：首先，发回重审制度可能导致程序进一步拖

---

〔81〕 欧盟拒绝加入欧洲人权法院（European Count on Human Rights, ECHR）的先例，已经预示了可能的冲突。欧盟法院认为，欧洲人权法院，审理个人的请求，决定欧盟的措施是否违反《欧洲联盟基本权利宪章》，是对欧盟法院对欧盟法律独家解释权的干预。该意见甚至建议，欧盟法院的事先参与应当作为一个国际条约符合自治原则的前置性程序。See Opinion 2/13 on the Accession of the European Union to the European Convention for the Protection of Human Rights and Fundamental Freedoms (18 Dec. 2014, not published in ECR yet); Opinion 1/09 on the establishment of a European Patent Court (8 Mar. 2011, ECR 2011 I-01137).

〔82〕 See Commission draft text TTIP-investment, section 3, Art. 13 (3) (4).

〔83〕 Art. 16, para. 2, EVFTA; Art. 8.31, para. 2, CETA.

延，牺牲仲裁的高效价值，尽管可以设置严格的时限，但初审、上诉审、发回重审所有程序叠加在一起，效率将很难实现。其次，发回重审可能导致上诉法庭拒绝裁判，促使其惰性行事。上诉法庭可能就棘手的上诉案件不进行严格审查，发回重审了之。通过详尽设定发回重审的案件范围可以在一定程度上缓解发回重审的滥用，但无法杜绝，因为上诉法庭有自由裁量权。

实际上，ICS 已经设立发回重审制度，故第二个问题更有讨论的必要，同时也是 CETA 和 EVFTA 现有规定需要进一步完善的方面。首先，明确发回重审的案件类型和具体适用条件。结合国内法院发回重审制度的设定，在多数情况下，事实不清是发回重审的重要理由，换言之，在需要进一步查清案件事实的情况下，一般才发回一审法院重新审理。但是在 ICS 上诉法庭审查范围已经包括事实错误的情况下，发回重审已无必要。而且，在一般情况下初审法庭阶段当事人都会竭力提交事实证据，尤其是有利于支持自己主张的证据材料，所以绝大多数情况下初审阶段都会把事实问题查清楚，无须另行重审。即使在极少数出现事实不清或发现新证据的情况下，也可以留给上诉法庭解决。其次，应该明确限制上诉法庭发回重审的自由裁量权。即使严格设定了发回重审的条件，也要提醒上诉法庭，为了确保案件效力，节省司法资源，尽可能地避免发回重审。最后，应该进一步明确发回重审的时限和程序。时限主要是指上诉法庭在上诉审查阶段裁定发回重审的时限，如果确有必要发回重审，那么这个时限尽可能地少于上诉审查时间。发回重审后，初审法庭程序如何展开，是重新组成分庭，还是由原案件的法庭重新审理，时限上是遵照初审程序还是另有规定。质言之，发回重审是不是会重启一审程序。上述问题均需要进一步明确、细化。

## 六、多边投资法院（MIC）的构想

由前述可知，欧盟三个 FTA 下的 ICS 机制在细节上并未完全一致，如果欧盟 ICS 快速扩展到欧盟签订的所有双边和多边投资条约中，那么不同 ICS 的管辖权、条约解释权、法庭人数组成及薪酬、程序时间等问题将导致严重的冲突，也会带来国际投资争端解决的进一步碎片化。设立上诉机制统一法律适用和仲裁裁决的初衷可能也将落空。因此，建立多边统一的投资法院是未来应然的合理选择。

由此，欧盟 ICS 实际上并未止步于双边机制。早在 2015 年欧盟即提出努力建立机制完善的常设多边投资法院的目标。[84] 加拿大和越南也分别在 CETA 和 EVFTA 中认可了这种面向未来的构想。[85] 这一构想一旦实现，将打破现有投资争端解决的格局，实现国际投资争端专门化解决的两大支柱（ICSID、MIC），当然，如果亚投行争端解决机制能够顺利建构，有望进一步推动国际投资争端解决的发展，助力形成“三足鼎立”之局面。

CETA 规定，缔约方应与其他贸易伙伴共同努力，推动投资争端解决机制由双边向多边进化，努力建构一个多边投资仲裁庭和上诉法庭。[86] 一旦 MIC 形成，CETA 联合委员会应及时推动由这种 MIC 取代

---

〔84〕 See European Commission, Trade for All: Towards a more responsible trade and investment policy, EU Concept Paper at page 9.

〔85〕 Art. 8. 29, CETA; Art. 15, EVFTA.

〔86〕 也有学者认为，在 ICSID 机制内部设立上诉制度是当前国际社会的共识，欧盟倡议的 ICS 忽视了这一共识，维持裁决结果一致性的最好办法是通过 ICSID 建立上诉制度，双边层面建立起来的投资争议上诉制度更可能导致投资法的“碎片化”，而且上诉制度对于提高裁决一致性的功用可能也被夸大了。参见叶斌：《欧盟 TTIP 投资争端解决机制草案：挑战与前景》，载《国际法研究》2016 年第 6 期。

之前的双边 ICS。[87] 当然 MIC 目前尚停留在构想阶段，其运行与条约缔约方挂钩、管辖权范围、仲裁员的遴选、法院的选址、费用的分担等一系列问题都需要进一步思考论证。

晚近的发展趋势表明，欧盟倡导的国际投资争端解决机制的多边化进程依旧缓慢，UNCITRAL 对 ISDS 改革举措依然局限于传统的投资争端解决框架之内，美国主导的 NAFTA 的升级版 USMCA 也坚守了传统的仲裁制度，只是对上诉机构的建立持开放态度。[88] CPTPP 以发布暂停措施清单的方式限缩了原来 TPP 投资仲裁的管辖范围。[89] 美国倡导对传统投资仲裁机制进行适度调整，包括建立上诉制度，[90] 欧盟则走得更远，主张国际投资仲裁更高程度的司法化和多边化。这也是 TTIP 谈判中美欧的重要分歧之一，欧盟能否把 ICS 纳入其中，尚有待观察。[91] 未来谁能胜出，需要留给时间来检验。笔者认为，有限的多元化兴许才是国际投资争端解决机制发展的前路。无论如何，统一的综合性多边国际投资条约的缺失，在一定程度上阻碍了多边国际投资法庭的进展。我国在参与利用欧盟和美国争端解决机制的同时，应该探讨在亚投行的框架下，面向“一带一路”的投资争端解决机制。

综上，欧盟在 TTIP 谈判中的“激进”倡议，并未引起美国共鸣，

---

〔87〕 Art. 8. 29, CETA.

〔88〕 See Office of the United States Trade Representative (USTR), Summary of Specific Negotiating Objectives for the Initiation of NAFTA Negotiations, 2017, p. 9.

〔89〕 See New Zealand (as the depository for the TPP), ANNEX Ⅱ List of suspended Provisions, 2017, p. 1.

〔90〕 关于上诉机制，美国的态度也在变化，2004 年美国 BIT 范本支持在多边协议中建立上诉机制，附件 D 计划在条约生效 3 年后考虑建立上诉机制，但在 2012 年美国 BIT 范本又删去了附件 D，在 TPP 中也没有实质性引入上诉机制。美国是保守的改良思路，而欧盟是理想主义，美欧存在分歧。

〔91〕 参见叶斌：《欧盟 TTIP 投资争端解决机制草案：挑战与前景》，载《国际法研究》2016 年第 6 期。

相反美方贸易代表认为没有必要纳入上诉机制。[92] 美国学者也联合撰文反对欧盟的ICS，认为欧盟的倡议不是在改革，而是在颠覆ISDS。[93] 由此，美国主张对ISDS进行改良，秉承一种渐进的实用主义的态度，基本符合当前国际社会的实况。欧盟ICS则更赋有理想主义的色彩，主张对ISDS进行颠覆性改革。美欧都是国际投资规则的主导者，TTIP也将引领国际投资法的发展，美欧对ISDS改革的分歧表明双方对重塑国际投资规则主导权的博弈。当然，这并不意味着ICS的探索完全没有现实意义，其制度的设计、规则拟定对未来ISDS的完善正在产生系列影响，对亚投行争端解决机制的建构也有重要启示。

## 第四节　美智与美澳FTA中的投资争端解决机制

鉴于传统上ISDS机制的弊端，减少国际投资争议“同案不同判”的矛盾，以及美国近年来频频被诉至ICSID，促使美国也是ISDS的积极推动者，而且领先于欧盟付诸实践。早在2004年《美国双边投资协定范本》就嵌入投资争端解决的上诉机制。[94] 但美国在2012年《美国投资协定范本》中态度有些转向，把上诉机制的附件D删掉了，只是增加了

〔92〕 Krista Hughes & Philip Blenkinsop, *U. S. Wary of EU Proposal for Investment Court in Trade Pact*, Reuters, October 29, 2015.

〔93〕 Ted R. Bromund, James M. Roberts & Riddhi Dasgupta, *The Proposed Investor-State Dispute Settlement (ISDS) Mechanism: U. S. Should Oppose EU Demand to Abandon It*, Issue Brief of the Heritage Foundation, No. 4432, July 2016, p. 3.

〔94〕 2004年《美国双边投资协定范本》第28条第10款规定：“若对缔约双方有效之另一多边条约建立上诉机构，以审查根据国际贸易或投资协定设立的审理投资争议的仲裁庭所作之裁决，则缔约双方应当努力达成一致，允许在上述多边条约对缔约双方生效后启动的仲裁，由该上诉机构审查根据本条约第34条作出的仲裁裁决。”

透明度要求。[95] 在 TPP 中，美国也没有实质性地引入上诉机制，但美国把双边投资协定中的投资仲裁改革纳入美国主导的自由贸易协定，美国与智利和新加坡签订的 FTA 中规定，协定生效后的 3 年内，缔约方应协商建立一个双边上诉机构以复审仲裁裁决。[96] 有学者认为，2012 年美国的 BIT 范本和 TPP 保留了仲裁的基本特征，根据 TPP 第九章第 9.23 条第 11 款的规定，未来可能因为其他机制的安排引入上诉机制。两种选择：一是在 TPP 内部设立上诉机制；二是在 TPP 外部，如 ICSID 内部，实现上诉机制的设想。与 TPP 保留投资仲裁基本特征不同的是欧盟的 ICS 显得更激进，把投资仲裁设计成为一个公法化的法院体系。

本节将结合美智 FTA、美澳 FTA 和 TPP，重点探讨美国主导下的国际投资争端解决机制的主要特征和晚近发展趋势。

---

〔95〕 2012 年《美国投资协定范本》第 28 条第 10 款规定："若未来在其他制度安排中发展出审查投资者与国家争议解决仲裁庭作出的裁决的上诉机制，缔约方应考虑该上诉机制是否适用于依据第 34 条作出的裁决。缔约方应努力确保其欲接受之任何此类上诉机制具有与第 29 条透明度条款相类似的程序透明度。" 2012 年《美国投资协定范本》的上述规则没有直接具体地规定上诉程序将如何进行，而只是明确表示，其实施是基于"其他制度安排"或"多边条约"所建立的上诉机制。"应当努力达成一致"或"应考虑"的用语也表明它是劝勉性条款，而非强制性义务。尽管如此，在有关国际投资条约中纳入这一条款绝非无关紧要。首先，它表明条约缔约方对上诉机制持支持立场。其次，它是"谈判的承诺"，并且可以解释为：基于善意原则，如果没有相反的充分理由，谈判的结果应该是允许上诉机制的适用。参见肖军：《建立国际投资仲裁上诉机制的可行性研究——从中美双边投资条约谈判说起》，载《法商研究》2015 年第 2 期。

〔96〕 See Dominican Republic-Central America-United States Free Trade Agreement, August 2004, Art. 10. 20 (10); US-Singapore FTA, January 2004, Art. 15. 19 (10); Chile-US FTA, January 2004, Art. 10. 19 (10); US-The Republic of Korea FTA, June 2006, Art. 13. 16 (3); US- The Republic of Panama FTA, March 2007, Art. 11. 10 (6).

## 一、美智 FTA 投资争端解决机制

NAFTA 条约下的国际投资争端解决实践，使美国深刻认识到传统的 ISDS 是一把“双刃剑”，在保护美国投资者利益的同时，也对美国的国家经济管理权构成了一种严峻挑战。美国在 NAFTA 条约下的教训正是推动其国内变革的重要因素。于是在 2002 年《两党贸易促进法案》中确立了在今后美国 FTA 和 BIT 中既要维护美国投资者利益，又要考虑美国可能成为被诉时需要保护的国家利益。[97] 该原则很快被纳入 2004 年的 BIT 范本，以及美国与智利、澳大利亚、新加坡等国签订的 FTA 之中。但是这些协定中的投资争端解决机制却呈现两种不同的发展趋势：一是美国与发展中国家签订的协定中，依然表现出传统 ISDS 的坚守，以期最大限度地保护投资者的利益；二是美国与发达国家之间的协定，却呈现放弃传统 ISDS 的倾向，似乎发达国家之间不需要国际仲裁机制来保护投资者的利益。正是在此背景之下，美智 FTA 在 2003 年 6 月签署，该协定试图在保护投资者利益的同时，也在试图克服 NAFTA 投资仲裁机制的缺陷。主要体现在以下方面：仲裁透明度改革；先决问题审理制度；裁决评议与上诉制度；委员会的解释权。[98]

### （一）仲裁透明度改革

已如前述，由于国际投资仲裁可能涉及东道国的第三方公共利益，故而不应彻底坚持商事仲裁的“保密性”原则，需要为第三方提供参与的机会。因此，美智 FTA 中对此进行了回应和改革。

---

〔97〕 参见刘笋：《国际投资仲裁引发的若干危机及应对之策述评》，载《法学研究》2008 年第 6 期。

〔98〕 See Chapter Ten Investment of US-Chile FTA, Accessed Oct. 10, 2020, http://www.ustr.gov/sites/default/files/uploads/agreements/fta/chile/asset_upload_file1_4004.pdf.

1. 明确仲裁庭有权接受第三方意见。美智 FTA 明确规定，仲裁庭有权接受并考虑第三方非争议当事人或“法庭之友”的书面意见。[99] 如是，非争议第三方向仲裁庭提交书面意见就有了充分依据。尽管是否接受第三方意见的自由裁量权依然属于仲裁庭，但从严格保密到向非争议第三方有限开放仲裁程序，已然走在了国际投资仲裁透明度改革的前列，包括 ICSID 和 UNCITRAL 关于透明度改革动议。

为了客观中立评估非争议第三方的书面意见，美智 FTA 同时规定，该意见不但要注明提出意见当事人的详细信息，还应列明为准备意见而提供帮助、经济资助的任何政府、个人和组织的信息。[100] 此条规定在一定程度上可以防止争议一方当事人为了强化其诉求主张而刻意制造第三方意见，寻求偏向自己一方的第三方来充当“法庭之友”，从而最大限度地促使其主张获得仲裁庭的认可。

2. 仲裁文件与仲裁程序应公开。美智 FTA 第 10 章明确了仲裁文件和仲裁程序的公开事项。一方面，要求仲裁程序有关的文件、资料信息进行公开，包括诉答意见、会议或仲裁庭审记录、仲裁裁决或决定、备忘录等，几乎包含了仲裁程序中的绝大部分文档资料。[101] 当然，法律保护的商业秘密和信息不在公开之列。相较之下，NAFTA 也有信息公开，但是否公开以及公开的范围由双方当事人决定，未作强制性要求。另一方面，仲裁审理程序也需要向公众公开。资料公开还有一些例外，而仲裁程序公开审理几乎没有例外，这是对传统商事仲裁秘密性的重大突破，在 21 世纪初属于相当“激进”的改革举措，也被后来 ICSID 和 UNCITRAL 的透明度改革所效仿。

### (二) 先决问题审理制度

为了控制仲裁的数量、推动理性诉讼、预防滥诉，美智 FTA 设立了

---

〔99〕 Art. 10. 19 of US-Chile FTA.

〔100〕 Art. 10. 19 of US-Chile FTA.

〔101〕 Art. 10. 20 of US-Chile FTA.

先决问题审理程序，即如果被诉缔约方认为投资者的仲裁请求明显不成立（如请求赔偿的额度远高于实际损失），或者根本无法实现（如不可能恢复原状），仲裁庭则应该把这种异议作为先决问题进行审理，一旦收到异议申请，立即中止仲裁程序，并开始切换到先决问题的裁处上。[102] 如果仲裁庭最后认定投资者存在滥诉行为，则可以判定起诉方承担东道国因异议行为而产生的各种成本和费用。相反，如果仲裁庭认为东道国的异议申请是轻浮、随意的，则可以判定东道国来承担相关费用。

当然，为了保证正常的仲裁程序，美智 FTA 也对先决问题制度的适用进行了严格的限制。首先，东道国提出异议的时间。该时间被限定在不迟于仲裁庭确定的被起诉方递交答辩状的时间。[103] 其次，仲裁庭裁处先决问题的时限。在一般情况下，仲裁庭应在 150 日内对异议问题完成先决审查。如果有听证程序的话，可以延长至 160 日。如果仲裁庭确实遇到了“不同寻常的原因”，则可以延长至 180 日。[104]

各缔约方内国法院一般把管辖权异议作为先决问题处理，显然美智 FTA 的先决问题范围包括了不限于管辖权异议的其他问题，赋予了其新的内容，旨在促进理性诉讼，减少滥诉行为的发生。

### （三）裁决上诉与评议制度

为了回应《两党贸易促进法案》中确立的投资争议改革原则，美智 FTA 虽然未能直接设置投资仲裁上诉制度，但附件 10 - H 规定，协定生效后 3 年之内，各缔约方应考量是否设立一个类似机构以审查初审裁决。[105] 当然，伴随特朗普上台后的贸易单边主义，后续协商至今未启动。美智 FTA 第 10 条规定了第二条路径，即如果缔约双方之间一个独立的多边协议生效，并设立了上诉机制，缔约方应同意由该机构来审查

---

[102] Art. 10. 19 (4) of US-Chile FTA.

[103] Art. 10. 19 (4) of US-Chile FTA.

[104] Art. 10. 19 (5) of US-Chile FTA.

[105] Annex 10 - H of US-Chile FTA.

本协定项下的仲裁裁决。[106] 事实证明，美智 FTA 拟定的上诉方案并未实现。在美国—多米尼加—中美洲 FTA 中，对上诉制度进行了更详细的规定，即协定生效后 3 个月内，委员会应设立一个谈判小组启动有关上诉机制的谈判。[107] 尽管由于种种原因，上述安排未能实现，但美国在 FTA 中关于上诉机制的探讨也是国际投资争端解决机制改革的有机组成部分，反映了国际社会对投资仲裁裁决一致性、统一性的现实渴望。甘茨（Gantz）教授指出，尽管美国—多米尼加—中美洲 FTA 有关投资争议的规定还比较原则，也有很多缺陷，但此项改革仍有可能在未来美国主导的 FTA 和 BIT 中广泛效仿，甚至可能被带入 ICSID 改革程序中。[108] 笔者认为，美国上诉改革举措是面对诉累的一种应激反应，在短期内广泛实践的可能性不大，因为尚有很多理论性问题没有理清楚。[109]

实际上，针对上诉机制不能设立的情况，美国倡议的 FTA 设计了相应的替代性制度，即裁决前评议制度。该制度实质上是在裁决正式发布前，允许当事人对裁决草案发表自己的意见，仲裁庭需要考虑当事人反

---

〔106〕 Art. 10. 19（10）of US-Chile FTA.

〔107〕 针对谈判小组应该谈判的主要内容，也进行了规定：（1）上诉机构或类似机制的性质及构成；（2）审查合适的范围及标准；（3）上诉机构或类似机制的程序透明度；（4）上诉机构或类似机制作出的决定效力；（5）上诉机构或类似机制作出的审查与仲裁规则的关系；（6）上诉机构或类似机制作出的审查与现有的有关执行仲裁裁决的现有国内法及国际法的关系。

〔108〕 David A. Gantz，*An Appellate Mechanism for Review of Arbitration Decisions in Investor-State Disputes*：*Prospects and Challenges*，Vand. J. Transnat’l L，Vol. 39，2006，p. 29.

〔109〕 主要理论和技术层面的问题包括但不限于：（1）如何把上诉审程序控制在合理的时间范围内，以确保传统仲裁的效率性价值；（2）如何确保上诉审尽可能减少成本以至于不过分增加当事人的财政负担；（3）上诉审的范围和标准是什么，是否应该限定于法律审；（4）上诉法庭可能的处理结果是什么，是否能够发回重审；（5）上诉法庭受理案件后，在 ICSID 下的裁决撤销程序或国内法院的复审程序是否应立即停止；（6）究竟是建立多边统一的上诉机构还是临时性的上诉机制；（7）仲裁上诉机构如何构成，对仲裁员是否有要求，如何确保仲裁员的高素质和公平性；等等。

馈的书面意见。[110] 裁决前评议制度在功能上类似上诉制度，尽管其程序进行了前置，都是为了给当事人提供一次针对仲裁裁决提出异议的机会，纠正裁决可能的法律适用错误，减少条约解释的不一致性。[111] 裁决前评议制度的优势显而易见，对裁决草案有异议的一方将会努力寻找裁决中的错误和瑕疵，通过抓住最后的机会来改变仲裁庭的看法和认定，客观上也可以使仲裁庭更客观和审慎，对提高裁决的质量很有意义。但是如果仅凭有异议一方当事人提出的意见直接对裁决进行重新认定，甚至颠覆之前的裁决结果，可能对另一方当事人有些不公。因此，该制度需要进一步完善，一是仲裁庭收到的书面异议同时也要发给另一方当事人，以供其知悉并提出进一步的抗辩。二是如果仲裁庭认为异议有道理，需要改变裁决的最初认定，则应当再次开庭审理，质证辩论，为双方提供充分发表自己意见的机会。如果仲裁庭认为异议不成立，可以维持原来的认定，如期作出裁决，其效果等同上诉审查，对初审裁决进行维持。如果仲裁庭认为异议成立，通过重新开庭审理，最终对裁决原来的判定进行修正，其效果等同上诉审查对初审裁决进行改判。由此，裁决前的评议制度在功能上类似上诉审查，而且并未实质性地提高当事人的时间和金钱成本，是一项比较理想的上诉审查的替代机制，针对传统的商事仲裁也是一项良性的制度创新，尤其是在建立上诉机制时机尚不成熟时，可以考虑启用此项制度。

当然，如果已经成功设立上诉机制，就没有必要再保留裁决前的评议制度了，因为二者的功能类似，双重审查将会造成时间和资源成本的

---

[110] 美智 FTA 第 10 条规定，在争端一方的请求下，仲裁庭在作出最终裁决前，应当将裁决草案提交给争端方和非争端方，在仲裁庭发出裁决草案后 60 日内，争端方可以对裁决草案提交书面意见，仲裁庭应在 60 日评论期满后的 45 日内考虑这些意见。See Art. 10. 19（9）a of US-Chile FTA.

[111] Andrea J. Menaker, *Benefiting from Experience: Developments in the United States' Most Recent Investment Agreements*, Journal of International Law & Policy, Fall, 2005, p. 128.

巨大浪费，拖延仲裁程序，平添诉累。美智 FTA 亦明确规定，评议制度只是一个临时安排，如果上诉制度顺利建立，评议制度将不再适用。[112]

由此，裁决评议制度实为上诉审查的一种替代机制，从内部对裁决进行监督，而不是从外部（法院）引入第三方对裁决进行审查，并未改变仲裁程序的独立性。该制度并不是美国凭空想象的，实际上是借鉴了 ICC 仲裁院的裁决审查制度，仲裁院有核定仲裁裁决的义务。《国际商会仲裁规则》第 27 条规定，仲裁庭在签发裁决书之前，应首先把裁决书提交给仲裁院，仲裁院有权对裁决书的形式问题进行纠正，在不影响仲裁庭自主决定权的前提下，可以提示仲裁庭对实体问题予以关注。[113] ICC 仲裁院对仲裁裁决的审查主要是形式上的，其目的是避免重大的形式错误，没有权力要求仲裁庭对裁决的实质性问题进行修改，但可以提醒仲裁庭对某些实质性问题进行关注。仲裁庭可以有意忽略仲裁院的意见，反过来仲裁院也可以拒绝批准裁决文本。

## 二、美澳 FTA 中的投资争端解决机制

如果说，美智 FTA 中代表了美国与发展中国家关于投资争端解决机制改革的态度和趋势，那么美澳 FTA 则代表了美国与发达国家之间对于投资争端解决机制的态度和实践。美澳 FTA 于 2004 年 5 月签署，2005 年 1 月 1 日生效。关于投资实体法的规定基本上延续了 NAFTA 的内容，但投资争端解决机制却用国家—国家争端解决程序取代了 ISDS，并把用尽国内救济作为启动仲裁程序的前置性条件。

### （一）美澳 FTA 放弃 ISDS 的理由

之所以放弃 ISDS，诉诸国内属地救济，主要理由之一，是美澳双方

〔112〕 Art. 10. 19 (9) b of US-Chile FTA.

〔113〕 Art. 27 of ICC Rules of Arbitration.

彼此对其国内公平、完备法律体系的认同。故而不在协定中规定 ISDS 的仲裁方式，如果发生特殊情况，这一问题再行考虑，但政府之间的争议依然采用投资仲裁方式进行。[114] 澳大利亚也表示，与其他 FTA 或涵盖性的投资协定不同，美澳 FTA 没有包含 ISDS，这表明两国都有完备健全的法律体系，能为投资者提供充足的机会应对政府的管制行为。[115] 由此，美澳 FTA 放弃了通常的 ISDS 中的投资仲裁机制，转而诉诸东道国属地管辖，主要是基于彼此对自身市场运行环境、司法体制的信赖，相信本国司法机制能够为对方投资者提供公平、公正的法律保护。这也在一定程度反映了主张属地管辖、拒绝国际诉讼的“卡尔沃主义的复活”。如果投资者用尽当地救济后，依然无法维护自身权益，理论上可以向母国请求保护，启动国家之间的仲裁程序，当然该程序往往会受到两国政治关系的影响，能否启动更多地由国家进行综合考量，投资者无法把控。

此外，两国投资关系相互渗透嵌入，美国多年来都是澳大利亚最大外资来源地，为了保护其在澳大利亚的投资者，避免在 NAFTA 框架下频频被诉至国际仲裁的诉累，主导取消了 ISDS 投资仲裁的选项。相较而言，美国在澳大利亚的投资远高于澳大利亚在美国的投资，在美澳 FTA 中取消 ISDS 整体上对美国更为有利。

### （二）美澳 FTA 放弃 ISDS 评析

美国在与发达国家之间，以及与发展中国家之间的 FTA 或 BIT，对于 ISDS 投资仲裁的不同态度，抑或“双重标准”，实际上都是基于自身

---

[114] See U. S. – Australia FTA Summary of the Agreement, Accessed Nov. 18, 2020, http://www.ustraderep.gov/Trade_Agreements/Bilateral/Australia_FTA/US-Australia_FTA_Summary_of_the_Agreement.html.

[115] William S. Dodge, *Investor-State Dispute Settlement Between Developed Countries: Reflections on the Australia-United States Free Trade Agreement*, Vanderbilt Journal of Transnational Law, Vol. 39, 2006, p. 25.

利益最大化的考量。对发展中国家而言，美国是典型的资本输出国，再加上对发展中国家司法公正缺乏信心，为了更好地保护美国海外投资者的利益，极力主张避开东道国的属地管辖，赋予投资者单方面诉诸国际仲裁的权利。发展中国家为了吸引外资，不得不接受美国的主张。相反，美国与发达国家之间的 FTA 或 BIT，由于双方互为资本输出国，再加上对彼此司法公正的信赖，完全放弃了 ISDS，退回到了传统的属地管辖。因此，在谈判协定过程中，一方是资本输出国，还是资本输入国，基本上决定了其对 ISDS 的立场。在“一带一路”沿线，我国是典型的资本输出国，因此在与沿线相关国家的 BIT 中，应该推广国际仲裁，以保护我国在沿线投资者的利益。

美澳 FTA 这种放弃 ISDS 国际仲裁，退回到传统的属地诉讼，以及由缔约方政府成立专家组对解决相关问题的做法，是否意味着国际投资仲裁改革中的倒退，抑或是一种理性回归？根据美澳 FTA 的规定，如果投资者用尽当地救济后，依然无法维护自身权益，则可以由双方政府指定组成专家小组进行进一步协调。从表面上看，该机制有些类似 WTO 争端解决机制，但更像外交保护的变种。尽管如此，笔者认为，这并不是国际投资仲裁发展的倒退，只是“用尽当地救济”的适度回归。

实质上，美澳 FTA 对于启动 ISDS 上留有一定余地。FTA 第 11 条规定，如果一方认为环境的改变影响了本章项下争端的解决，缔约双方应考虑允许投资者针对东道国发起国际仲裁，缔约一方可以请求另一方启动该问题的磋商，并建立适当的程序。另一方一旦收到此种请求，应迅速启动磋商，并朝着允许投资者启动国际仲裁程序并建立适当程序的方向迈进。[116] 此规定为 ISDS 的复活留下了可能，但在实践中如何判定环境的影响会导致国内司法机制无法保护投资者利益，如果一方不配合另

〔116〕 Art. 11. 16，AUSFTA.

一方的磋商请求，针对特定程序无法达成一致，又该如何行事，协定并未明确，有待实践中进一步摸索。

## 第五节　TPP 中的投资争端解决机制

尽管美国在美澳 FTA 中放弃了 ISDS，但加入 TPP 谈判后，为了保护其在亚太地区主要成员境内的海外投资，反而极力充实了 ISDS 的条款内容，TPP 第 9 章第 B 节[117] 专门规定了 ISDS 制度。随着美国在 2017 年退出 TPP，在日本的主导下，TPP 被 CPTPP 取代。CPTPP 冻结了 TPP 有关知识产权和争端解决机制的条款。但其争端解决机制主要变化依然值得深入探讨。

TPP 第 9 章第 B 节第 9. 17 条至第 9. 29 条详细规定了投资争议解决程序，包括磋商和仲裁。争议发生后，首先应启动磋商程序，6 个月内磋商未果方能提请仲裁请求。[118]

### 一、TPP 投资争议仲裁程序

磋商程序 6 个月内双方未能达成和解的，投资者可以自己或其控制的企业法人的名义，提出仲裁申请。但在仲裁程序启动的 90 日前，投资者应把仲裁意愿书面告知被申请人（东道国），被诉东道国可以针对仲裁申请中的事实或法律依据提出反诉，或针对未抵消申请的仲裁请求主

〔117〕 TPP 投资专章中包含 A、B 和附件三部分内容。其中，A 部分为投资待遇、投资保障义务等实体规则；B 部分为 ISDS 的程序规则；附件则是一些细节补充，以及不符措施项下所列的各国负面清单。

〔118〕 Art. 9. 17，TPP.

张反诉，投资者的仲裁请求应与东道国的反诉合并审理。[119] 投资者应在知道或应当知道东道国违反 TPP 投资规则义务而遭受损失之日起的 3 年零 6 个月之内，启动仲裁程序，[120] “除斥期间”过后，投资者即丧失仲裁请求权。

### （一）仲裁庭组成及仲裁规则

如果仲裁双方没有除外约定，仲裁庭则由 3 名仲裁员组成。[121] 仲裁员的委派按照《ICSID 公约》及其“仲裁规则”进行，即争议双方分别选定 1 名仲裁员，共同指定的第三名仲裁员担任首席仲裁员。[122] 仲裁申请提交后的 75 日内，仲裁庭依然无法组建的，一方当事人可以请求 ICSID 的秘书长指定仲裁员，组建仲裁庭。首席仲裁员不应由投资者母国或者东道国的国民担任，除非双方一致同意，争端一方可以就除国籍以外的原因对仲裁员的委派提出不同意见。[123]

仲裁庭所适用的仲裁规则，TPP 给出了 4 种选择，如果投资者母国和东道国都是《ICSID 公约》缔约方，当事人可以选择《ICSID 仲裁规则》；如果有一方不是缔约方时，当事人可以选择 ICSID《附加便利规则》；双方协商一致，也可以选择《联合国国际贸易法委员会仲裁规

〔119〕 当投资者以东道国违反一项投资授权或投资协定为由提出仲裁时，东道国可以提出相应的反诉，或提出一项诉请与之相抵消。这是一项创新，在之前的 ISDS 规则中都没有类似规定。投资者的指控是针对东道国违反国民待遇、最低标准待遇、征收、外汇转移、履行要求等 TPP 投资待遇和保障义务而提出的，则不适用反诉。此规定能够在一定程度上保证东道国平等地维护自己的权益。See Art. 9. 18. 2，TPP.

〔120〕 Art. 9. 16，TPP.

〔121〕 TPP 第 9. 21. 6 条规定，在协定生效前，各缔约方应就第 28 章（争端解决）下的《争端解决程序行为守则》对选任的仲裁员的适用提供指南，包括对《争端解决程序行为守则》进行修改以使之与 ISDS 条款相符合。成员方应当考虑特定候选人对于相关准据法的专业知识或相关经验。成员方也应就有关利益冲突的其他规则或指南的适用提供指引。应当考虑特定候选人对于相关准据法的专业知识或相关经验。

〔122〕 Art. 9. 21. 1，TPP.

〔123〕 Art. 9. 21. 1，Art. 9. 21. 3，TPP.

则》；或者双方同意的其他仲裁规则。[124]

仲裁地点由双方协商约定，协商不成的，由仲裁庭根据所适用的仲裁规则确定仲裁地点，但应确保在《纽约公约》的缔约方领土境内。被申请人可以向仲裁庭提出管辖权异议，被申请人的异议权不能被剥夺，但可以放弃。[125]

### （二）仲裁程序透明度与准据法

TPP仲裁机制一个重要的改革举措是强化了程序的透明度，确立了“公开为原则，不公开为例外”的程序制度。首先，经当事人双方协商同意，仲裁庭可以接收并考虑利益相关第三方的书面意见（“法庭之友”），并保证第三方参与听证的权利。除符合基本格式规范要求外，“法庭之友”意见书应载明获得任何资助、支持的单位或个人的具体信息。如果仲裁庭“法庭之友”意见有助于澄清案件争议焦点和问题，仲裁庭可以采纳此意见。同时，仲裁庭应确保“法庭之友”意见不会干扰正常的仲裁程序或给当事人造成不合理的负担，并给予当事人回应“法庭之友”意见的机会。其次，受保护信息不公开，如当事人的身份信息、安全条款例外所涉信息、据信息披露条款可以拒绝披露的信息（商业秘密、特权信息或受法律保护而免于披露的信息）等。[126] 如果当事人把受保护信息提交给仲裁庭，仲裁庭应采取相应的保护措施。非保密信息应及时公开，如仲裁申请书、仲裁通知、双方陈述书、听证纪要、仲裁裁决和决定等，应及时送达非争端成员，并确保公众可以获得此类文件。[127] 最后，如有必要，仲裁庭应举行公开听证，并与争议双方协商后，确定具体事宜和安排。[128]

---

〔124〕 Art. 9. 22. 2，TPP.

〔125〕 Art. 9. 22. 1，Art. 9. 22. 4（d），TPP.

〔126〕 Art. 9. 23. 3，TPP.

〔127〕 Art. 9. 23. 1，TPP.

〔128〕 Art. 9. 21，TPP.

有关准据法的适用，TPP 延续了 ICSID 的传统，即仲裁庭首先应考虑适用 TPP，尤其是 TPP 投资实体法规则，以及其他国际投资法规则，包括国际投资习惯法。如果当事人根据其他投资条约或契约提起仲裁，仲裁庭应适用该条约或契约指明的或者当事人协商确定的法律规则。如果最终无法确定适用的法律规则，按照最密切联系原则，应适用东道国的法律，包括东道国的冲突法规则和条约法规则。[129]

### （三）专家组报告与合并审理

经过争议一方或双方的请求，仲裁庭可以任命一位或几位专家，针对案件的事实或科学性问题提供专家意见。[130]

当两个或多个类似的仲裁请求被联合申请时，因为联合请求触发理由相同，又涉及共同的事实或法律问题，则争议一方当事人可以向仲裁庭秘书长和另一方当事人提出合并审理的书面申请。合并申请提起之后的 30 日内，仲裁庭应合并审理，除非秘书长认为明显缺乏依据。如果之前的仲裁庭已经对案件的部分诉求进行了裁处，合并后的仲裁庭将不对该诉求行使管辖权。合并后的仲裁庭应适用《联合国国际贸易法委员会仲裁规则》推进仲裁程序。[131]

仲裁庭以多数票原则对争议问题进行裁决，仲裁庭可以裁处金钱损害赔偿及附加利息，可并处恢复原状，同时可以对仲裁庭和律师等费用如何承担及支付作出处断，并对所依据的事实和理由进行解释说明，但不得作出惩罚性赔偿的裁决。仲裁庭对支持投资者赔偿申请的裁处，赔偿范围应限定在投资者可以举证证明的损失范围之内。如果仲裁庭发现投资者存在滥诉行为，则应裁定由投资者承担相关费用。[132]

由此，TPP 仲裁庭只能作出涉及金钱、财产或类似的裁决，不能要

[129] Art. 9. 24, TPP.

[130] Art. 9. 26, TPP.

[131] Art. 9. 27. 1, Art. 9. 27. 2, Art. 9. 27. 3, Art. 9. 27. 8, Art. 9. 27. 9, TPP.

[132] Art. 9. 28. 3, Art. 9. 28. 2, Art. 9. 28. 6, Art. 9. 28. 4, TPP.

求东道国修改法律。这是TPP投资仲裁与WTO争端解决机构裁决的重大区别。后者裁决意见大多涉及成员方法律法规的调整修改，而金钱赔偿义务几乎没有。因为WTO诉讼主要在国家对国家之间展开，而不是贸易进口商起诉国家。TPP仲裁则是投资者对国家的诉讼，类似我国的行政诉讼，只能针对具体行政行为，不能针对抽象行政行为。违反TPP义务的东道国境内的法律法规则由成员国会议协商解决，不能由具体的仲裁庭来决定。

### （四）裁决的承认与执行

TPP仲裁庭延续了ICSID仲裁机制，采用“一裁终局”原则，不得进行上诉，并免于东道国国内司法审查。裁决对特定案件当事人有效，不具有案例法性质。败诉当事方在其有效控制的领土范围内，有义务承认并执行裁决。[133] 败诉一方当事人应根据《ICSID公约》或《纽约公约》的规定严格履行裁决义务。

如果裁决义务属于附件1和附件2中“不符措施清单”范围的争议，则由TPP解释委员会作出裁决，解释委员会应在收到仲裁庭请求后的90日内作出书面决定。如果解释委员会在90日内未作出决定，仲裁庭可以自行裁定。解释委员会对协定的有关解释对仲裁庭具有拘束力。[134]

如果败诉的缔约方最终未能履行裁决义务，投资者可以诉诸TPP第28章（争端解决）之规定，即投资者母国可以请求设立专家组，专家组可以对裁决的执行作出进一步的裁定。此外，投资者还可以请求母国启动外交保护，或者提出国际求偿。

---

〔133〕 Art. 9. 29. 1, TPP.

〔134〕 Art. 9. 29. 3, TPP.

## 二、TPP 投资仲裁程序评析

尽管 TPP 基本延续了 ICSID 仲裁机制，但在管辖权、程序规则选择、赔偿范围、相关费用承担、合并仲裁等方面进行了改革与创新。此外，TPP 对“法庭之友”作了更详尽的规定，对准据法的适用也更灵活，不再限制合并仲裁中仲裁员的国籍等。[135]

### （一）仲裁庭管辖权适度扩张

TPP 对投资的内涵进行了开放、宽泛的界定，采用了列举加兜底条款的方式进行明确，扩大了投资的外延。[136] 再加上仲裁庭对规则条款的专有解释权，[137] 不可避免地导致仲裁庭对自身管辖范围的扩大解释，犹如 ICSID 仲裁庭一样。[138] 对投资内涵的宽泛式界定，既可以扩大对投资者权益的保护，也可以限制东道国的管制权。此外，TPP 对投资定义的标准不要求投资活动与东道国有实质性的联系，只要投资者拥有东道国的国籍即可。如是，可能导致投资者为了最大限度地保护自己的利益而

---

〔135〕 参见石静霞、马兰:《〈跨太平洋伙伴关系协定〉（TPP）投资章节核心规则解析》，载《国家行政学院学报》2016 年第 1 期。

〔136〕 Art. 9. 1, TPP.

〔137〕 Art. 9. 25. 2, TPP.

〔138〕 如“Fedax 诉委内瑞拉案”中，仲裁庭根据荷兰—委内瑞拉 BIT 第 1 条第 1 款的规定对“投资”概念作了广义解释，将本票纳入“投资”范围，从而裁定仲裁庭具有管辖权。See Fedax N. V. v . Republic of Venezuela, ICSID Case No. ARB/96/3, para. 41. 在“Metalclad Corporation 诉墨西哥案”中，墨西哥主张根据有关规定，东道国在承担投资保护义务时必须要对环境问题加以考虑，但仲裁庭认为，生态保护令本身及政府颁行生态保护令的目的或动机，对征收的认定都不产生实质上的影响，而是生态保护令的实施效果构成了类似征收的行为。该案中，仲裁庭对规制性征收含义的扩张性解释，引发了广泛的争议和担忧。See Metalclad Corporation v. The United Mexican States, ICSID Case No. ARB（AF）/97/1.

恶意改变国籍的情况。[139]

### （二）仲裁裁决监督机制缺失

TPP 投资仲裁机制有效避开了东道国的属地管辖，以及东道国不同层级的司法程序，可以直接诉诸 TPP 争议解决机制。投资者无须担心被征收或被国有化，TPP 仲裁也有效规制了国家豁免，投资者利益得到了较充分的程序保护。再加之 TPP 仲裁一裁终局的制度设计，确保了仲裁程序的高效快捷。但从另一个角度看，TPP 的错误裁决也就得不到东道国或投资者母国司法的审查，哪怕是明显的程序性错误或法律适用错误，均无法启动国内司法监督。也就无法避免类似 ICSID 裁决不一致、法律适用解释不统一情况的出现。

TPP 投资争议解决机制，未设立裁决撤销或上诉制度，所依托的 UNCITRAL 和 ICSID 也没有上诉救济途径，要么依靠国内法院审查，要么诉诸撤销程序。如此一来，传统投资仲裁实践中出现的裁决不一致、法律解释不统一等问题将不可避免。当然，采用商事仲裁一裁终局的模式，简洁高效成本低。但是仲裁裁决的不一致以及对条约解释的不统一，将不可完全避免，如果上诉制度牺牲了仲裁的效率，推高了诉讼成本，那么可以向美智 FTA 借鉴，设立裁决评议制度，即在仲裁裁决正式发布前，给当事人一个对仲裁结果审查并提出意见的机会。

### （三）创设先决驳回程序

为了防止投资者滥诉或轻率仲裁的行为，TPP 赋予了仲裁庭先决驳回的权利，将明显不具备法律基础的诉请事前排除。仲裁庭在审理其他问题时（如管辖权）可以先行判定申请人的仲裁请求是否明显不当，无

---

〔139〕 参见黄世席：《可持续发展视角下国际投资争端解决机制的革新》，载《当代法学》2016 年第 2 期。

法根据 TPP 第 9.28 条作出有效的仲裁裁决。[140] 设立先决驳回程序的目的是快速解决当事人对仲裁程序的滥用，节省司法资源。为此，TPP 进一步规定了东道国提出驳回审查的时间，最迟不晚于仲裁庭要求被申请人提交答辩状的时间。东道国一旦提起驳回申请，仲裁庭应立即中止实体问题的审理，优先处理东道国的滥诉抗辩。[141]

为了保护投资者的合法诉求，仲裁庭首先应假定其仲裁请求是真实的，是可以按照 TPP 第 9.28 条的规定能够作出有效裁决的，这是整个驳回程序的基础和前提。仲裁庭在坚持此项原则的前提下，审查投资者仲裁请求是否存在明显不成立的情况，是否属于毫无法律基础的滥诉行为。当然，仲裁庭裁定之前应给当事人提供充分的辩论机会。由此，在先行驳回程序中，仲裁庭只是预判法律问题，不涉及事实的认定，后者需要在之后的仲裁程序中澄清和认定。

先决驳回程序也有一定问题，因为判断一项请求是否有明确的法律基础，实际上相对复杂，如果东道国启动的先决驳回程序获得仲裁庭的支持，将不可避免地造成程序上的冗长拖延，增加当事人的仲裁成本，包括可能增加仲裁和律师的费用。因此，TPP 先决驳回制度需要进一步完善。

## 三、从 TPP 到 CPTPP

已如前述，2017 年 1 月美国退出 TPP 后，协定前景一度黯淡。但在日本的推动下，剩余 11 国在 2018 年 3 月签署 CPTPP，并于 2018 年 12 月 30 日最终生效。CPTPP 保留了 TPP 绝大部分内容，比较明显的变化

---

〔140〕 该规定借鉴了 2012 年《美国投资协定范本》的规定，即东道国得提出抗辩，由仲裁庭从“法律的观点”优先审查，其判断标准为投资者所提主张是否属于在法律上无法作成对投资者有利的主张。See Art. 9.22.4, TPP.

〔141〕 Art. 9.22.4 (a), TPP.

是冻结了 TPP 部分内容（知识产权和争端解决机制），取消了生效需要 85% 以上成员国批准的要求。

### （一）CPTPP 在 ISDS 机制方面的变化

TPP 延续了美国 BIT 中投资争议的 ISDS 机制，但日本主导下 CPTPP 的一个主要的变化则是限制了 ISDS 机制的使用，主要体现在两个方面。一是冻结条款。所谓“冻结”即意味东道国违反资源开发、基础设施建设等投资协议义务时，投资者不能诉诸 CPTPP 的投资者仲裁机制。被冻结条款包括投资定义、仲裁请求、准据法，以及相关附件内容。此外，CPTPP 也冻结了金融服务一章中关于公平公正待遇条款，即投资者不能因为东道国金融管制措施违反公平公正待遇而诉诸仲裁。其他案件依然可以适用 CPTPP 仲裁机制。[142] 二是双边特殊安排。新西兰与澳大利亚、秘鲁分别已经换文约定两国间不适用 CPTPP 的投资仲裁制度，明确排除了 ISDS 机制。同时，新西兰也与文莱、马来西亚和越南分别签署双边协定，投资者诉诸 CPTPP 投资仲裁之前，应征得东道国的同意。上述双边安排显示了缔约方对 CPTPP 中的 ISDS 机制的忧虑。加拿大与秘鲁也通过换文约定双方保留政府在文化和健康产业方面的规制权。[143] CPTPP 对 ISDS 机制的限制，一方面是为了防止 ISDS 机制的滥用，另一方面是为了实现投资者利益保护与东道国经济规制权的平衡。

此外，为了进一步规范仲裁员的行为，CPTPP 要求缔约方为仲裁员的行为守则提供明确指引，为解决仲裁员利益冲突问题提供明确依据，

---

〔142〕 参见张生：《CPTPP 投资争端解决机制的演进与中国的对策》，载《国际经贸探索》2018 年第 12 期。

〔143〕 See Foreign Affairs & Trade of New Zealand, CPTPP v. TPP, Accessed Dec. 12, 2020, https://www.mfat.govt.nz/en/trade/free-trade-agree-ments/free-trade-agreements-concluded-but-not-in-force/cptpp/tpp-and-cptpp-the-differences-ex-plained/.

最大限度地保证仲裁员的中立性，实现仲裁程序的客观与公正。[144]

### （二）CPTPP 调整 ISDS 机制的原因

CPTPP 对 TPP 投资争端解决条款的限制性适用，充分体现了缔约方对 ISDS 机制持有的审慎态度。这也回应了国际社会，尤其是资本输入国，长期以来对 ISDS 的广泛质疑。当然国际社会已基本达成共识，即应该对 ISDS 实施改革，关键是如何进行改革。CPTPP 限制 ISDS 机制发挥作用，在一定程度上也体现了对美国强势主导 TPP 中 ISDS 机制的一种反弹。自从把 ISDS 机制纳入 NAFTA 以后，美国基本上主导了国际投资仲裁机制的走向，以期最大限度地维护海外投资者的利益。

CPTPP 针对 ISDS 的限制性适用，也反映了 ISDS 改革多元化发展的趋势。以美国和日本为代表的“基本维持现状派”，主张 ISDS 机制进行适度修正。以欧盟为代表的“改革派”主张大刀阔斧地改革，前述 ICS 机制即为其集中体现。以巴西、阿根廷等国为代表的“革命派”则呼吁“卡尔沃主义的回归”，主张彻底抛弃当前的 ISDS 机制，退回到东道国的属地管辖。[145] 目前，UNCITRAL 不断从多边视角探索 ISDS 制度的改革路径，但在全球化的大背景下，ISDS 改革的前路尚不明朗。

---

〔144〕 Art. 9. 22，CPTPP.

〔145〕 日本所签署的大多数投资协定和自由贸易协定都包含了国际投资仲裁条款。虽然 ISDS 机制目前受到不少国家的批评，但鲜见日本政府对于该机制的公开质疑。这样的态度可能源于目前日本并没有过多地成为投资仲裁案件的“被告”。除日本政府外，日本商界对投资仲裁也持普遍支持态度。日本代表团在参与 UNCITRAL 的讨论时也质疑用投资法庭制度取代现有仲裁制度的必要性，认为目前投资条约的“碎片化”才是导致投资仲裁裁决不一致的主要原因。参见张庆麟：《欧盟投资者—国家争端解决机制改革实践评析》，载《法商研究》2016 年第 3 期。

## 第六节　欧美 ISDS 改革对亚投行争端解决机制的启示

已如前述，欧盟 ICS 旨在建立一个由初级审理和上诉审理相结合的“两审终审制”的投资仲裁新体制，法庭的仲裁员是专职的、常任的，同时引入强制的透明度规则，保证程序的公开与公正。但欧盟在 TTIP 提案、CETA 和 EVFTA 中的 ICS 并不完全一致，具体制度设计上存在一些差异，其实际效果尚需实践检验。中欧之间的投资协定谈判原计划于 2020 年年底结束，但受到新冠疫情的影响，进程可能推迟。由于保密需要，谈判具体文本未公布，投资仲裁章节中是否涵盖欧盟推崇的 ICS 以及具体制度细节尚无法确定。美国主导的 FTA 关于 ISDS 改革比较温和，并且有两极化发展的趋势。换言之，美国与发达国家之间的投资争端解决呈现回归东道国属地管辖的趋势，美国与发展中国家之间的 ISDS 机制呈现温和改革的趋势。考虑我国双向投资大国的身份，尤其是在“一带一路”沿线资本输出国的身份，美国 FTA 两极化发展趋势和 ICS 整体上有助于保护我国沿线投资者的利益，亚投行仲裁制度设计上可以研究相关实践，形成更完善的程序规则。

国际投资仲裁改革制度各有利弊，可以借鉴其合理、先进的经验，同时也应尽可能避免其不成功的教训。借鉴与扬弃相结合，探索不同经济体都可以接受的投资争端解决机制。在前文论述的基础上可知，亚投行投资仲裁制度可以借鉴的主要经验如下。

### 一、尽可能避免 ICS 过度司法化

已如前述，欧盟主导的 ICS 改革是一场快速迈向司法化的改革，过

于激进和理想化。尤其是 TTIP 从仲裁员和仲裁庭的名称到仲裁员的委派和仲裁庭的组成，基本上已经法院化了。如此，可能导致以下问题：首先，可能会引起缔约方的抵制情绪，增加谈判难度。尽管全球化已经今非昔比，但各主权国家允许外国私人把自己诉到国际仲裁法院，依然在开放与审慎态度之间摇摆。这也是 WTO 争端解决机制在机构和仲裁员名称上的刻意考量，就像加入《ICSID 公约》并不必然接受 ICSID 管辖一样，都是为了尽可能消除缔约方的疑虑和担忧，进行了建设性的中性化处理。其次，将大大推高争议解决的成本。因为国际投资仲裁法院化后，包括初审仲裁员都是专职常任，加上上诉法庭的仲裁员，人数较多，财政支出将大幅上升，再加上仲裁程序、律师和专家费用，将不可避免地推高缔约国和争议双方的财政负担。最后，ICS 多边化的难度较大。双边或诸边层面 ICS 尚比较好协调，尤其是在欧盟占据优势的情况下，ICS 的推行尚属顺利。但如果进一步发展到多边层面，随着成员数量的激增，将不可避免地产生更多的分歧和疑虑，甚或引发一些国家的抵制。毫无疑问，ICS 尚无法适用或满足所有国家差异化的需要。

## 二、仲裁裁决执行的多重保障

传统上，诉诸国际商事仲裁机构的仲裁裁决可以依据《纽约公约》进行承认和执行，诉诸 ICSID 的仲裁裁决可以依照《ICSID 公约》予以执行。ICS 自身倾向把其裁决认定为《纽约公约》或《ICSID 公约》多边条约项下的仲裁裁决，旨在借助其他多边条约赋予自身裁决的执行力。但 ICS 裁决在 TTIP、CETA 和 EVFTA 缔约方之外的第三国的执行依然面临障碍。一是当前对 ICS 裁决的性质依然存有争议。该裁决属于具有司法性质的法院判决，还是投资仲裁领域的仲裁裁决。二是裁决缺乏多边条约的支撑。无论是传统的商事仲裁，还是 WTO 争端解决机制，抑或是 ICSID 中心，其裁决的执行都是以多边条约为基础，承认执行条约是各缔约方必须履行的条约义务。而 TTIP、CETA 和 EVFTA 的条约缔约方是有限的，非缔约方原则上是没有承认执行裁决的义务的。ICS 是司法和仲裁的奇特“混合”，既不是传统的商事仲裁机构，也有别于 ICSID，其裁决能否按照《纽约公约》或《ICSID 公约》顺利执行，尚有待观察。

由此，亚投行投资争端解决机构的仲裁裁决的执行有两个并行的选择。一是以多边条约为基础，各缔约方境内无条件承认执行投资裁决是其直接的条约义务，犹如《ICSID 公约》一样，如此可以确保裁决的执行力和公信力，避免 ICS 可能的裁决执行障碍。二是同时在条约中规定，如果被申请执行承认裁决的国家不是缔约方，则亚投行争端解决机构的裁决此时应被视为《纽约公约》或《ICSID 公约》项下的裁决；如果被申请承认执行的国家是这两个公约的缔约方，则应该协助履行。实质上是借助现行有效的仲裁裁决执行的条约机制，提高亚投行争端解决机构裁决的执行力。

## 三、美智 FTA 裁决前评议制度及先决问题审理程序

已如前述，在上诉机制无法成立时，美智 FTA 设计了一个替代性方案，即裁决前评议制度。该项制度实际上是仲裁庭在发布裁决之前，先把裁决草案发给双方当事人，双方可以针对裁决内容反馈书面意见给仲裁庭。[146] 裁决前评议制度在功能和效果上类似上诉制度，尽管其程序进行了前置，其目的都是给争议双方提供一次针对裁决提出异议的机会，

---

〔146〕 美智 FTA 第 10 条规定，在争端一方的请求下，仲裁庭在作出最终裁决前，应当将裁决草案提交给争端方和非争端方，在仲裁庭发出裁决草案后 60 日内，争端方可以对裁决草案提交书面意见，仲裁庭应在 60 日评论期满后的 45 日内考虑这些意见。See Art. 10. 19 (9) a of US-Chile FTA.

纠正裁决可能的法律错误，减少条约解释的不一致性。[147] 由此，如果亚投行争端解决机制目前无法一步到位直接设立“上诉机制”，则可以借鉴美智 FTA 中的裁决前评议制度，等到时机成熟再升级为“上诉机制”。当然，如果起初能够一步到位，还是建议直接采用两审终审制，这样可以避免后续制度升级带来的修约困境。因此，亚投行争端解决机制在开始磋商时，可以拟定两个方案，两手准备，根据谈判成员方的接受程度，择机行事。

此外，为了预防滥诉，推动理性诉讼，美智 FTA 还设立了先决问题审理制度，即如果被诉缔约方认为投资者的仲裁请求明显不成立或者根本无法实现，仲裁庭则应该把这种异议作为先决问题进行审理，一旦收到异议申请，立即中止仲裁程序，并开始切换到先决问题的裁处上。[148] 该项制度对于促使当事人尽力磋商解决争议，审慎发起仲裁，减轻仲裁庭负担，具有一定的现实意义，尤其是如果仲裁庭面临“仲裁爆炸”时，初审和上诉审的仲裁员资源是有限的，控制仲裁数量，有助于保证案件审理质量。亚投行争端解决机制可以借鉴该条款的规定，以防“仲裁爆炸”情况的发生。在嵌入该条款时，可以设计一个触发条件，例如，单位时间内案件数量激增到什么程度，仲裁员不堪重负时，该条款自动强化实施。为了维护当事人的仲裁权利，保障其仲裁机会，该条款在实际实施过程中，应从严把握，只有仲裁请求明显不成立的，才可以拒绝立案，保证正常仲裁请求及其仲裁程序的顺利启动。此外，需要注意的是该项制度与管辖权异议条款并不冲突，后者是当事人在立案后对仲裁庭提起的，目的是确保仲裁庭对案件的合法管辖权，纠正仲裁申请人不正确的起诉。前者是仲裁庭在立案过程中对仲裁请求是否合理的一

---

〔147〕 Andrea J. Menaker, *Benefiting from Experience: Developments in the United States Most Recent Investment Agreements*, Journal of International Law & Policy, 2005, p. 128.

〔148〕 Art. 10. 19（4）of US-Chile FTA.

个形式审查。

## 四、美国ISDS的两极化趋势

晚近美国主导的自由贸易协定，尤其是ISDS条款呈现明显的两极化发展趋势，包括美澳FTA和美加墨FTA，美澳FTA明显放弃了ISDS国际仲裁，退回到传统的属地诉讼，而TPP则继续坚守ISDS这种国际投资争端解决方式。美加墨FTA两极化趋势更为明显，即美加之间放弃ISDS，而美墨之间则继续使用ISDS的仲裁模式。美国双重标准的趋势非常明显，即与发展中国家之间的FTA，为了充分保护其投资者的利益，允许ISDS机制的存在。而与发达国家之间的FTA，美国资本输出国地位不甚明显，再加上发达缔约方国内司法的公正与透明，则退回到了属地管辖，可以最大限度地减少美国被诉诸国际仲裁的情况。“双重标准”可以实现美国利益的最大化，这与美国政府主张的美国优先政策密切相关。

我国是双向投资大国，“一带一路”沿线，尤其是东盟，我国是典型的资本输出国，保护海外投资者利益的需要更突出，而与发达国家之间的FDI和ODI相比较平衡。我国可以考虑属地管辖，以尽可能地减少我国被诉国际仲裁的可能。

## 五、建立上诉制度可行性

除前述可以借鉴的内容外，ICS也是亚投行争端解决机制值得学习的重要内容。两审终审可以有效维护裁决的一致性和条约解释的统一性，提升“一带一路”沿线投资者纠纷解决的可预期性和稳定性。在2015年中澳FTA中，我国开始对投资仲裁的上诉机制进行探索，其中第9章第23条中规定，缔约双方应在本协定生效之日起的3年内，启动上诉机制谈判，目的是审查仲裁裁决中的法律问题。这是我国首次在 FTA 中提起建立上诉审查机制。尽管由于种种原因至今尚未启动上诉机制的谈判，但这表明我国开始积极顺应并探索属于适合自身的投资争端解决上诉制度。ICS 的最新改革为我国的探索提供了一些有益的启发。

我国已经在多个 BIT 中嵌入了 ISDS 条款，并逐步全面接受 ICSID 的管辖。但是由于 ICSID 多边层面上诉制度的改革踯躅前行，导致欧盟和美国分别从各自签订的双边 BIT 或 FTA 中开始自行突破，也带来了 ISDS 改革多元化发展。近年来，在亚投行的积极推进下，我国在“一带一路”沿线存量投资不断增长，可能的投资纠纷也随之而来。[149] 为了更好地保护我国沿线投资者利益，需要两手准备，一是积极推动在 ICSID 框架下上诉机制的建立，进一步融入 ICSID 多边机制。但由于《ICSID 条约》成员数量庞大，全面修改条约具有一定难度。二是依托亚投行积极探索面向“一带一路”的投资争端解决机制。顺应国际投资争端解决的多元化发展趋势，借鉴欧盟和美国的实践经验，推动亚投行框架下投资仲裁上诉制度的建立。

亚投行投资争端解决上诉制度的设立，一方面，可以有效避免投资仲裁的裁决不一致、法律解释不统一的传统痼疾；另一方面，可以助推“一带一路”沿线国家外资管理的规范化和透明度，促进沿线投资的自由化流动。此外，还可以为我国在沿线国家的投资者提供充分有效的解决投资争议的国际保护，为海外投资保驾护航。

---

〔149〕 根据 ICSID 数据整理可知，自我国接受其管辖开始至 2020 年年底，ICSID 涉及我国的仲裁案件共有 12 件，其中我国有 6 件作为东道国被诉，有 6 件是我国海外投资者诉东道国政府，12 件案件中有 8 件发生在“一带一路”沿线区域。载 ICSID 网，https：//icsid. worldbank. org/cases/case-database，最后访问日期：2021 年 1 月 5 日。

## 六、ICS 上诉法庭仲裁员的确定

除严格职业素养和个人资质要求外，上诉法庭仲裁员遴选程序可以借鉴 ICS 的做法，即由缔约方组成的联合委员会推荐确定最终的上诉法庭仲裁员，人数可以在 9～15 名范围内，任期时限可以是 3～6 年，为了确保换届衔接，首批仲裁员的任期可以分成两层（如部分任期为 3 年，部分任期为 6 年）。具体上诉案件审判庭的组成建议采用 WTO 的经验，3 人一组，轮流分案。排除当事人的选择权。这样做有以下好处。首先，可以尽可能排除争端当事人与仲裁员之间的联系，阻止仲裁员的个人利益倾向。如果赋予争端当事人选择仲裁员的权利，那么偏好投资者利益的仲裁员，可能会被众多案件当事人选择，以至不堪重负，而偏好东道国利益或公平审理的仲裁员，则可能被冷落。仲裁员为了被更多的投资者选中，可能在裁决中自然而然地偏向投资者。如此形成“劣币循环”，导致上诉法庭的种种矛盾与隔阂。其次，应提升仲裁效率，充分利用司法资源。排除争议当事人选择仲裁员的程序，有助于节省时间，提升效率。平均分配上诉案件不但可以平衡仲裁员的工作量，摆脱由于案件不均导致的收入差距，而且可以充分利用仲裁员资源，案件分配上不至于过分失衡，消除不必要的异议和矛盾，提升仲裁效率。最后，平均分配案件也有助于促进案件质量。上诉案件均衡分案，可以避免有些人案件过多，精力不够，有些人案件过少，无事闲置，从而保证了裁决的质量与公平。

## 七、ICS 上诉法庭的审查范围

无论是 WTO 上诉机构，还是多数国家国内法院的二审机制，一般上诉审是法律审，而非事实审查。CETA 和 EVFTA 的上诉审查范围从法律审查扩大到了事实审查。如此一来，利弊相随。利的方面如下：首先，二审也审查事实问题，为初审或一审的事实认定错误提供了纠正的机会，将有助于裁决的客观与公正。其次，上诉审查的范围扩大到事实审查后，由于上诉法庭仲裁员是常任的，将会对事实澄清和法律适用的标准更为统一，可以促进国际投资法的系统性。最后，当部分事实问题也可以上诉时，即可避免人为地区分事实和法律问题的困境。弊的方面主要有：首先，事实问题面临双重审查，浪费司法资源，降低程序效率。一般而言，事实问题比较简单明确，初审可以查清，这也是初审的重要任务之一，不应该把澄清事实的工作交给上诉法庭，上诉法庭的重要任务是法律解释和法律适用，为了提高程序效益，应该把上诉法庭的审查重点锁定在法律问题上。其次，上诉法庭仲裁员数量有限，如果上诉案件过多，又要审查事实问题，上诉法庭将不堪重负，影响案件质量。最后，如果上诉法庭也负责事实审查，可能会影响初审法庭查明事实的积极性，因为考虑到上诉法庭总归要对事实问题把关。由此，如果可以针对所有事实问题，包括一审显而易见就可以认定清楚的事实，都可以上诉到上诉法庭，则必然导致重复审查、上诉案件爆炸、降低法庭效率等问题。反之，如果只能针对法律适用错误可以上诉，那么一审事实认定的错误，尤其是可能影响裁决结果的重大事实认定错误，将无法获得纠正。因此，着重的标准可能是将上诉审查范围适度扩大到严重的事实错误，一般的事实问题依然严格限定在初审范围之内。当然，需要对“严重的事实错误”进行明确的界定。

## 八、ICS 上诉裁决的类型

与各国国内二审审查结果相较，ICS 对上诉审查的结果并未明确，只进行了原则性规定。如果上诉法庭驳回上诉申请，则初审裁决直接生效；如果上诉法庭认为上诉申请成立，则上诉法庭直接部分或全部修正初审裁决；如果上诉法庭认为上诉理由明显不成立，则初审裁决直接生效，上诉法庭立即解散。[150] 上述规定过于原则，如果初审只是程序违法，能不能发回重审？上诉法庭修改初审裁决时，是否需要详尽地阐明理由等问题需要进一步明确。

因此，亚投行争端解决机制的上诉审查规则可以进一步澄清上述问题，明确裁决类型规则如下：如果初审裁决仅不符合程序要求，则上诉法庭可直接发回重审；如果初审裁决在实体方面有问题，上诉法庭在详尽说明理由的情况下，可推翻原裁决，直接作出终审裁决；如果初审裁决在程序和实体上都存在问题，则上诉法庭可分别处理，可以发回重审，也可以直接改判。当然，如果上诉审查范围仅限定在法律适用错误上，则没有发回重审的必要了，可以直接改判。如此，不但可以减少上诉的不确定性，而且可以为上诉法庭提供更明确的选择，提高上诉程序的效率。

---

[150] TTIP 提案第 3.10 条；EVFTA 第 3.39 条；CETA 第 8.28 条。

第六章

# 亚投行投资争端解决机制的建构

以亚投行为核心的投资活动有两大特点：一是投资争议类型多样化；二是以亚投行为核心的投资主要流向了“一带一路”沿线国家。投资争议类型的多样化意味着争议主体的多种类，既涉及平等投资主体之间的争议，包括亚投行与投资者之间的争议，还涉及投资者与东道国之间的投资争议。第一类投资争议既可以诉诸东道国属地法院管辖，也可以诉诸传统的商事仲裁机构仲裁。而第二类投资者与东道国之间的争议，即ISDS争议，传统的商事仲裁机构管辖较少，多半只能选择东道国法院或ICSID管辖。而ICSID由于上诉监督机制缺失、透明度不够、裁决不一致等问题，曾一度引发公众信任危机，再加上沿线部分国家并未承认其管辖权，因而投资者亦无法诉诸其仲裁。因此，是否有必要建构一个新的投资争端解决机制，为亚投行在“一带一路”沿线的投资提供另一种选择，本章将深入探讨。

由于亚投行投资主要聚集在“一带一路”沿线区域，从投资争议主体而言，亚投行所涉投资争议类型与“一带一路”沿线投资争议类型基本趋同。为了避免机构重复设置，提升投资争端解决的效益，确保法律解释适用和仲裁裁决的统一性，亚投行投资争端和“一带一路”投资争端解决可以合二为一。因此，本章统一表述为“一带一路”投资争端解决机构的设立。伴随“一带一路”建设的不断深入，东道国违约、条约内容滞后、争端解决成本高昂等问题越发凸显，故而推动“一带一路”

倡议由最初的“政治驱动”向“法治驱动”升级已成为当前工作重要的着力点。“一带一路”投资争端解决机制既是“一带一路”法治化的重要组成部分，也是推动“一带一路”迈向法治化、规范化的根本保障。

## 第一节　探索“一带一路”独立投资争端解决机制的必要性

“一带一路”倡议发起之前，沿线国际经济贸易争议大多延续了传统的解决路径。“一带一路”倡议启动后，有的商事仲裁机构增加了 ISDS 的案件管辖范围，政府或第三方机构还专门设立了面向“一带一路”的解纷机构，为沿线传统的国际经济贸易纠纷提供了更为多元化的解决途径。但由于新设机构的缺陷，投资争议本身的特殊性，尤其是 ISDS 类型的投资争议，无论是传统的商事仲裁机构，还是增设的专门争议解决机制，都无法很好地契合此类争议解决的实际需要。

### 一、“一带一路”沿线投资争议可能的解决途径

#### （一）传统投资争议解决途径

根据我国已经签署 100 余个 BITs 争议解决条款的规定，结合沿线国际投资争议解决的实践，传统的争议解决一般有以下途径：一是诉诸东道国的属地管辖，即法院诉讼；二是选择临时仲裁，多半依据《联合国国际贸易法委员会仲裁规则》而启动；三是选择传统的商事仲裁机构进

行仲裁。例如，贸仲委〔1〕、新加坡国际仲裁中心〔2〕、香港国际仲裁中心〔3〕、东盟国际仲裁中心〔4〕等。

---

〔1〕 贸仲委是当前国际上较知名的常设商事仲裁机构之一。其总部设在北京，同时在深圳、上海、重庆、杭州等12个城市设有分会。此外，贸仲委在香港特别行政区、温哥华、维也纳也设立了区域分中心。贸仲委及其所有分会和区域中心适用统一的《仲裁规则》和《仲裁员名册》。长期以来，贸仲委以传统的商事仲裁案件为其主要业务范围，一直到2017年10月1日发布《国际投资争端仲裁规则(试行)》之后，才开始正式受理ISDS类型的投资仲裁案件。载中国国际经济贸易仲裁委员会官网，http：//www. cietac. org/index. php？ m = Page&a = index&id = 389，最后访问日期：2021年2月3日。

〔2〕 The Singapore International Arbitration Centre (SIAC), which commenced operations in 1991 as an independent, not-for-profit organization, has a proven track record in providing quality, neutral arbitration services to the global business community. 犹如我国的贸仲委，SIAC长期以来也是以传统的商事仲裁为主，对国际投资仲裁，尤其是ISDS类型的投资争议没有管辖权。一直到2017年，SIAC才专门制定了投资仲裁规则，即 The first edition of the Investment Arbitration Rules of the Singapore International Arbitration Centre (1st Edition, 1 January 2017) (SIAC IA Rules 2017), 开始受理投资仲裁案件。载 https：//www. siac. org. sg/our-rules，最后访问日期：2021年2月8日。

〔3〕 The Hong Kong International Arbitration Centre (HKIAC) was established in 1985 by a group of leading businesspeople and professionals in an effort to meet the growing need for dispute resolution services in Asia. So that the HKIAC could be set up initially, the Hong Kong business community and the Hong Kong Government provided funding to the HKIAC. Today, the HKIAC is financially self-sufficient, and completely free and independent from any type of influence or control. HKIAC is a company limited by guarantee and a non-profit organization established under Hong Kong law. It is one of the world's leading dispute resolution organizations, specializing in arbitration, mediation, adjudication and domain name dispute resolution. HKIAC also offers state-of-the-art hearing facilities, which have been ranked first worldwide for location, value for money, IT services and helpfulness of staff. 需要指出的是，HKIAC管辖案件类型依然以传统的国际贸易、海事运输、保险等纠纷为主，投资仲裁，尤其是ISDS类型的争议，不是其主要业务范围。载 https：//www. hkiac. org/about-us，最后访问日期：2021年2月12日。

〔4〕 "东盟国际仲裁中心"前身是"吉隆坡区域仲裁中心"，成立于1978年，总部位于马来西亚的吉隆坡。为了满足"一带一路"国际仲裁的实际需要，于2017年更名为"东盟国际仲裁中心"。该中心处理的案件中60%是建筑业及土地纠纷，管辖的国际投资纠纷也相对较少。

沿线的投资争议如果诉诸传统的东道国法院诉讼，则无法消除投资者对属地保护的疑虑，尤其是沿线法治落后、司法不透明的一些国家，很可能无法对投资者提供公平的法律保护。为了适应“一带一路”沿线投资争议解决的实际需要，承揽更多的仲裁业务，无论是新加坡国际仲裁中心还是贸仲委，在2017年都制定了专门的投资仲裁规则，明确了对ISDS类型案件的管辖权。但传统的商事仲裁机构依然没有迎来ISDS案件的大“丰收”，多数案件还是流向了ICSID中心，为沿线投资争议的解决带来了诸多不便。由此也可看出传统商事仲裁机构，即使把仲裁范围拓展至ISDS案件，至少短期内也无法赢得当事人的信任，在实践中并未成为沿线投资争议解决的理想途径。

### （二）最高人民法院国际商事法庭

为了依法公正高效审理国际商事案件，营造透明稳定、公平公正的法治化营商环境，推动“一带一路”建设进程，2018年最高人民法院设立国际商事法庭（以下简称商事法庭）[5]，该商事法庭系最高人民法院的常设审判机构。商事法庭具有以下特点：

1. 商事法庭的管辖权。首先，该商事法庭管辖的案件类型须是国际商事案件，即具有涉外因素的商事案件，“一带一路”沿线国家投资的案件，具有“涉外”因素，但是否属于“商事”的范畴，尚未有明确的司法解释或文件依据。就通常意义上而言，国际“商事”案件主要应以贸易、保险、海事、海商等案件为主，投资争议（市场准入、国民待遇、征收补偿等）不是“商事”纠纷的范畴。因此，“一带一路”沿线投资争议是否可以纳入商事法庭管辖，尚有待观察。其次，该商事法庭

〔5〕 为了服务、促进“一带一路”建设，2018年6月最高人民法院设立商事法庭，该商事法庭是专门处理国际商事纠纷的常设审判机构，案件审理由3名或者3名以上法官组成合议庭进行。商事法庭实行一审终审制，其作出的判决和裁定是发生法律效力的裁判。载国际商事法庭官网，http：//cicc. court. gov. cn/html/1/218/19/141/index. html，最后访问日期：2021年2月9日。

管辖案件标的额度应在3亿元人民币以上的一审国际商事案件，或者全国有重大影响的一审国际商事案件，或者高级人民法院认为应由商事法庭管辖并得到认可的一审国际商事案件，或者是最高人民法院认为应由该商事法庭管辖的一审国际商事案件。[6] 由此，不符合上述条件的案件也无法诉诸该商事法庭管辖。这在一定程度上也限制了“一带一路”沿线投资纠纷的受理。再次，符合上述管辖条件的案件，还必须由当事人一致协议选择该商事法庭，换言之当事人的自愿选择是商事法庭取得管辖权的前置性条件，犹如仲裁管辖一样。“一带一路”投资争议当事人，尤其是外方当事人是否同意选择商事法庭管辖其争议，还是更倾向于选择其他的途径？例如，第三国或ICSID仲裁。如果从避免属地保护嫌疑的角度看，外国投资争议方很可能倾向诉诸既不是原告所属国的仲裁司法机构也不是被告所属国的仲裁司法机构来审理案件，这样大概率可以确保案件的公平合理。

2. 商事法庭是我国最高人民法院的常设机构，是国家的法院机构。换言之，该商事法庭是我国的司法机构之一，但其管辖权并未延续我国民事诉讼法上的“原告就被告或属地管辖原则”，而是借鉴了仲裁的“当事人一致同意原则”，其管辖权源于当事人的意思自治和自愿选择。而在“一带一路”沿线投资目的国即东道国多半是沿线的第三国，尤其是ISDS类型的纠纷，涉及东道国政府作为被告一方的投资争议，外国政府大概率不会承认商事法庭的管辖权。换言之，不会放弃司法主权豁免，把自己推到商事法庭被告的位置上。一方面，在ISDS纠纷解决的国际实践中，作为东道国的外国政府同意投资者在其本国法院起诉自己的情况甚是鲜见；另一方面，东道国政府作为一国公法的主体，享有国际法的“豁免权”，只要东道国政府不放弃“豁免权”，投资者即无法在其本国法院起诉投资目的地的东道国政府。

---

〔6〕 参见最高人民法院《关于设立国际商事法庭若干问题的规定》第2条的规定。

3. 商事法庭拟形成一个“一站式”国际商事纠纷解决平台〔7〕。首先，商事法庭受理的案件，受理后的7日内当事人同意的，可以由该商事法庭主持调解，也可以通过商事法庭协助选择其他调解机构进行调解。调解成功的，应当事人的要求商事法庭可以制作调解书或判决书。〔8〕由此，商事法庭更多地融入了当事人意思自治原则，包括是否把司法审判转为调解程序，无论是该商事法庭自行组成的调解委员会，还是借助其他调解机制进行调解，商事法庭除对保全证据、财产等强制措施提供便利外，最终调解形成的裁判文书是由该商事法庭出具的。质言之，调解程序是该商事法庭解纷程序的重要组成部分之一。因此，“一带一路”沿线的投资争议，尤其是ISDS类型的争议，沿线国家政府是否会放弃本国法院管辖，而同意选择在该商事法庭主持下进行调解，或是径直选择其他国际调解机构，这是争议当事人纠结的问题之一，如果投资者是我国法人或自然人，另一方当事人大概率会规避该商事法庭的管辖，而选择其他国际调解机制。其次，商事法庭受理的案件，基于当事人的同意也可以转为仲裁程序。首批纳入该商事法庭“一站式”纠纷调解、仲裁的机构主要是我国国内有影响力的7家仲裁机构。〔9〕但商事法庭的诉

〔7〕 最高人民法院《关于设立国际商事法庭若干问题的规定》第11条规定，最高人民法院组建国际商事专家委员会，并选定符合条件的国际商事调解机构、国际商事仲裁机构与国际商事法庭共同构建调解、仲裁、诉讼有机衔接的纠纷解决平台，形成“一站式”国际商事纠纷解决机制。国际商事法庭支持当事人通过调解、仲裁、诉讼有机衔接的纠纷解决平台，选择其认为适宜的方式解决国际商事纠纷。

〔8〕 最高人民法院《关于设立国际商事法庭若干问题的规定》第12条规定，国际商事法庭在受理案件后7日内，经当事人同意可以委托国际商事专家委员会成员或者国际商事调解机构调解。第13条规定：经国际商事专家委员会成员或者国际商事调解机构主持调解，当事人达成调解协议的，国际商事法庭可以依照法律规定制发调解书；当事人要求发给判决书的，可以依协议的内容制作判决书送达当事人。

〔9〕 参见最高人民法院办公厅《关于确定首批纳入“一站式”国际商事纠纷多元化解决机制的国际商事仲裁及调解机构的通知》（法办〔2018〕212号）。

讼程序如何转换成上述仲裁机构的仲裁程序，即如何实现诉仲衔接（仲裁程序启动、案件管理、裁决执行、能否转向国外其他仲裁机构等）的具体问题尚需进一步明确。商事法庭"一站式"纠纷解决模式的初衷无疑是高效、公平地解决国际商事纠纷，但如果"一带一路"沿线投资纠纷当事人意欲通过仲裁解决争议，直接诉诸双方同意的仲裁机构，可能更快捷、高效。通过商事法庭"中转"一下，反而可能会降低效率，而且其指示性仲裁机构名单中，也缺失了其他亚太地区具有影响力的仲裁机构（如新加坡国际仲裁中心、香港国际仲裁中心等）。此外，案件诉诸商事法庭后，是否为当事人寻求其他仲裁程序造成障碍，也是潜在的问题之一。

由此，商事法庭旨在为当事人提供诉讼、调解、仲裁有机衔接的国际商事纠纷解决机制，以促进公正、高效、便捷、低成本地解决纠纷。与我国其他法院的诉讼、调解程序相较，商事法庭程序最大限度地尊重了当事人的意思自治，包括案件管辖、纠纷途径的选择等，而且可以网上提交受案材料、线上进行庭审和调解、负责衔接调解和仲裁程序等。[10] 但是，商事法庭隶属我国最高人民法院，是最高人民法院的法庭之一，无论是通过其进行诉讼解决纠纷，还是通过其衔接调解、仲裁程序，都难以消除外方当事人属地保护的疑虑，尤其是在 ISDS 争议中的外国政府作为被告、我国投资者作为原告时。反之，我国投资者也不倾向将与东道国政府或投资者之间的争议交由东道国法院管辖。因此，商事法庭推动解决"一带一路"沿线投资纠纷的具体成效，尚需进一步观察。

〔10〕 参见《最高人民法院国际商事法庭程序规则（试行）》第 1 章的规定。

### （三）“一带一路”国际商事调解中心

2015年12月，北京融商“一带一路”法律与商事服务中心[11]正式设立“一带一路”国际商事调解中心（以下简称国际商事调解中心）。国际商事调解中心的主要职能是协助争议各方当事人，基于法律与事实，通过调解方式解决包括但不限于“一带一路”有关国际商事和海事纠纷，受理调解申请，为调解活动提供设施和技术支持，协助选任调解员，制作调解文书，协助推动调解文书的执行等。

国际商事调解中心具有以下特点：(1) 与传统的国际商事仲裁机构类似，法律性质上均属于社会团体，第三方纠纷解决机构。尽管其冠名为“一带一路”国际商事调解中心，但主管机构和属地都在北京市，能否获得“一带一路”沿线投资纠纷当事人的认同，根据国际商事调解中心运行的现状来看，尚无法得出肯定性结论。(2) 国际商事调解中心管辖的案件类型以涉外的商事、海事两类案件为主。从通常意义上讲，国际投资纠纷并不必然属于此两类案件范畴。但如果投资纠纷当事人同意选择国际商事调解中心进行调解，被受理的可能性应该比较大。但国际商事调解中心能否胜任复杂的投资纠纷的解决任务，也令人存疑。因为国际投资纠纷比传统的商事纠纷更复杂，牵涉的利益更多。擅长解决国际商事纠纷的调解员不一定熟知国际投资纠纷。无论是调解，还是仲裁，

---

〔11〕 该服务中心是经北京市法学会批准，并在北京市民政局依法注册成立的社会服务机构，法律性质属于非营利性社团组织。其牵头设立的“一带一路”国际商事调解中心本着公益性、中立性和专业性的原则，在《一带一路国际商事调解中心调解规则》下开展调解工作。调解中心的主要职责是为国际商事争议的调解提供支持便利，主要职能：(1) 选任具备资质的调解员；(2) 组织培训，使调解员获得履职资质和能力；(3) 为“一带一路”服务机制成员及其相关方及“一带一路”相关国家的政府、企业及其他商业组织与个人提供调解服务；(4) 在“一带一路”国际商事主体中，通过在线与线下调解等方式推广和谐、互利、平等的调解文化，促进“一带一路”良好的经济秩序；(5) 与“一带一路”相关国家政府、司法机关以及调解、仲裁组织合作推动国际商事调解事业的发展及其与司法程序的衔接，包括诉调对接、调解协议的司法确认以及执行等。

调解员和仲裁员的水平和专业性是决定裁处结果是否公平的主要因素，否则调解结果的水准可能大打折扣。（3）国际商事调解中心的官网并没有发布调解员指示名册，是否可以引荐国际商事纠纷解决领域的专家，尤其是国际投资法的专家，尚不得而知。调解员国籍多样化和业务水平在一定程度上可以决定调解程序的国际化、专业化，甚至可以决定调解结果的公平性与合理性。如果绝大多数调解员来源我国国内，那么涉外的投资纠纷，外方当事人很可能不会选择该国际商事调解中心进行调解。（4）双方达成的调解书，并没有必然的强制执行效力，除非针对调解协议制作债权文书公证、证据公证或强制执行公证等公证法律文书或者当事人依法共同向有管辖权的法院申请司法确认，[12] 否则，调解书很可能是“一张白条”。因此，即使双方在调解协议书上签字，如果败诉方不履行约定义务，胜诉方很可能无法申请强制执行，尤其是执行被诉方所在国以外的其他国家的财产时，可能更为复杂。

基于上述分析，无论是商事法庭，还是国际商事调解中心，均为我国单方面在我国境内设立的面向“一带一路”沿线商事纠纷的争议解决机制。在管辖权、受案范围、专业性等方面能否胜任处理国际投资纠纷，尤其是 ISDS 纠纷，笔者对此持谨慎态度。

## 二、当前争议解决途径与投资争端解决的契合性

### （一）传统商事仲裁机构兼容投资仲裁尚需时日

首先，无论是贸仲委，还是新加坡国际仲裁中心以及香港国际仲裁中心，以往其主要仲裁业务范围是国际商事纠纷。晚近才把仲裁管辖范围扩展至投资纠纷。换言之，即使亚太地区知名的商事仲裁机构对于管辖处理投资争议而言，也是一个“新生”，缺失成熟的仲裁程序和投资

〔12〕 参见《一带一路国际商事调解中心调解规则》第 15 条的规定。

仲裁经验。

其次，国际投资争议与传统的商事纠纷相较，无论是争议本身，还是法律关系，可能更复杂、更多样化。尤其是ISDS案件，不但涉及投资者利益的保护，还要兼顾东道国对投资活动的管理权。仲裁庭需要在保护投资者和尊重东道国之间寻求微妙的平衡。而传统的商事纠纷系纯属平等私人主体之间的纠纷，主要涉及当事人双方的权利义务关系，基本不牵涉“国家的管理权”，仲裁庭只需依法依规裁处即可。因此，传统的商事仲裁机构兼容投资仲裁尚需要一段时间的人才储备和实践积累，短期内赢得投资纠纷当事人，尤其是国家一方当事人的认可，有一定难度。

再次，擅长裁处国际商事纠纷的仲裁员不一定擅长解决国际投资纠纷，因为“国际商事”和“国际投资”已经细分为多个专业领域。前者包括了贸易、运输、支付、保险、票据等纠纷，后者包括了市场准入、国民待遇、征收补偿等纠纷。在专业细分越来越多的背景下，无论是从事专门研究的学者，还是从事国际实务的贸易代理或律师，都很难兼顾、精通或熟知所有的“商事”细分方向，更不用说同时跨越“商事”和“投资”两个大领域了。因此，传统的商事仲裁机构兼容投资仲裁，其本身已有的商事仲裁员短期内很难实现专业的扩展，故而商事仲裁机构需要短期内募集更多的国际投资领域的专业人才作为其投资仲裁的仲裁员。因此，对于传统商事仲裁机构来说，人才储备是前提，否则难以胜任国际投资仲裁这一业务新领域。

最后，尽管ICC、《联合国国际贸易法委员会仲裁规则》、斯德哥尔摩商会仲裁院（SCC）等传统的商事仲裁，已经分担了将近2/5的国际投资纠纷案件。但这并不必然代表亚太地区的商事仲裁机构也一定能够胜任国际投资仲裁。（1）ICC、UNCITRAL仲裁院和斯德哥尔摩商会仲裁院是经过长期的成功经验而积累了包括投资仲裁在内的公众信任。无论是投资者，还是作为当事人的国家，对上述仲裁机构的公信力比较高，因此为ICSID分担了一部分投资仲裁案件。尽管如此，大部分投资仲裁案件依然是由ICSID裁处。(2) 就“一带一路”沿线国家而言，对国际商事仲裁机构的管辖依然心存疑虑。国家同意商事仲裁机构的管辖，进而把自己交由一个国际商事仲裁机构来裁处，对于法治意识欠缺、司法不透明的国家来说，难度甚大。因为，东道国政府本能地对第三方仲裁机构进行抵制和怀疑。犹如，国际法院和ICSID的管辖权不是强制的一样，很多国家政府基于“国家主权”的理念而天然地抵制第三方司法机构的管辖，WTO因其只管辖成员与成员之间的诉讼而成为一个例外的存在。因此，“一带一路”沿线国家政府承认传统商事仲裁机构的管辖权尚需时日。事实也证明了这一点，尽管传统的商事仲裁机构制定了自己的投资仲裁规则，但至今鲜有ISDS类型的案件提交给商事仲裁机构仲裁。

### （二）临时仲裁程序效能低下

无论是我国与“一带一路”沿线国家签署的50余个BITs，还是传统知名的商事仲裁机构仲裁规则，投资争议当事人一般都可以通过临时仲裁程序解决纠纷。但在实践中，临时仲裁程序复杂、效力较低。因为临时仲裁程序启动后，投资争议当事人需要针对仲裁地点、仲裁规则、仲裁员选择、费用负担等一系列细节问题进行协商。每一个临时仲裁案件当事人可能都需要对上述内容结合个案情况而重新协商确定一次，造成人力、物力的极大浪费。当事人诉诸仲裁的目的之一是通过“一裁终局”提高效率，而临时仲裁很可能把这一优势抵消殆尽。尽管相关的条约或仲裁机构规则规定了“临时仲裁”机制，但更多的是为了商事仲裁的小额纠纷、权利义务明确的纠纷，国际投资仲裁鲜有临时仲裁的实践。因此，“一带一路”沿线的国际投资争议纠纷也无法依仗传统的临时仲裁来解决。

### （三）属地管辖无法克服属地保护主义

已如前述，东道国属地诉讼很可能无法实现公平保护投资者利益之目的。因为外国投资者在东道国的法院起诉东道国政府，很难避免属地保护主义。在国际投资争议中，尤其是 ISDS 类型的争议中，涉及东道国的征收补偿、不当行政行为等，投资者多半是弱势一方，如果在东道国境内发起对东道国政府的诉讼，原本投资者的弱势地位很难改变。这也正是 20 世纪作为资本输出国的欧美为了保护其海外投资者的利益而牵头设立 ICSID 的重要缘由，即摆脱东道国的属地管辖，交由一个独立的第三方仲裁机构来仲裁，以期最大限度地保护投资者的利益。因此，“一带一路”沿线的投资纠纷也无法依仗东道国的属地管辖而公平地解决，需要探究更合理的多元化选择。

综上，亚太地区知名的国际商事仲裁机构兼容投资仲裁尚需时日，我国单方设立的商事法庭和国际商事调解中心又存有种种缺陷。临时仲裁程序复杂、效力低下。属地法院管辖又无法消除投资争议方的疑虑。因此，需要考量在现有争端解决途径之外，建构新的机制，尤其是针对 ISDS 类型的争议，为投资争议当事人提供多元化的选择和安排。

## 第二节　国际投资争端解决机制改革新趋向

近 10 余年来，国际投资争端解决机制步入了纵深调整、平行发展的阶段，两个维度并行不悖，呈现平行推进的趋向。一个是以 ICSID 为代表的 ISDS 机制的改革，另一个是以双边投资协定项下 ISDS 机制的新尝试。前者以 UNCITRAL 为主导，呈现多边深化的特色。后者以欧盟为主导，以双边创建为特征。对于上述两个维度的改革，主要国家积极参与其中，但不同国家各有侧重。研判 ISDS 机制的晚近发展，对于“一带一路”投资争端解决机制的多元化尝试，具有重要的启示意义。

## 一、ICSID 投资仲裁机制晚近改革

已如前述，由于 ICSID 裁决不一致、缺乏透明度、仲裁员独立性等问题，引发国际社会的信任危机，催生改革 ICSID 的呼声越来越高。于是，2016 年 UNCITRAL 正式启动 ICSID 重点问题的探讨与改革进程，有 60 余个国家委派代表组建形成了工作委员会，即 UNCITRAL 第三工作组，致力 ISDS 的改革任务。

从 2017 年 12 月第 34 次维也纳会议开始至 2021 年 2 月第 40 次会议安排，UNCITRAL 第三工作组针对 ICSID 成员关切的问题已经进行了 7 次深入探讨。[13] 从最初谈判议题的确定（包括是否限定在基于条约的 ISDS 改革、是否考虑把 ISDS 仲裁之外的替代性调解和协商改革一揽子纳入、仲裁的时限和费用问题、费用公平分担问题、第三方资助问题、透明度问题等），[14] 到锁定当前关键改革议题（ISDS 仲裁员指定程序、仲裁员行为守则、上诉机制设立、破解执行问题等），[15] UNCITRAL 第三工作组开展了卓有成效的协调推进工作，并获得可喜的成效。在汲取所有成员建议的基础上，结合历次会议的探讨，UNCITRAL 第三工作组已经初步形成了系列文本报告。

### （一）审裁员行为守则草案

在 2019 年 10 月第 38 届会议上，UNCITRAL 第三工作组在与 ICSID

---

[13] See Working Group Ⅲ: Investor-State Dispute Settlement Reform, Accessed Feb. 6, 2021, https://uncitral.un.org/en/working_groups/3/investor-state.

[14] See Report of Working Group Ⅲ (Investor-State Dispute Settlement Reform) on the work of its thirty-fourth session (Vienna, 27 November – 1 December 2017), Accessed Feb. 3, 2021, https://uncitral.un.org/en/working_groups/3/investor-state.

[15] See https://uncitral.un.org/en/working_groups/3/investor-state.

协商的基础上，提议制定一部行为守则草案，[16] 确定共同适用于投资争端法庭成员的各个方面，以及特别适用于专设成员和常设成员的各种行为。在审议改革方案制定情况的过程中，各国政府提交了不同的改革建议，其中许多建议包括对行为守则草案的评论意见。该行为守则草案力求反映 UNCITRAL 第三工作组迄今的审议情况，同时考虑行为守则草案应当具有约束力并载有具体规则。行为守则草案载有适用的原则和详细规定，允许灵活处理不可预见的情形。此外，根据 UNCITRAL 第三工作组的要求，行为守则草案列入了适用于仲裁员、法官和其他各类审裁员的标准。为此目的，行为守则草案中使用了“审裁员”这一广义术语，以确保其适用于所有审理投资争端案件的人员，无论其是仲裁员、委员会成员、上诉机制成员或双边或多边常设机制（常设法院）的法官。

详言之，行为守则草案主要涵盖了以下方面内容：第一，第 1 条对 ISDS 仲裁庭的“审裁员”进行了界定，即包括仲裁员，国际特设委员会、撤销委员会或上诉委员会成员，以及投资人与国家间争端解决常设机制法官。Adjudicator 是该行为守则草案创造的一个新表述，既没有用“仲裁员、调解员”的表述，也没有用“法官”的表述，而是制造了一个概括性更强的、相对中性的词汇。如是，涵盖的主体范围更广，更容易被接受，不但可以适用于初审仲裁庭，也可以适用于上诉法庭仲裁员。第二，第 3 条是审裁员的义务责任，规定了审裁员应该独立公正，避免任何直接或间接利益冲突、不当行为、偏见和看似的偏见；展现最高廉洁、公平和胜任标准；能够司职，并勤勉、谦恭、高效行事；遵守任何保密和不披露义务。第三，第 5 条是审裁员的披露义务，要求审裁员避免任何直接或间接的利益冲突，披露可能被合理认为为影响其独立性或公正性的任何利益、关系或事项，审裁员应尽一切合理努力了解这些利益、

---

〔16〕 See Possible reform of investor-State dispute settlement（ISDS）Draft code of conduct, Accessed Feb. 3, 2021, https：//uncitral. un. org/en/working_groups/3/investor-state.

关系和事项。[17] 第四，第6条对审裁员的多种角色进行了限制，即在涉及相同当事人、相同事实、和/或同一条约的事项行事的一定时间内，审裁员应避免同时担任或必须披露其同时担任的法律顾问、专家证人、法官、代理人或者任何其他相关角色。需要指出的是，第6条中的“一定时间”是多长为宜，不能同时担任和必须披露之间的逻辑关系等问题有待进一步谈论确定。第五，第7条规定了审裁员的公正、公平与胜任，并平等对待每一位当事人，不得就程序问题进行单面接触，必须具备任职所需要的技能和资质，裁决工作不能委托他人。第六，第8条规定了审裁员应司职、勤勉、谦恭、高效，即保证时间和精力，准时履行其职责，但针对限制审裁员在几个待决案件中任职，以确保其高效履职，尚

---

〔17〕 See Possible reform of investor-State dispute settlement (ISDS) Draft code of conduct, Article 5, Conflicts of Interest: Disclosure Obligations, 1. Candidates and adjudicators shall avoid any direct or indirect conflict of interest. They shall disclose any interest, relationship or matter that could reasonably be considered to affect their independence or impartiality. To this end, candidates and adjudicators shall make all reasonable efforts to become aware of such interests, relationships and matters. 2. Disclosures made pursuant to paragraph (1) shall include the following: (a) Any professional, business and other significant relationships, within the past [five] years with: (i) The parties [and any subsidiaries, parent-companies or agencies related to the parties]; (ii) The parties' counsel; (iii) Any present or past adjudicators or experts in the proceeding; (iv) [Any third party with a direct or indirect financial interest in the outcome of the proceeding]; (b) Any direct or indirect financial interest in: (i) The proceeding or in its outcome; and (ii) An administrative proceeding, a domestic court proceeding or another panel or committee proceeding that involves questions that may be decided in the ISDS proceeding; (c) All ISDS [and other [international] arbitration] cases in which the candidate or adjudicator has been or is currently involved as counsel, arbitrator, annulment committee member, expert, [conciliator and mediator]; and (d) A list of all publications by the adjudicator or candidate [and their relevant public speeches]. 3. Adjudicators shall have a continuing duty to promptly make disclosures pursuant to this article. 4. Candidates and adjudicators should err infavor of disclosure if they have any doubt as to whether a disclosure should be made. Candidates and adjudicators are not required to disclose interests, relationships or matters whose bearing on their role in the proceedings would be trivial.

有待进一步探讨。第七，第9条规定了审裁员的保密义务，审裁员不得披露从程序中获得的任何非公开信息，不得利用此类信息为个人或他人谋求任何利益，不得提前披露任何未进入公共领域的裁决、裁定信息。审裁员对裁决、裁定信息是否可以发表评论，需要下次会议予以具体商定。第八，第11条规定了审裁员的费用决定方式，即与收费有关的任何讨论应在审裁机构组成后立即确定，并在可能情况下通过程序的管理实体将讨论情况传达给各方当事人。审裁员应保持程序所用时间和审裁员费用以及协理员花费时间和费用的准确书面记录。

此外，行为守则草案的审裁员也包括了拟设立的上诉机构裁判人员，与此相关的问题工作组在另一个“说明文件”[18]中进行了重点列述。主要包括如下内容：

1. 上诉机构审裁员的数量。该问题的关键是上诉机构的代表性，即上诉机构是一个“充分代表性”机构，还是“部分代表性”机构。[19]考虑所涉费用和审裁员数目与案件数量之间的联系，充分代表性机构可能很难实现，成员数目较多的常设机构可能花费大且难以管理。因此，另一种办法是寻求广泛的地域代表性以及性别、发展水平和法律制度的均衡代表性，并允许审裁员数目随着时间的推移而变化，因为缔约方的

---

〔18〕 See Possible reform of investor-State dispute settlement (ISDS) Selection and appointment of ISDS tribunal members, Accessed Feb. 1, 2021, https://uncitral.un.org/en/working_groups/3/investor-state.

〔19〕 在充分代表性机构中，每个国家都有1名常设审裁员，通常由该国国民担任；在部分代表性机构中，审裁员席位少于缔约方的数目。前者的主要实践有：欧洲联盟法院和欧洲人权法院（第20条）等区域法院。后者的主要实践有：《非洲人权和民族权宪章关于建立非洲人权和民族权法院的议定书》；《关于非洲法院的议定书》第11条；《建立加勒比法院的协定》第4条；《美洲人权公约》第52条；《美洲人权法院规约》第448号决议第4条。覆盖全球的法院通常是部分代表性法院，通常要求不能有两名法官是同一国的国民。在拥有193个会员国的联合国系统，国际法院有15名法官。《联合国海洋法公约》项下的国际海洋法法庭有21名法官。在拥有164个成员的WTO中，其上诉机构有7名成员。

数目会越来越多。关于审裁员的具体人数，UNCITRAL 第三工作组指出可能需要根据提交给该机构的案件估计数来确定。在两层机制的情况下，可以假设第二层只审理和裁定有限的案件。因此，二审法官的人数可能少于一审法官。而且，由于缔约方数目增多和（或）案件数量增加，组成常设机构的审裁员数目可能需要随着时间的推移而变化。详言之，在一个充分代表性机构中，每当有新的缔约方加入该机制时，审裁员数目均会作出相应调整。在部分代表性机构中，修订条款可能会规定逐步增加审裁员数目的程序。当然，还有另外一种选择，即建立一个法院成员名册或名单，形成一个法官人才库，供常设机构在为具体案件甄选由 3 名法官组成的小组时使用。可以使用与传统常设法院相同的标准和提名程序来甄选名单或名册上的法官。

2. 候选人提名问题。如果在甄选和指定之前有提名阶段，提名候选人的备选方案，可能是由缔约方提名、由常设机构内设立的独立实体提名、个人自行申报等三种方式。

3. 甄选和指定过程。甄选和指定过程的备选方案可能有 3 种：一则就充分代表性机构而言，由各缔约方直接指定；二则由缔约方提名候选人，然后通常由国家或其代表组成的国际机构投票表决；三则由一个独立委员会指定法官。第三种方案仅有加勒比法院一个样本，使用直接指定的情况也相对较少。[20] 对于大多数国际法院来说，法官是由一个政府间机构从提名候选人名单中投票选出的。

4. 任期与连任。UNCITRAL 第三工作组就审裁员的任期和连任提到一些备选方案，包括在不得连任的基础上延长任期的可能性，这可以确保成员不会受到不适当的影响。UNCITRAL 第三工作组提到需要确保财务安全，以及能够吸引高素质候选人和积累法院的经验和专门知识。现

〔20〕 例如，由各国直接指定南方共同市场常设审查法庭 5 名法官中的 4 名，以及独立国家联合体经济法院。

有的各国际法院确定的任期有4年[21]、6年[22]或9年[23]不等。有一个法院没有规定时间限制。[24] 指定也可以每隔3年交错一次，以便法院逐渐有新法官加入。有的可以连任，有的不可以连任。固定单一任期的指定可能会增加独立性，但也可能会降低系统的可问责性。法官无法连任意味着宝贵经验的丧失，领导层的连续性可能会减弱。[25] 不可连任导致法院经验流失，现有候选人才库缩减，限制该风险的一种办法是规定相对较长、相互交错的法官任期。[26] 国际法院法官大多可以连任。[27] 有些法院会纳入一些限制，如只能连任一次。[28] 可以连任的话就可以改善问责，因为各国可以根据法官过去的表现作出连任决定。有些法院允许有反对意见，对于个别法官如何投票较透明，对这些法院来说，这种关切尤为强烈，因为这种透明度使缔约方能够监测法官是如何审裁过去的案件的。

5. 审裁员的罢免程序。多数国际法院规约都将不当行为和因病不能履行职责作为免职理由。前述“行为守则草案”同样载有关于这些事项的规定。UNCITRAL 第三工作组提示关于罢免请求和决定，有各种制度，有的制度将这种权力留给法官，有的制度规定各缔约方参与或控制罢免程序。最常见的情况是国际法院保留罢免法官的权力，这需要其余法官作出

---

〔21〕 例如，前南斯拉夫问题国际刑事法庭和WTO上诉机构。

〔22〕 例如，非洲人权和民族权法院、美洲人权法院，以及在国际仲裁领域的解决投资争端国际中心小组。

〔23〕 例如，国际法院、欧洲人权法院、国际海洋法法庭。

〔24〕 加勒比法院规定“直至（法官）年满72岁”。

〔25〕 明确规定法官不可连任的国际司法机构有：东非法院、欧洲人权法院、西非国家经济共同体法院、国际刑事法院、非洲商法统一组织司法与仲裁联合法院。

〔26〕 例如，在2010年规定欧洲人权法院的法官不可连任时，其任期也从6年延长到了9年。

〔27〕 在国际法院、国际海洋法法庭、前南斯拉夫问题国际刑事法庭（前南问题国际法庭）、非洲人权和民族权法院、WTO上诉机构，法官均可连任。

〔28〕 例如，美洲人权法院、非洲人权和民族权法院、WTO上诉机构等。

一致决定或多数或特定多数作出决定。[29] 在某些情况下，各缔约方有能力通过共同协议推翻法院的决定。也有一些国际法院，缔约方和法院都参与罢免法官的决定。在通常情况下，这需要法院（或特别设立的法庭）审查针对法官的申诉，然后提出建议，由政府间机构作出最终决定。[30]

6. 案件分配模式。UNCITRAL 第三工作组曾就指派案件时适用的标准提出了一些问题，并建议案件指派标准应当考虑到案件的具体情况，包括是否涉及发展中国家，以及法庭是否需要考虑其他，如环境和社会方面或促进投资等。关于为案件指派的成员可能不具备处理某些问题（如损害赔偿金的计算）的具体专门知识，提到了聘请专家的可能性。就为具体案件甄选法官而言，这一过程可以是随机的，也可以由负责管理审裁员名单的机构的秘书长负责，也可以由常设机构的一名全职主席负责指定具体案件的法官。多数成员倾向在一定程度上随机指定常设机构分庭的审裁员，以确保争端各方无法事先知道将由谁审理其案件。

### （二）主要成员上诉机构改革主张

UNCITRAL 启动 ICSID 新一轮改革后，收到了包括欧盟、中国、俄罗斯等成员在内的 20 余份有关设立上诉机构的提议。[31] 在 UNCITRAL

[29] 例如，在欧洲人权法院，任何法官都可以请求罢免另一名法官，而罢免的决定必须由 2/3 多数法官作出。

[30] 实行这种罢免程序的法院有中部非洲经济与货币共同体法院、西非国家经济共同体（西非经共体）法院、美洲人权法院和国际刑事法院。由各国控制罢免法官事宜的法院包括东部和南部非洲共同市场（东南非共同市场）法院、东非法院。

[31] 参见欧洲联盟及其成员国提交的意见书（上诉机构）（A/CN. 9/WG. Ⅲ/WP. 159/Add. 1）；摩洛哥政府提交的意见书（裁决的事先审查和常设上诉机制，A/CN. 9/WG. Ⅲ/WP. 161 和 A/CN. 9/WG. Ⅲ/WP. 198）；智利、以色列和日本政府提交的意见书（特定条约的上诉复审机制，A/CN. 9/WG. Ⅲ/WP. 163）；厄瓜多尔政府提交的意见书（常设复审和上诉机制，A/CN. 9/WG. Ⅲ/WP. 175）；中国政府提交的意见书（独立上诉机制，A/CN. 9/WG. Ⅲ/WP. 177）；南非政府提交的意见书（A/CN. 9/WG. Ⅲ/WP. 176）；巴林政府提交的意见书（A/CN. 9/WG. Ⅲ/WP. 180）；俄罗斯政府提交的意见书（A/CN. 9/WG. Ⅲ/WP. 188）；摩洛哥政府提交的意见书（A/CN. 9/WG. Ⅲ/WP. 195）。

第三工作组主持下，已经对各缔约方方案进行了多次深入探讨。在2020年1月第38届会议续会上，UNCITRAL第三工作组继续审议了上诉机构提案，并已澄清、界定和阐明了上诉机构方案目标，并由秘书处草拟了“说明文件”。[32]“说明文件”述及的主要问题如下：

1. 机构名称问题。不同提案对ICSID上诉机构的名称用词不尽相同。究竟是命名为“专设上诉机构”“常设独立上诉机构”，抑或是“常设法院上诉机构”？笔者认为，犹如WTO上诉机构一样，ICSID的上诉机构应该是常设性、专门性的，法官人数应该是固定任期制，鉴于案件数量不断增加，建议法官人数拟定在9～15人之间，并交错轮换。

2. 上诉复审范围。“说明文件”建议上诉审查范围既包括法律适用错误，又包括事实认定错误。同时UNCITRAL第三工作组提醒需要明确加以澄清的有：对事实评价的明显错误是否可以构成法律错误；国内法的解释或适用问题是否属于法律错误或事实错误的范畴？实际上，法律适用错误应成为上诉审查的重点，事实认定错误全部纳入上诉审查范围，无疑会导致重复审查、降低效率，但为了给当事人提供一个纠错的机会，应考虑把“明显”的事实错误或者事实与法律的混合错误也适度纳入上诉审查的范畴。

3. ICSID现有裁决撤销程序是否与上诉机制并存。这个问题当前存在两种可能：第一，两种监督方式并存，那么如何确保其审查不会重叠是一个必须澄清的问题。第二，“说明文件”也提出了另一个可能，即把《ICSID公约》第52条的裁决撤销理由、《国际商事仲裁示范法》第

[32] See Possible reform of investor-State dispute settlement (ISDS) Appellate mechanism and enforcement issues, Accessed Feb. 3, 2021, https://uncitral.un.org/en/working_groups/3/investor-state.

34 条裁决撤销的理由、《纽约公约》第 5 条拒绝执行裁决的理由[33]直接作为可以上诉的理由。但上诉理由一般侧重遵守正当程序以及裁决的实质正确性。相比之下，撤销的侧重面较窄，所考虑的是遵守正当程序，而不考虑法律适用中的错误或事实调查结果。上诉理由通常比废止的一般理由更宽泛。而且，如果将《ICSID 公约》和《国际商事仲裁示范法》规定的废止和撤销理由作为上诉理由，则有必要确保争议各方无法启动废止或撤销程序，并确保要求国家放弃对上诉机构所作裁定的复核权。由于并非所有国内法都一定会承认这种弃权是排除向其法院寻求撤销权利的有效协议，上诉机制的缔约方可能需要考虑通过这方面的立法。由此，有关此问题的探讨接下来将比较激烈。

4. 可上诉事项的范围。“说明文件”指出涉及案件实体和程序事项的“裁定”均可上诉，而某些其他“裁定”则被排除在上诉范围之外（即使满足了上诉的理由），与此同时确保上诉权和上诉机制的效率和可控性。因此，关于管辖权的裁定、临时措施的裁定、仲裁员回避的裁定等哪些可以上诉，哪些应禁止上诉，尚需要进一步探讨。

5. 上诉法庭的裁决种类。“说明文件”对上诉法庭的决定形式进行

---

[33] 《ICSID 公约》第 52 条规定，如果存在下列情形之一的（仲裁庭组成不当、明显超越其权限、仲裁员受贿、严重背离基本程序或者裁决未陈述其理由），任何一方可以向秘书长提出书面申请，要求撤销裁决。《国际商事仲裁示范法》第 34 条第 2 款规定，如果存在下列情形之一的（当事人无民事行为能力、仲裁协议无效、一方当事人未收到指定仲裁员或仲裁程序的通知、一方当事人无法出庭申辩、裁决超过申请事项范围、仲裁庭组成程序不当），当事人可以根据第 6 条的规定，向有管辖权的法院申请撤销仲裁裁决。该条第 2 项还规定，法院如果发现裁决争议事项是不可仲裁的或裁决与本国公共政策相抵触的，也可以主动撤销仲裁裁决。1958 年《纽约公约》第 5 条第 1 款规定裁决有以下情形的（当事人无民事行为能力、适用的准据法无效、一方当事人未收到仲裁员指定或仲裁程序通知、一方当事人无法出庭申辩、裁决超过申请事项范围、仲裁庭组成或仲裁程序与条约或仲裁地所在国的法律不符、裁决未生效或被撤销），被申请承认与执行的缔约国可以拒绝承认与执行。该条第 2 款规定缔约国法院如果发现裁决的争议事项是不可仲裁的，或裁决违背该国公共政策的，亦可拒不承认及执行仲裁裁决。

了评述，即上诉法庭是否应当能够确认、推翻、修改、废止或撤销一级法庭的裁定，并根据其掌握的事实作出最后裁定。上诉法庭是否能够将案件发回一级法庭重审？有的意见认为，上诉法庭应拥有广泛的发回重审权。然而，有的意见认为，只应对特定情况或基于有限的理由规定发回重审权，如上诉法庭无法根据所掌握的事实完成法律分析。还有一些意见认为，鉴于费用和时间方面的考虑，不应允许发回重审。近期一些双边或区域贸易和投资条约为上诉机构提供了更多权力，其中包括发回重审权或规定在某些情况下的发回重审。〔34〕现有的国际审裁机构如果具有或设计为具有两级或更多级，一般都对上诉权力规定有明确规则。大多数包括永久性两级的国际刑事司法管辖机构往往都为上诉规定了广泛权力，包括将争议问题发回一级审理或将其撤销的权力。〔35〕《欧洲联盟

〔34〕 例如，(1)《欧盟—新加坡投资保护协定》规定，“如果上诉有充分依据，上诉法庭应全部或部分修改或推翻临时裁决中的法律调查结果和结论。上诉法庭应将此事发回原审法庭，准确说明其如何修改或推翻了原审法庭的有关调查结果和结论”。(2)《欧盟—越南投资保护协定》规定，“如果上诉法庭认定上诉有充分依据，上诉法庭的裁定应全部或部分修改或推翻临时裁决中的法律调查结果和结论。上诉法庭的裁定应准确说明其如何修改或推翻了原审法庭的有关调查结果和结论。在原审法庭所确立的事实允许的情况下，上诉法庭应对这些事实适用其自己的法律调查结果和结论，并作出最终裁定。如果这不可能，上诉法庭应将该事项发回原审法庭处理”。

〔35〕 例如，(1)《国际刑事法院罗马规约》第83条第2款规定，如果上诉分庭认定上诉所针对的审判程序有失公正，影响到裁判或判刑的可靠性，或者上诉所针对的裁判或判刑因为有认定事实错误、适用法律错误或程序错误而受到重大影响，上诉分庭可以：①推翻或修改裁判或判刑；②命令由另一审判分庭重新审判。为了上述目的，上诉分庭可以将事实问题发回原审判分庭重新认定，由该分庭向其提出报告，上诉分庭也可以自行提取证据以认定该问题。如果该项裁判或判刑仅由被定罪人或由检察官代该人提出上诉，则不能作出对该人不利的改判。(2)《塞拉利昂问题特别法庭规约》第21条规定，如果发现一项在初审分庭或上诉分庭诉讼时尚未为人所知、并且可能成为达成判决的决定性因素的新的事实，则已定罪者或检察官得提出要求复核判决的申请书。

法院规约》和《体育仲裁法院程序规则》中也有同样的规定。[36]

6. 上诉案件量的可控性。UNCITRAL 第三工作组一致认为，需要进一步详细说明如何确保上诉案件数量可控并避免争端各方提出系统性上诉。可以对上诉机制本身范围之内规定条件和过滤标准，以及上诉机制范围之外可能对案件量产生间接影响的规定加以区分。上诉机制内的各种方法的确可能有助于控制案件量和无端上诉。UNCITRAL 第三工作组也提示到国际机构的审查标准通常非常高。以前南斯拉夫问题国际刑事法庭（前南问题国际法庭）上诉分庭为例，各方必须提交上诉论据、记录的明确出处、上诉的事实和法律依据；各方不仅必须证明审判分庭犯有错误，还必须证明这一错误导致审判不公，这意味着适用门槛更高，而不是简单地重新评估证据。上诉机制结构内极高的上诉标准的确可能有助于控制案件量和无端上诉。至于上诉机制之外的规定，费用担保、费用分担和早期驳回也构成了间接确保上诉系统案件量保持在可控范围的可能手段。

7. 上诉的时间期限。UNCITRAL 第三工作组指出，投资条约规定上诉法庭应在程序开始后 180 日的期限内作出裁决。WTO 争端解决程序规定上诉程序的最长期限为 60 日，但在任何情况下都不应超过 90 日。[37]笔者认为，对于各方就管辖权裁定提出上诉以及上诉法庭就管辖权事项作出裁定，可以规定较短期限。在某些情况下，如果上诉事项仅限于一个单独问题（如某些程序性问题），应考虑是否应当适用加速程序。加速程序将包括除时间期限更短外，采用更高效程序的可能性。例如，

〔36〕 例如，《体育仲裁法院程序规则》第 57 条规定，合议庭拥有对事实和法律进行复审的充分权力。合议庭可以下达一项新的裁定以取代被质疑的裁定，或者废止该裁定，并将案件发回原审机构。《欧洲联盟法院规约》第 61 条第 1 款规定：如果上诉有充分理由，法院应撤销普通法院的裁定。在诉讼情况允许的情况下，法院本身可就此事作出最终判决，或将案件发回普通法院判决。

〔37〕 参见关于 WTO 上诉机构案件量和期限的统计数据，载 https：//www. wto. org/english/tratop_e/dispu_e/_e. htm，最后访问日期：2021 年 2 月 5 日。

由 1 名成员审案并限制诉状篇幅。可以根据上诉理由而规定不同时限。UNCITRAL 第三工作组提议是否参照《解决投资争端的国际中心仲裁规则》第 41 条第 5 款，规定一种针对明显无依据上诉的早期驳回程序。

8. 上诉裁决的执行。投资争端法庭作出的裁决一般可通过《纽约公约》和《ICSID 公约》予以执行，这些公约分别提供了强有力的执行制度。首先，《纽约公约》规定的执行机制是否可以适用于上诉机构作出的裁定，将取决于如何建立这种机制，特别是其裁定在多大程度上可被定性为仲裁裁决。如果上诉机制是为复审仲裁裁决而建立的二级机制，该机制大概率不会改变整个过程的性质，因为无论根据机构仲裁规则还是国内法，都已经有此类仲裁制度的实例，这些仲裁制度对仲裁裁决的内部上诉复审作了规定。各国也可以就可上诉的裁决选择一种特定的执行制度。如果上诉机制是一种不一定适合仲裁的制度的一部分，《纽约公约》的适用就更有问题，因而可能有必要制定一个公约，使该机制适用于参加的所有缔约方。其次，根据《ICSID 公约》第 53 条至第 55 条，ICSID 的裁决具有约束力并可强制执行。这种简化的执行机制是 ICSID 独有的。它允许执行《ICSID 公约》裁决所加财政义务的一方在向相关国内法院出示经核证的裁决书副本后，在任何缔约方对该裁决进行承认和强制执行。简化执行机制仅适用于 ICSID 的裁决，这些裁决是《ICSID 公约》案件的最终裁决。《ICSID 公约》第 53 条规定，对 ICSID 的裁决“不得进行任何上诉或采取任何其他除本公约规定外的补救办法”。因此，上诉裁决的执行需要考虑与《ICSID 公约》的兼容性。这里至少有两种方式可以将上诉纳入 ICSID 的机制。第一种办法是通过多边协议，所有成员协商修正《ICSID 公约》第 53 条；第二种办法是根据《维也纳条约法公约》第 41 条对《ICSID 公约》进行彼此间修改，即在同意的成员之间进行修改，形成诸边执行机制。

## （三）仲裁员的遴选与委任

在2020年1月第38届会议续会上，UNCITRAL第三工作组根据各成员提交的意见书，[38] 初步审议了投资争端法庭成员的甄选和指定系列问题，并请秘书处形成了“说明文本”。[39] 在此基础上，UNCITRAL第三工作组初步审议了关于投资争端法庭成员资格和要求的一些特点，以及特设和常设机制框架内的各种甄选和指定模式。UNCITRAL第三工作组认为，投资争端法庭成员的甄选和指定方法应当有助于增进司法裁决的质量和公平性及其在这些方面的观感，并保证透明度、公正性、独立性、问责，体现高尚的道德标准，同时还要确保适当的多样性。

根据UNCITRAL第三工作组第38届会议的审议情况，与ICSID联合编写的行为守则草案述及了投资争端法庭成员的某些资格和要求。[40] 但工作组在“说明文本”中同时强调，以下问题需要在2021年第四十届维也纳会议上进行进一步澄清。

1. 独立性、公正性与问责。UNCITRAL第三工作组列举了已有条约

---

〔38〕 参见欧洲联盟及其成员国提交的意见书（A/CN. 9/WG. Ⅲ/WP. 159/Add. 1）；泰国政府提交的意见书（A/CN. 9/WG. Ⅲ/WP. 162）；智利、以色列和日本政府提交的意见书（A/CN. 9/WG. Ⅲ/WP. 163）；哥斯达黎加政府提交的意见书（A/CN. 9/WG. Ⅲ/WP. 164、A/CN. 9/WG. Ⅲ/WP. 178）；土耳其政府提交的意见书（A/CN. 9/WG. Ⅲ/WP. 174）；厄瓜多尔政府提交的意见书（A/CN. 9/WG. Ⅲ/WP. 175）；中国政府提交的意见书（A/CN. 9/WG. Ⅲ/WP. 177）；摩洛哥政府提交的意见书（A/CN. 9/WG. Ⅲ/WP. 195）。

〔39〕 See Possible reform of investor-State dispute settlement（ISDS）Selection and appointment of ISDS tribunal members, Accessed Feb. 3, 2021, https：//uncitral. un. org/en/working_groups/3/investor-state.

〔40〕 See Possible reform of investor-State dispute settlement（ISDS）Draft code of conduct, Accessed Feb. 3, 2021, https：//undocs. org/en/A/CN. 9/WG. Ⅲ/WP. 201.

关于公正性与问责的典型实践，[41] 并提示应注意独立性和问责之间的平衡，并强调指定程序在这方面的作用。此外，各国使用解释性声明也可以确保投资争端法庭的解释与它们缔结条约时的意图保持一致，从而降低投资争端法庭在解释方面的自主权。这也将有助于投资争端法庭成员独立于争端各方的利益而澄清法律。

2. 多样性与均衡性。除资格和其他要求外，UNCITRAL 第三工作组指出适当的多样性（包括地理、性别和语言多样性以及不同法律制度和文化的公平代表性）在投资争端制度中至关重要。强调实现多样性将提高投资争端解决过程的质量。因为不同视角，特别是来自不同文化和不同经济发展水平的不同视角，可以确保更平衡的裁定，缺乏多样性将损害投资争端制度的合法性。追求包容性而不是多样性的目标可能有助于确保任何类型的多样性都不会被视为具有排他性；还可能有助于解决界定严格的甄选标准和确保不同背景的人参与之间的紧张关系。

3. 仲裁员的遴选方法。“说明文件”文本列述了两个方案。(1) 特设机制。在目前的投资争端制度中，争端由投资争端法庭解决，该法庭是专门为该特定争端而设立的。争端各方在甄选仲裁庭成员方面发挥着重要作用。在实践中，投资人与国家间仲裁所适用的规则允许争端各方商定甄选仲裁员的方法并直接商定仲裁员的身份。这种方法可以确保仲裁的灵活性和吸引力。[42] UNCITRAL 第三工作组也考虑在特设机制范围内进一步规范这种甄选和指定方法的备选办法（类似目前的投资争端

---

〔41〕 这些要求通常见于国际裁决，包括仲裁，如《联合国国际贸易法委员会仲裁规则》第 11 条的规定。关于独立性、公正性和中立性，可见《国际法院规约》第 2 条的规定；关于语言能力，可见《国际刑事法院罗马规约》第 36 条第 3 款第 3 项的规定。关于问责、高尚品德和个人诚信和信誉，可见《ICSID 公约》第 14 条第 1 款的规定、《国际法院规约》第 2 条的规定、《欧洲人权公约》第 21 条第 1 款的规定、《国际海洋法法庭规约》第 2 条第 1 款的规定、《非洲人权和民族权宪章》第 31 条第 1 款的规定等。

〔42〕 参见中国政府提交的意见书（A/CN. 9/WG. Ⅲ/WP. 177）。

制度，即在争端出现后针对每个案件单独组成投资争端法庭，有别于常设机制）。进一步规范的可能办法还包括：由作为指定机构的第三方选出仲裁庭成员，不需要争端各方提供任何意见或仅需争端各方提供有限的意见；〔43〕使用预先确定的仲裁员名单或名册。〔44〕（2）指定机构。关于指定机构在规范当事方指定方面可能发挥的作用，应考虑指定机构已经在介入目前投资争端制度的指定过程，往往指定的是由 3 人组成的仲裁庭的首席仲裁员。重点应考虑是否应加强指定机构的作用。从一开始可知，任何此类改革都需要指定机构的积极参与，并要求它们同意实施任何此类改革。这又涉及以下问题，首先，全部还是部分人数由指定机构甄选和指定，以及由指定机构内的哪个人作出指定？而且，指定机构还可以通过多种方式甄选仲裁员。第一种可能性是采用混合甄选程序，即投资争端各方各自甄选和指定 1 名他们选择的仲裁员（无论是否从名册中选择），然后相关指定机构甄选和指定主席。第二种可能性是所有指定（两名共同仲裁员和主席）均由指定的机构作出。第三种可能性是其他选择，如指定机构甄选和指定投资争端法庭成员，可与争端各方磋商。例如，指定机构可以向争端各方分发一份潜在共同仲裁员名单，当事各方可以对名单中的属意人选排名。然后，可以将第二份名单即潜在主席名单分发给争端各方，双方可以分别对名单中属意的主席人选排名。〔45〕其次，指定机构是否通过名册进行甄选和指定。如果使用，这样

〔43〕参见各国政府提交的意见书中所载的建议：泰国政府提交的意见书（A/CN. 9/WG. Ⅲ/WP. 162）；智利、以色列和日本政府提交的意见书（A/CN. 9/WG. Ⅲ/WP. 163、A/CN. 9/WG. Ⅲ/WP. 164）；哥斯达黎加政府提交的意见书（A/CN. 9/WG. Ⅲ/WP. 178）；土耳其政府提交的意见书（A/CN. 9/WG. Ⅲ/WP. 174）。

〔44〕例如，荷兰的 BIT 范本则要求由机构而不是由当事人作出指定。

〔45〕常设仲裁法院在其提交的意见书中指出，按照《联合国国际贸易法委员会仲裁规则》第 8 条第 2 款的规定和《PCA 规则》第 8 条第 2 款的规定，常设仲裁法院秘书长通常采用名单程序。常设仲裁法院也介绍了替代机制。载 https：//uncitral.un. org/sites/uncitral. un. org/files/media-documents/uncitral/en/pca_mechanisms_for_selection_and_appointment. pdf，最后访问日期：2021 年 2 月 9 日。

一个名册的组成将遵循哪些考虑因素，可能牵涉的问题有：指定机构必须从名册中甄选，还是仅将其作为指导；共同仲裁员和主席的甄选是否需要不同的规则，如甄选共同仲裁员时，指定机构自愿使用名册，但甄选主席时，使用名册将是强制性的。再次，由一个还是多个机构担任指定机构。如果有不止一个机构担任指定机构，需要考虑的问题包括是否应考虑到地域多样性而设立一份此类指定机构的名单，如果是，该名单是封闭式的还是开放式的；以及争端各方将如何指定这样的指定机构。最后，如何确保透明度和问责的实施。毫无疑问的是，需要进一步制定措施，以提高指定机构甄选和指定过程的透明度和信息可获性。这些措施可能包括公布适用的规则和标准（如国籍、性别、年龄组别、法律制度等信息）、当事方参与这一过程的程度以及所涉及的费用。还可以指示指定机构公布待指定人选的投资争端仲裁员名单，如此可以证明指定机构为包容性做出的努力。〔46〕

4. 仲裁员名册。UNCITRAL 第三工作组指出，多数投资争端的仲裁机构发布有自己的仲裁员名册。因此可以考虑协助建立一个名册，并更多地参与协助争端各方甄选和指定仲裁庭成员。〔47〕同时需要注意的是，当前这些名单只是指示性的，没有义务从这些名单中甄选投资争端法庭成员，但 ICSID 除外（该中心在下列情况下受其名单约束：当事方没有达成一致的情况下指定主席，以及指定撤销裁决委员会的成员）。此外，一些投资条约提供了名册（预选选定人员名单）可以从中挑选投资争端

〔46〕 例如，“仲裁员情报”报告，此类报告载有国际仲裁员和仲裁的数据和反馈意见，这些信息和相关分析旨在使用人能够在更知情的情况下就仲裁员甄选和案件策略作出决定。载 https：//arbitratorintelligence. com/，最后访问日期：2021 年 2 月 9 日。

〔47〕 例如，ICSID 既有一个仲裁员小组 10 名成员名册，也有一个缔约方指定人员名单，这些指定人员任期 5 年，可以连任。一个缔约方最多可以提名 8 人，这些人员不需要拥有其指定国家的公民身份。常设仲裁法院有一个称作常设仲裁法院成员的名册，由常设仲裁法院缔约方指定最多 4 人组成，这些人不需要拥有其指定国家的公民身份。

法庭成员。这些名册通常不包含关于甄选名册上人员的详细规定。[48] 通过对投资协定中的名册进行分析，发现争端各方指定时并未局限于现有名册上所列的人员。建立名册作为甄选和指定投资争端法庭成员的改革方案，还需要注意以下问题。(1) 名册类型：多个名册或单一名册。可能的改革方案需要考虑：一是判断是否应当在现有名册的基础上编制一份合格名册清单；[49] 二是判断这些现有名册是否可以以不同方式使用，要么是自愿使用，要么是强制使用，以邀请或要求争端各方和指定机构从这些名册中甄选投资争端法庭成员。而且，管理投资争端案件的各个机构现有的名册是否符合改革目标所要求的标准。另一种可能性是建立一个新的单一名册，争端各方、指定机构或通过改革进程建立的常设机制可以在强制性或自愿的基础上使用该名册。这一方案虽然背离当前投资争端解决制度的专设性质，但仍允许争端各方参与甄选和指定仲裁员事宜（半常设机制）。[50] (2) 名册的组成。UNCITRAL 第三工作组内和提交的意见书中都提到了组成名册的各种可能性。有一种意见是名册勿

---

〔48〕 例如，《美墨加协定》要求在协定生效之日之前建立一份最多30人的名册，这些人员经由协商一致选出，至少任职3年或直至缔约方建立新的名册。CPTPP 规定，由缔约方建立一个至少15人的名册，有效期至少为3年，或直至缔约方甄选产生小组主席；每个缔约方最多可提名两名候选人加入名册，其提名人选最多可包括任何缔约方的一名国民；基于名册指定以协商一致方式作出。NAFTA 规定以“协商一致方式”建立一份仲裁员名册，在当事各方没有达成一致的情况下，指定机构（ICSID 秘书长）将从该名册中指定首席仲裁员。在 WTO 体系中，一审小组是在临时基础上组成的，由一份由 WTO 成员提名人员组成的指示性小组成员名册，但不一定从该名单中甄选人员。

〔49〕 除 ICSID 中心和常设仲裁法院外，还有许多机构拥有仲裁员名册或名单，如 ICC 仲裁院、斯德哥尔摩商会仲裁研究所、伦敦国际仲裁法院、新加坡国际仲裁中心、香港国际仲裁中心、贸仲委和北京国际仲裁中心等。

〔50〕 专设和常设机制也可在同一争端解决框架内并存。例如，在 WTO 中，首先由专设小组裁定争端，之后如有一方上诉，则由 WTO 常设上诉机构裁定。在南方共同市场中，申诉国须首先将其申诉事由提交至一个“专设仲裁庭”，该仲裁庭由争端各方从非开放名单中选定人员组成［《阿根廷共和国、巴西联邦共和国、巴拉圭共和国和乌拉圭东岸共和国建立共同市场条约》（南方共同市场）］，1991 年 3 月 26 日。

求全面，但应列入具有投资争端解决方面专长的公认仲裁员姓名，同时也要列入新的人选。在甄选仲裁员事宜保留当事方指定制度的基础上，单一名册可能需要150～200人。[51] 如果要建立一个新的名册，可以通过机构提名、国家提名或两者兼而有之的方式来完成。[52] UNCITRAL第三工作组内有与会者建议，为了保持现行制度的平衡，国家和投资人都应参与建立名册。而另一种意见认为，只有国家应参与建立名册。这一进程还可能包括其他感兴趣的利益攸关方的参与。对名册提名人选达成一致可能会有问题，因为这可能会导致僵局。[53] （3）管理名册。管理名册意味着组织拟列入名册人员的甄选和指定事宜，并处理人员续签事宜，以确保灵活性并解决对缺乏多样性的关切。可以设定人员的在册期限，也许过一段时间该人将被移出名单。指定的名册成员可以有确定任期，不得连任或可连任一次或两次。也可定期以交错方式进行指定，以确保名册上有新人替换进去。程序将完全取决于建立一个名册还是多个名册。多个名册可以各有不同的程序规则。名册的管理应包括移除1名仲裁员的程序。因此，可以考虑需要建立哪种体制机制来评价和评估有关仲裁员的行为。（4）在投资争端法庭成员的甄选和指定过程中使用名册。从名册中甄选投资争端法庭成员可以是自愿的，也可以是强制性的。如果只是自愿的，名册上的人员拥有争端各方所要求的相关专业知识或经验就不那么重要了。还可以设想一种混合甄选方法，即从名册中甄选和指定两名由当事各方指定的仲裁员是自愿的，意味着当事各方可以甄选他们想要的任何个人，无论此人是否在相关名单或名册上，而从

〔51〕 参见NAFTA第11章。

〔52〕 Malcolm Langford, Daniel Behn & MariachiaraMalaguti, *The Diversity Deficit in International Investment Arbitration*, The Journal of World Investment & Trade, Vol. 21 (2-3), p. 410-440 (2020).

〔53〕 Olof Larsson et al., *Selection and Appointment in International Adjudication: Insights from Political Science*, Academic Forum on ISDS Concept Paper, 2019/10, Accessed Feb. 10, 2021, https://papers.ssrn.com/sol3/papers.cfm?abstract_id=3458295.

名册中甄选和指定主席是强制性的，意味着该人必须从名册中甄选，无论指定由争端当事方、共同仲裁员还是指定机构作出。

## 二、欧加 ICS 的晚近改革进展

2021 年 1 月 29 日，欧盟和加拿大通过了“四项规则”来确保 CETA 约定的 ICS 的具体实施。这“四项规则”分别为：上诉法庭运作规则（the Functioning of the Appellate Tribunal）、投资法庭成员行为准则（Code of Conduct）、调解规则（Rules for Mediation）、有约束力的联合解释规则（Rules for Binding Interpretations）。已如前述，关于 ICS 制度的基本原则已经在 CETA 中确立，而此次具体规则的制定是双方就 ICS 制度运行的详细规则、程序和结构达成一致意见的结果。[54]

需要指出的是，这“四项规则”以及 CETA 中的所有投资保护条款，须经欧盟 27 个成员国均批准 CETA 后方可适用。截至 2021 年 3 月，已有 16 个欧盟成员国批准了该协议。根据《CETA 联合解释规范》（Joint Interpretative Instrument on CETA）的规定，一旦 CETA 生效，ICS 制度将立即投入运行。因此，此次通过关于 ICS 制度的“四项规则”，有助于在 CETA 生效前缔约方将所有必要内容提前落实到位。此前，CETA 的部分条款已于 2017 年 9 月 21 日临时生效，但不包括投资保护条款及 ISDS 条款。另外，欧盟法院在 2019 年 4 月 30 日的第 1/17 号意见（opinion 1/17）指出，CETA 规定的投资者—东道国争端解决机制符合欧盟法律。

### （一）上诉法庭运作规则

该规则共有 5 个条款，分别为定义、上诉法庭的组成及行政安排、

〔54〕 See The EU and Canada adopt rules putting in place the CETA investment court, Accessed Feb. 2, 2021, https://trade.ec.europa.eu/doclib/press/index.cfm?id=2240.

上诉程序的进行、语言文本、生效要求。内容上，明确上诉法庭的组成人员、任命方式、任期、薪酬；规定上诉程序一般不得超过180日，若需延长应不超过270日；对尚未生效的裁判，上诉法庭可作出维持原判、全部或部分改判、驳回上诉、发回重审等裁决形式；上诉方承担上诉费用的担保；此外CETA中关于调解、第三方资助、临时保护措施、透明度等规则应比照适用于上诉机制。

欧盟的ICS，将国际投资法庭分离为初审法庭和上诉法庭两个层面，构成“两审终审”模式，以增加裁决的一致性。上述规定的实施将有助于上诉法庭有效发挥其职能，确保CETA成为第一个开始运作上诉机构的国际投资协定。

### （二）投资法庭成员行为准则

投资法庭成员的行为准则共12条，分别为定义、程序进行中的义务、披露义务、法庭成员的独立性公正性及其他义务、前任法庭成员的义务、保密义务、费用、处罚、调解员、协商委员会、语言文本、生效要求。内容上，要求投资法庭候选人员、法庭成员、前法庭成员均需避免不当行为，遵守高标准的道德准则；披露可能影响其独立性与公正性的利益关系；保持独立且公正；不得披露任何非公开信息或以此谋利；行为准则比照适用于调解员；组成协商委员会协助实施该行为准则等。

CETA在协议正文第8.30条把更高标准的道德准则赋予了初审法庭与上诉法庭成员，而该行为准则以具体详细规定进一步加强落实协议中承诺的最高道德标准。对法庭成员道德准则进行具体规定，要求法庭成员公正、独立，将避免争议双方对法庭成员的操纵与干涉，有助于增强裁决的合法性及公正性。

### （三）调解规则

调解规则共11条，分别为定义、目的及范围、程序的启动、调解员的任命、调解程序规则、和解协议的执行、与其他争端解决程序的关系、时限、费用、语言文本、生效要求。内容上，各方应努力在60日内达成和解协议；调解程序中一方作出的自认、立场、意见等均不能作为其他程序中的证据使用；平均承担调解费用等。

调解是传统投资协定中基本忽视的一个部分。但晚近已有诸多投资协定纳入详细的调解规则。CETA鼓励投资调解的适用，正文第8.20条中共5项对调解予以一般规定，并设有附件29－C对调解程序进行具体安排，表明欧盟在多元化争端解决上意愿明显。

### （四）有约束力的联合解释规则

该规则共有4条，分别为本规则与CETA联合委员会议事规则的关系、语言文本、生效要求等内容上规定服务投资委员会有权建议CETA联合委员会通过缔约方作出的联合解释，而CETA联合委员会则在通过缔约国协商同意后有权发布联合解释，该解释对投资法庭有约束力；CETA联合委员会可确定某项解释产生约束力的具体日期；重申各缔约方为公共利益目的而拥有规制权，以实现合法的公共政策目标，如保护公众健康与安全、环境（包括气候变化和生物多样性）、公共秩序、道德、社会及消费者保护、促进和保护文化多样性。

此前通过的《CETA联合解释规范》是指导CETA解释主体对CETA进行解释的规范。其中第6（e）条规定，为确保任何情况下法庭都能尊重双方在协定中的意图，CETA允许加拿大和欧盟及其成员国承诺利用这些条款，发布有约束力的联合解释，以避免和纠正投资法庭对CETA的任何误解。2018年9月26日通过CETA联合委员会第001/2018号决议（Decision 001/2018 of the CETA Joint Committee），规定了CETA联合委员会的程序规则。此次关于联合解释的具体规则将有助于欧盟和加拿大保持对协定解释的控制，确保法庭作出的解释符合缔约方的目的。

自2015年11月欧盟委员会首次将ICS纳入TTIP之后，欧盟将该机制纳入一系列国际投资协定中，如CETA、《欧盟—越南投资保护协定》、《欧盟—新加坡投资保护协定》、《欧盟—墨西哥全面经济伙伴协定》。欧盟此次通过4项具体规则，是推动落实CETA投资法庭制度的重要举措。

综上，无论是多边的ICSID投资仲裁机制，还是双边的欧加ICS机制，都在不断地改革完善中，并且呈现特定的趋势：首先，为强化对裁决的监督，确保裁决的一致性和合理性，上诉机构将成为改革的一个必然选择。其次，为了提升仲裁裁决的公平、公正性，对仲裁员的遴选和管理越发的严格，并需要制定更为科学合理的规范文件。最后，国际投资仲裁解决呈现多元化趋势。2018年之前，国际投资争端解决途径较单一，在区域经济体的推动下，晚近多元化发展趋势比较明显。为了切实推动“一带一路”建设，促进沿线投资的可持续性发展，顺应国际投资争端解决多元化发展的趋势，需要认真研判如何构建适合沿线投资实践的争端解决机制。而ICSID投资仲裁的改革实践和ICS的建构实践对建构“一带一路”投资争议解决制度提供了有益启示。

## 第三节　“一带一路”独立投资争端解决机制的建构

“一带一路”倡议旨在改善沿线国家基础设施条件，强化互联互通，促进各国经济繁荣与亚欧非区域经济合作。然而“一带一路”所涉大陆区域系地缘政治的“破碎地带”，宗教文化差异性大，恐怖事件与冲突频发，沿线国家主权信用评级较低，[55] 基于投资保护的政府任性违

〔55〕 2020年3月中诚信国际发布的《“一带一路”沿线国家风险报告》显示，沿线国家评级为5级~9级的国家占比为84%，区域绝对风险水平处于相对高位。与2019年国家风险参考评级相较，国家风险水平下降的国家有阿富汗、伊拉克等14国，占比21.5%；国家风险水平不变，评级保持稳定的国家有印度、印度尼西亚等37国，占比56.9%；国家风险水平上升，评级下调的国家有保加利亚、克罗地亚等13国，占比20%。

约频发，将不可避免地催生大量投资争议。[56] 投资者在“一带一路”倡议区域内将面临更特殊的、非市场性风险。如何规避沿线国家可能滥用国家主权豁免、属地管辖等国际法规则，甚或革命武装冲突而给我国投资者带来的潜在风险，维护投资者的权益，是倡议实施中必须面对的重大课题，尤其是ISDS的公平裁断，是维护我国沿线投资利益之关键。

已如前述，确定东道国境内涉外投资争端的管辖是公平处断争端的前提，不同主体之间的投资争端管辖亦不尽相同，概而有三：第一，争端当事人系平等的不同国家的公民或法人，一般由东道国行政、司法或仲裁机构处断，在东道国法律许可的情况下，亦可提交国际仲裁机构。第二，争端当事人是主权国家的政府，通常可采用外交谈判、国际仲裁、国际法院诉讼等方式解决。此两类争端的管辖归属已为国际社会广泛接受，且当事人愈来愈倾向于国际仲裁，歧义不大。第三，即外国投资者与东道国政府，不平等主体之间的投资争端，一般因东道国对外资行使管理权［国有化、征收、外汇管制等，统称“非商业性风险”（non-commercial risks）］而引发。此类争端的管辖，东道国力主按照国际法上公认的“属地优越权”（territorial supremacy）由其本国司法或仲裁机构根据其本国法律处断。然而，由于东道国或政府本身即为争议一方，属地保护在所难免，再加上沿线多数国家“司法不公正”及投资法碎片化带来的法律适用的或然性，实现案件的公正审判较困难。于是，资本输出国及投资者更倾向于诉诸东道国境外的国际仲裁机构，以规避东道国属地管辖，实现投资者利益的公平保护。由此，“投资者—东道国”争

[56] “一带一路”沿线地缘冲突不断，文化差异明显，投资风险较大。伴随倡议持续推进，我国投资者与沿线东道国之间的争议趋于频发。ISDS类型的投资争端，如诉诸传统的属地管辖，难以克服东道国“属地保护”，美国主导的ICSID机制难以契合该区域争端解决的实际，域内争端解决途径又无法满足化解纠纷的多样性需求。“一带一路”框架下独立、自洽的投资争端解决机制是公平处断争端、防范风险的最后保障，亦可抑制东道国任性违约，避免争端的政治化、复杂化，助益倡议由“权力导向”向“规则导向”演进，推动区域投资自由化及经贸一体化深入发展。

端管辖涉及东道国主权和资本输出国及投资者利益的平衡保护，争议由来已久，亦是“一带一路”倡议推进过程中，对我国投资者利益保护最为特殊、最为棘手、最为关键的一类争端。故本节需要集中讨论以下几个问题：传统争议解决途径是否能够公平处断“投资者—东道国”争端，有效维护亚投行投资者在沿线国家的权益；ICSID机制与“一带一路”域内此类纠纷的解决是否契合；有无必要建构独立的“‘一带一路’投资争端解决机制”及如何建立。

## 一、ISDS争议的传统途径难以有效维护域内投资者权益

已如前述，“投资者—东道国”争端的传统解决途径有三，各有弊端。

第一，东道国属地管辖难以克服“属地保护”之倾向。因为“一带一路”沿线国家大多为发展中国家，司法不公正、不透明，再加上利益团体、民族主义及属地保护主义的影响，外国投资者利益难获公平保护。尤其是，当争端源于东道国的征收、国有化等政府管理行为时，在司法缺乏监督的情况下，东道国法院更可能偏袒当地行政及立法决定，而不是给予外国投资者以公平裁判。〔57〕即使在沿线的法治国家，投资者也可能无法获得公平的司法保护，尤其是在社会立法的实施方面，对外国投资者的敌意也是明显的。〔58〕实际上，在某些国家，有关投资条约甚至不属于国内法渊源，国内法院反而可能成为侵蚀投资者权益的“帮凶”，投资者权益保护岌岌可危。

第二，投资者母国的外交保护已不合时宜。投资者母国的外交保护

〔57〕 M. Somarajah, *The Settlement of Foreign Investment Disputes*, The Hague: Kluwer Law International, 2003, p. 51.

〔58〕 Todd Weiler, *NAFTA Investment Law and Arbitration: Past Issues, Current Practice, Future Prospects*, Ardsley/New York: Transnational Publishers, 2014, p. 488.

使投资者与东道国之间不平等当事人间的争端上升为母国与东道国平等主体之间的争端，从此种意义上言，有助于投资争端的解决。然而，外交保护是投资者母国的一项权利而非义务，且应满足以下 3 个条件：东道国对外资的行动构成国际不法行为，投资者国籍持续及用尽当地救济。投资者在东道国遭遇司法不公时，其母国是否启动外交保护，大多基于外交关系及国家利益而非投资者利益的考量。另外，外交保护的最大弊端在于把投资争端政治化，而非法律化，甚或升级为武力威胁或炮舰外交，激化国家矛盾，引发武装冲突，代价高昂。[59] 在现代国际法语境下，外交保护也与由“权力导向”向“规则导向”演进的国际法治的大趋势相背离。而且使用不当可能涉嫌干涉东道国内政，侵犯东道国主权，与我国长期奉行的“相互尊重主权和不干涉内政”的原则相违背，有损“一带一路”倡议者或主导者的地位和信誉。因此，诉诸外交保护来维护我国在沿线国家投资者的利益，不但有违现代国际法精神，而且代价过高，得不偿失。

第三，投资者向东道国境外的国际商事仲裁机构申请仲裁。常设仲裁机构根据其受案范围不同，可划分为两大类：一是一般商事仲裁机构，包括国际性常设仲裁机构（如 ICC）和内国常设仲裁机构（如贸仲委、SCC、伦敦国际仲裁院）；二是专门性仲裁机构（如 ICSID、国际海洋法法庭）。自然人、法人平等主体之间的国际投资争议，只要当事人书面同意，一般商事仲裁机构均可受理，实践中当事人更倾向提交给国际性常设仲裁机构。ICC 裁断的纠纷绝大多数为一般商事争议，国际投资争端寥寥无几，有学者分析，国际投资争端当事人担心 ICC 处理此类案件

〔59〕 William S. Dodge, *Investor-state Dispute Settlement between Developed Countries: Reflections on the Australia-United States Free Trade Agreement*, Vanderbilt Journal of Transnational Law, 2016, p. 9 – 15.

不够“专业”，所以不愿意把案件交付ICC裁决。[60] “投资者—东道国”类型的投资争议，由于东道国国家豁免的障碍，一般商事仲裁机构难以获得管辖权。[61] 因为，商事仲裁机构取得管辖权的前提是当事人的自愿接受，而多数国家，尤其是坚持绝对豁免原则的国家，对所谓的“国际司法机构”（如ICJ）的管辖权大多予以抵制，对一般商事仲裁机构更是持不信任态度，不愿意把自身命运交付给一个“民间仲裁机构”予以处断。因此，涉及国家豁免和司法主权让渡时，多数国家比较审慎，除WTO争端解决机制外，成功付诸实践的较少。

综上，由于ISDS类型的争端本身在争议主体、争议类型、法律责任等方面的特殊性及传统解决方式的局限性，20世纪60年代，在世行主导下，裁断此类投资争端的专门性仲裁机构——ICSID应运而生。针对“一带一路”区域内成员的差异性、法律关系的复杂性以及可能存在的投资保护，ICSID机制是否契合，需继续探讨。

## 二、ICSID与“一带一路”域内ISDS的契合性

作为裁断ISDS的专门性争端解决机制——ICSID仲裁机制是否契合“一带一路”区域内此类争端的解决。质言之，“一带一路”域内产生的“投资者—东道国”争端，ICSID有无管辖权；此类争端如提交给ICSID，能否实现投资者和东道国利益的平衡维护。需要从ICSID机制与“一带一路”沿线国家的契合性及机制本身两个方面进行探讨。

---

〔60〕 Stephen J. Tope, *Mixed International Arbitration*, Grotius Publications Limited 215, 1998, p. 167.

〔61〕 深圳仲裁院2016年10月26日修订的《深圳国际仲裁院仲裁规则》是我国国内商事仲裁机构首次把管辖范围扩大到“国际投资争议”，包括“投资者—东道国”投资争端，是一次有意义的尝试。但鉴于法律和执行上的障碍以及东道国对一般商事仲裁机构管辖权的抵制，笔者对传统商事仲裁机构管辖“投资者—东道国”类型的投资争端，保持谨慎的乐观。

### （一）ICSID 对“一带一路”沿线 ISDS 是否具有管辖权

根据《ICSID 公约》第 25 条管辖权约定，提交 ICSID 管辖有两个条件：一是争端当事人适格，即投资者的母国和东道国必须是公约的缔约国；二是争议双方须提交书面同意。“一带一路”沿线 65 个国家与地区中，有 10 个国家与地区至今未加入《ICSID 公约》，还有 3 个国家已签字但至今未履行国内宪法批准程序，[62] 按照《ICSID 公约》第 68 条、第 73 条的规定，只是“签字”而未批准的国家不受《ICSID 公约》的约束，《ICSID 公约》也未对其生效，故单纯的签字方不是《ICSID 公约》意义上的缔约方，不能适用《ICSID 公约》第 25 条规定的仲裁管辖。因此，沿线共有 13 个国家未接受 ICSID 的管辖权，包括俄罗斯、印度、波兰等大国，外国投资者与非缔约方政府的投资争端原则上无法提交给 ICSID 仲裁。尽管 ICSID《附加便利规则》把 ICSID 管辖权已扩充至非缔约方政府或源于非缔约方投资者之间的投资争端，[63] 但《ICSID 公约》的宗旨是通过解决“东道缔约方与其他缔约方国民”之间的投资争端，促进私人国际投资的发展。此外，不加入或不批准《ICSID 公约》，即表明该国对 ICSID 持抵制态度，不愿接受 ICSID 的管辖，故在实践中，争端发生后同意提交 ICSID 仲裁的非缔约东道国比较鲜见。2020 年 ICSID 受理的 68 起案件中，只有 7 件是根据 ICSID《附加便利规则》启动。另外，根据 ICSID《附加便利规则》启动的案件，由于东道

〔62〕 截至 2021 年 3 月 28 日，缅甸、老挝、越南、伊朗、巴勒斯坦、印度、马尔代夫、不丹、塔吉克斯坦和波兰 10 国未加入《ICSID 公约》，俄罗斯、泰国和吉尔吉斯斯坦 3 国未提交批准书，共计 13 个国家未加入《ICSID 公约》。载 https：//icsid. worldbank. org/en/Pages/about/Database-of-Member-States. aspx，最后访问日期：2021 年 3 月 28 日。

〔63〕 See ICSID Additional Facility Rules, Second Paragraph of Introduction, The Administrative Council of the Centre has adopted Additional Facility Rules authorizing the Secretariat of ICSID to administer certaincategories of proceedings between States and nationals of other Statesthat fall outside the scope of the ICSID Convention.

国不是《ICSID 公约》缔约方，裁决可能面临东道国的“司法审查”，且无法突破东道国执行豁免的限制，此类裁决在执行地（国）的效力与一般国际商事仲裁机构的裁决本质上趋同，丧失了 ICSID 裁决执行效力的内在优势。截至 2020 年 6 月底，“一带一路”沿线有 19 个国家至今在 ICSID 机构没有被诉案件，有 5 个国家至今只涉案 1 件，[64] 即有超过 1/3 的国家未能真正融入 ICSID 机制，对 ICSID 的接受度及参与度较低，亦证明 ICSID 机制与区域内的投资争端解决契合性较差。

争端当事人，来自缔约方的投资者和缔约东道国，同意将争端提交给 ICSID 管辖是 ICSID 取得管辖权的另一个条件。然《ICSID 公约》没有规定“书面同意”的具体方式。在实践中，该项同意较普遍的表达方式有二：一是投资者与东道国在投资协议中拟定 ICSID 调解或仲裁条款（合同仲裁）；二是东道国和投资者母国签订的 BIT 接受 ICSID 的管辖（条约仲裁）。从“合同仲裁”向“条约仲裁”演进是国际投资仲裁发展的一个基本趋势。除上述 13 个非《ICSID 公约》缔约方之外，域内的缔约东道国及其投资者可以在“投资协议”中约定 ICSID 管辖权条款，实现“合同仲裁”。但“合同仲裁”当事人对“仲裁条款的效力、争议事项的可仲裁性、仲裁裁决的承认与执行、法律适用、程序规则”等系列问题需在每一个投资协议中逐一明确，且常常存有解释分歧，耗时耗力，成本较高。因此，ICSID 取得管辖权更多是依据 BIT 的 ICSID 仲裁条款，即条约仲裁。例如，2016 年 ICSID 受理的 48 起案件，同意仲裁的法律基础：57% 是双边投资协定，只有 4% 是投资者与东道国签订的投资合同。[65]

---

〔64〕 参见黄丽萍、漆彤：《独家：“一带一路”沿线国家外资立法、缔约及被诉情况统计表》，载微信公众号“国际经济法评论”2015 年 5 月 15 日，https：//mp.weixin. qq. com/s/jZyg8V5eBcQ9s8yOhXRopA。

〔65〕 See ICSID 2016 Annual Report, Accessed Mar. 1, 2019, https：//icsid. worldbank.org/en/Pages/resources/ICSID-Annual-Report. aspx.

“一带一路”沿线65个国家中，有55个国家与中国签订了双边投资协定，但只有14个BIT通过“岔路口条款”[66]的形式明确约定了可以诉诸ICSID管辖，[67]且多数附加了限制性条件。例如，约定争端双方另行书面同意才可以提交ICSID仲裁，投资者单方不能提请仲裁；约定只有“征收补偿争议”投资者可以单方提请仲裁，其他争议需要双方书面同意，否则只能诉诸东道国法院或国际临时仲裁；约定缔约双方都是ICSID的缔约方的，可以根据双方加入《ICSID公约》时所附条件提交仲裁；还有的约定在用尽当地救济的前提下，双方都是ICSID成员且书面同意的情况下，方可申请ICSID裁断，如果一方不是ICSID成员，双方书面同意的，也可以根据ICSID《附加便利规则》提交仲裁。[68]

由此可知，沿线国家与中国签订所有的54个BIT中，同意投资者选择ICSID裁决的数量只占25%，且附加了诸多限制性条件，致使我国投资者在“一带一路”域内的绝大多数投资争端实际上无法选择ICSID管辖。再加上BIT约定的“临时仲裁庭”的组成耗时耗力，仲裁程序不确

〔66〕“岔路口条款”意指BIT约定“东道国国内救济或国际仲裁”两个路径，投资者有权选择一种争端解决路径，而一旦选中即为终局，无论结果如何都不得再寻求另一种解决路径。

〔67〕截至2020年12月31日，“一带一路”沿线65个国家和地区中共有10个国家未与中国签订BIT，分别为伊拉克、约旦、巴勒斯坦、阿富汗、尼泊尔、马尔代夫、不丹、拉脱维亚、波黑、黑山。与中国签订BIT的54个国家中，只有14个BIT附条件地约定了投资者可以提交ICSID仲裁。依据商务部条法司“双边投资条约一览表”归纳整理，载商务部条约法律司官网，http：//tfs. mofcom. gov. cn/article/Nocategory/201111/20111107819474. shtml，最后访问日期：2020年12月31日。

〔68〕参见《中华人民共和国政府和罗马尼亚政府关于鼓励和相互保护投资协定》第9条、《中华人民共和国政府和也门共和国政府关于鼓励和相互保护投资协定》第10条、《中华人民共和国政府和立陶宛共和国政府关于鼓励和相互保护投资协定》第8条、《中华人民共和国政府和马其顿共和国政府关于鼓励和相互保护投资协定》第6条、《中华人民共和国和沙特阿拉伯王国关于鼓励和保护投资协定》第8条，《中华人民共和国政府和巴林国政府关于鼓励和相互保护投资协定》第9条、《中华人民共和国和土耳其共和国关于相互促进和保护投资协定》第7条、《中华人民共和国政府和印度共和国政府关于促进和保护投资协定》第9条。

定、法律适用繁杂，以及东道国对临时仲裁的抵触，最终导致投资者诉诸东道国法院救济成为唯一的选项。我国投资者在“一带一路”沿线的三大主要的投资目的地（国）：东盟10国、俄罗斯和哈萨克斯坦，只有与缅甸、俄罗斯之间的BIT有限接受了ICSID中心的管辖，其他大多选择了东道国救济或由争议双方设立临时仲裁庭处断，如果争议东道国不配合，临时仲裁庭难以设立，投资者依然无法摆脱东道国当地救济的窠臼。由于《ICSID公约》至今未对俄罗斯生效，故中俄BIT第9条有个替代性约定，即如果该公约对缔约一方未生效，可以根据ICSID附设机构规则进行仲裁。但遗憾的是，第9条并未明确约定“依据附加便利规则作出的裁决在缔约国境内应视为终审裁决，免于缔约国境内的司法审查”。根据ICSID《附加便利规则》提请仲裁的裁决在俄罗斯境内的执行是无法保证的。因此，现有的BIT投资争端解决路径的安排无法切实保护我国投资者在“一带一路”域内的合法权益。

而且，世行主导下的ICSID机制，由于其体制内生性缺陷而备受争议，能否公平维护我国海外投资者的权利，能否为“一带一路”投资争端解决提供最后的法律保障，尚存疑问。

### （二）ICSID内生性缺陷无法契合“一带一路”域内投资争端解决的多元化诉求

1. 上诉监督机制缺失。仅对裁决程序性错误进行有限监督的ICSID内部裁决撤销机制，对事实认定、法律适用等实体性错误存在“有意”忽视，导致错误裁决难获纠正，矛盾裁决不时出现，引发ICSID正当性危机。首先，《ICSID公约》第52条[69]对其错误裁决只提供了唯一的内部撤销机制，且可以撤销的裁决只限于“重大程序违法性”，不涉及实体问题，即ICSID裁决撤销机制只维护了“最低限度的程序性公正”，无法回应当事方对初裁裁决寻求实体监督的现实需要。其次，根据

---

〔69〕 See 3rd and 6th Paragraph of ICSID 52 Art.

《ICSID 公约》第 52 条第 3 款之规定，整个撤销机制亦是不完全、不彻底的。因为，依据仲裁员名单专门成立的“特别撤销委员”对裁决只能作撤销或维持的决定，不能自行对裁决作有效更正。故，如果“错误裁决”被裁定维持，再无任何可以纠错的机会，如果裁决被撤销，则又回到初始状态，争端不但没有解决，反而增加了时间、金钱成本。再次，ICSID 裁决撤销程序运行效力低下。据统计，仲裁撤销程序从登记到结案平均需要 5 年，有些案件甚或被拖延 10 年之久，〔70〕导致仲裁高效的特质丧失殆尽。最后，ICSID 裁决撤销机制存在滥用问题，进一步加剧了仲裁监督的危机。《ICSID 公约》第 52 条第 6 款规定，如果裁决被废除或者取消，经任一当事方的请求，应将争端提交给依照本章第二节组成的新仲裁庭，且没有设定次数限制，即当事人可以不同的理由多次启动裁决撤销程序，甚或把仲裁无限拖延下去。〔71〕因此，不少学者提出，仲裁委员会撤销制度被过分滥用，严重影响了 ICSID 裁决的终局性、高效性及权威性，亦造成案件的拖延与低效，削减了 ICSID 原本的价值优势。〔72〕

2. ICSID 不一致裁决破坏了投资法的确定性与可预期性。在缺乏上诉机制监督的情况下，无法避免个案之间的矛盾，由不同仲裁员组成的仲裁庭作出的裁决是相互独立的，前案对后案没有拘束力，仲裁员的自由裁量权限及裁决的连贯性难以保障，机制内部的统一与自洽难以实现，严重影响当事人对案件的可预期性。犹如有些 ICSID 案件的裁决中，对相同或类似条款的解释，对相同或类似法律事实的认定，竟作出了不同

---

〔70〕 See AmcoAsia Corp. v. Indonesia, Klockner Industrie-Anlagen GmbH v. Cameroon, etc. .

〔71〕 Thomas W. Walsh, *Substantive Review of ICSID Awards*: *Is the Desire for Accuracy Sufficient to Compromise Finality*, 2006 Berkeley Journal of International Law, 24 Berkeley J. Int'l L. 444.

〔72〕 Karl P. Sauvant, *Appeals Mechanism in Investment Disputes*, Oxford University Press, 2008, p. 237 –238.

的，甚或完全矛盾的评判。其中，CME 诉捷克案（CME v. Czech Republic）和 Lauder 诉捷克案（Lauder v. Czech Republic）是裁决不一致的典型案例，相同的法律事实，相同的条约依据，而裁决的结果却截然相反。又如，LG&E 诉阿根廷案和 Enron 诉阿根廷案，[73] 前案中全体仲裁员一致同意阿根廷的经济危机构成国家紧急情况，经济危机期间阿根廷对外国投资者所应承担的赔偿责任可以免除，但在后案中，全体仲裁员一致作出了完全相反的评判。在两案所涉项目相同（阿根廷天然气投资），适用条约相同（《1991 年美国—阿根廷双边投资条约》），争议问题相同（危机期间阿根廷经济管理措施是否违反美阿间的 BIT）的情况下，完全矛盾的裁决结果动摇了人们对 ICSID 公正裁决的信心。

3. ICSID 仲裁庭自由裁量权过大，独立性和公正性遭到质疑。ICSID 仲裁庭对自身的权限、当事人协议的解释、法律适用等有完全的裁断权。尤其是在当事人约定不明的情况下，仲裁员“释法裁量权”往往起决定性作用。然而，在缺乏统一国际投资实体法时，兼职仲裁员因来自不同的法系、不同的文化背景，受其经历、信仰导致的专业性和个体主观性的影响，同一个仲裁员在不同的案件中也可能立场迥异，进而引发矛盾性裁决。此外，ICSID 对仲裁员只是原则性管理，仲裁员不受干扰、中立裁量的权限较大，保证裁决一致性比法院遵循先例将更加困难。由此，不同时期由不同仲裁员组成的不同仲裁庭，难以形成稳定、成熟的投资法适用与解释规则，跨机构的投资法适用与解释规则的整合或趋同变得愈加困难。[74]

---

[73] See LG&E Energy Corp., LG&E Capital Corp and LG&E International Inc. v. Argentine Republic (ICSID Case No. ARB/02/1); Enron Creditors Recovery Corporation (formerly Enron Corporation) and Ponderosa Assets, L. P. v. Argentine Republic (ICSID Case No. ARB/01/3).

[74] 参见刘笋：《国际投资仲裁裁决的不一致性问题及其解决》，载《法商研究》2009 年第 6 期。

4. ICSID 对投资者利益的偏好也影响了其公信力。由发达国家主导，发展中国家的权益和意志未充分体现，ICSID 偏好资本输出国“投资者”利益，抑制资本输入国（东道国）利益的倾向业已形成，破坏了仲裁的独立性与公平性。首先，《ICSID 公约》第 5 条规定该机构的理事会主席由世行行长担任，而根据惯例世行行长均由美国人指定。质言之，ICSID 理事会主席是由美国间接操控。另外，根据 ICSID 与世行的协定，ICSID 的行政费用由世行承担，即 ICSID 在财政上依附于世行，没有实现财务独立。其次，《ICSID 公约》第 42 条规定，仲裁庭裁决争议时应依据当事人双方选择的法律，如未选择，则适用争议当事国的法律及可适用的国际法规则。如此，《ICSID 公约》把国际法与东道国法置于同等重要的位置，在实践中，ICSID 倾向用国际法规则来审查、修正、甚或限制东道国国内法的适用，导致诸多问题。美国投资者使用 ICSID 机制的次数最多，且无败诉记录，是该体制最大的受益者，在 TPP 和 TTIP 中，美国不顾各方反对，坚定维护 ICSID 机制。由于发达国家较少在 ICSID 仲裁中充当被申请人的角色，故其对改革 ICSID 内生性缺陷，促进裁决一致性与公平性，缺乏动力。因此，发达国家一方面把接受 ICSID 仲裁管辖作为投资的附加条件以限制东道国的外资管理权，另一方面又极力抵制对其提出的 ICSID 仲裁请求。ICSID 机制对投资者的天然偏好，严重侵犯东道国利益，引发的“反向运动”已显现。比如，2007 年玻利维亚退出《ICSID 公约》；2009 年金融危机后，厄瓜多尔退出了该公约；2012 年委内瑞拉也宣布退出；南非已宣布撤销含有“ICSID 仲裁条款”的投资条约；2011 年澳大利亚宣布将不在双边或区域贸易协定中使用 ICSID 机制；2015 年意大利退出《能源宪章条约》，抵制 ICSID 的管辖等。

综上，“一带一路”域内部分国家至今未加入《ICSID 公约》，即使已经加入的国家，与中国之间的 BIT 选择 ICSID 作为管辖机构的比例也只有 25%，且附加了诸多条件限制，导致 ICSID 机制与“一带一路”投资争端管辖形成了“碎片化”的条块分割状态，再加上ICSID对“投资者利益的天然偏好”及晚近呈现的“正当性危机”，可知ICSID机制与“一带一路”投资争端管辖的契合较差，难以适用该区域投资争端解决统一性的内在需求。对于既是资本输出大国又是资本输入大国的中国来说，ICSID裁决对“投资者”或“东道国”任何一方的偏好，都是一把“双刃剑”，只有实现仲裁机制的客观与公正，才符合我国既要维护海外投资者利益，又要捍卫东道国对外资管理权的双重需求，实现促进投资自由化和维护投资者利益之间的良好平衡。因此，美国主导的ICSID并不必然契合全球任何区域的投资争端，顺应国际投资争端解决多元化发展趋势，建构“一带一路”独立的投资争端解决机制即成为一个实然之选，犹如欧盟拟设立的“多边投资仲裁法庭机制（MICS）”。〔75〕

## 三、“一带一路”独立投资争端解决机制的路径选择

国际投资争端解决多元共治的趋势业已形成，遗憾的是，发展中国家主导下的投资争端解决机制却是空白。“一带一路”倡议的启动及投资争端的涌现，为我国牵头建构面向该区域的投资争端解决机制提供了良好契机。建议机构命名为：“一带一路”国际投资争端解决法庭（International Court for the Settlement of Investment Disputes on One Road and One Belt，ICSIDRB，以下简称国际争端解决法庭）。内涵有三，第

〔75〕 欧盟主导的国际投资解决法庭机制已迈向实践，2016年3月1日CETA再次确认了投资常设法院及上诉机制。从欧越之间的FTA到CETA的双边投资法庭系统，到2016年TTIP草案建立一个新的投资法庭系统，再到晚近正式提出的“多边投资仲裁法庭机制（MICS）”，虽然遭受过各种批判和质疑，然而欧盟MICS构想却一直在稳步推进。See EU and Canada Comprehensive and Economic Trade Agreement，CHAPTER EIGHT，INVESTMENT，ARTICLE 8.29，Establishment of a multilateral investment tribunal and appellate mechanism，Accessed Nov. 19，2020，http：//europa.eu/rapid/press-release_MEMO-15-5652_en.htm.

一，该国际争端解决法庭首要任务是解决“一带一路”域内的投资争端，促进投资自由化发展。由于“一带一路”本身是一个开放的概念，国际争端解决法庭的管辖范围亦是包容的，即在书面同意的情况下，可以受理来自非成员当事人之间的投资争端。第二，取义“法庭”或“法院”而非“中心”的表述，旨在彰显国际争端解决法庭是类似于WTO争端解决机构的一个“准司法机构”，兼具司法与仲裁的双重优势，秉持投资者与东道国利益的公平保护。第三，该国际争端解决法庭可受理的争端种类限定为“投资争端”，即以“投资者—东道国”投资争端为主，以其他平等私法主体之间的投资争端为辅，如是，可以为国际争端解决法庭的财务独立奠定基础。

国际争端解决法庭的宗旨与目标：为“一带一路”域内外国投资者与东道国政府之间的投资争端提供多元化解决途径，促进该区域投资的自由化与便利化发展。为了实现其宗旨，国际争端解决法庭应通过协议或公约自我赋予：完全独立的国际法人格，享有独立的缔约、取得和处理财产及法律诉讼能力。鉴于ICSID机制的内生性缺陷，借鉴WTO争端解决机制及欧盟正在付诸实践的“多边投资法院”的经验与优势，国际争端解决法庭的建构需重点考量两个问题：组织架构与制度设计。前者需研判两对关系，即与亚投行的关系及“多边投资协定”的关系。后者可以参照ICSID投资仲裁制度以及传统商事仲裁机构的成熟经验，进行设计和安排，此内容在前述章节中已经述及，故下文只对几个关键问题进行阐释。

### （一）与亚投行的关系

可以借鉴ICSID与世行之间的机制安排，在亚投行成功运行的经验基础上，充分利用亚投行已有的声望和信誉，把国际争端解决法庭作为亚投行的重要机构之一，助力其为“一带一路”沿线投资争端解决和投资促进发挥重要功用。但在借鉴ICSID与世行经验时，应注意以下方面。

首先，为了扩大国际争端解决法庭的覆盖范围，其成员资格，不必要求必须是亚投行成员。尽管截至2020年年底，亚投行成员已经达到103个，[76] 但与世行189个成员的广泛性依然有较大差距。因此，不把亚投行成员资格作为加入国际争端解决法庭的前置性条件，可以吸引更多非亚投行成员积极加入和支持，确保国际争端解决法庭具有广泛代表性。另外，即使“一带一路”沿线域内国家，还有一些国家至今未加入亚投行。因此，考虑到国际争端解决法庭主要服务于“一带一路”域内投资争端的解决，也应该保持开放性和包容性。

其次，把国际争端解决法庭镶嵌于亚投行机制之内，还可以获得贷款性财政支持，行政、办公场地等硬件支持。当然，非“一带一路”域内的亚投行成员是否同意给予国际争端解决法庭上述支持，可能是一个问题。但从国际争端解决法庭的功能与价值上分析，国际争端解决法庭除促进投资跨境流动和自由化发展外，还是确保亚投行投资争端解决，公平、公正地维护其投资权益，合理对抗投资目的国属地管辖的重要工具。对于亚投行股东（成员）来说，维护亚投行的利益，也是维护成员自身的利益。因此，亚投行理事会与各成员深度沟通、充分协商后，多数成员应该明白其中的利益逻辑。尤其是世行的成员，已经有了ICSID的实践先例，可能更容易理解、接受国际争端解决法庭与亚投行的架构安排。

再次，为了提升国际争端解决法庭与亚投行内嵌式机制的可接受度。除成员资格不要求必须是亚投行成员外，谈判签署国际争端解决法庭条约时，可以采用诸边机制的形式进行谈判。换言之，凡是有意向的亚投行成员以及非成员，凡是有意向的“一带一路”域内成员以及非域内成员，均可以作为创始成员，参加国际争端解决法庭条约的谈判。诸边条

---

〔76〕 亚投行于2016年开始运营，共有57个创始成员（37个区域成员和20个非区域成员）。到2020年年底，成员增加至103个，约占全球人口的79%，国内生产总值的65%。载 https：//www. aiib. org/en/about-aiib/index. html，最后访问日期：2021年3月1日。

约机制的优势是最大限度地尊重了当事国的意思自治，具有先天的兴趣基础和共识基础，在一定程度上可以降低国际争端解决法庭启动的难度和门槛。当然，加入国际争端解决法庭条约也有很多裨益，例如，可以维护成员在“一带一路”域内的投资利益，可以委派仲裁员通过国际争端解决法庭积极参与国际投资和投资治理，提升本国在“一带一路”沿线的领导力和影响力等。

最后，国际争端解决法庭尽管是亚投行的一个机构，接受亚投行指导。但其在国际法上是具有独立法律人格的主体，二者是平等的国际组织法人关系，犹如ICSID与世行之间的关系。因此，国际争端解决法庭在法律人格上、仲裁业务上都是独立的，在促进“一带一路”投资发展的共同宗旨下，二者可以建立良好的合作关系。因为国际争端解决法庭立足的“一带一路”区域恰恰是亚投行重点投资区域，国际争端解决法庭可以推动在亚投行的所有贷款投资合同中，嵌入国际争端解决法庭管辖条款，实现去当地化、公平审理之目标，最大限度维护投资者及亚投行的利益。

### （二）与多边投资协定的关系

虽然1995年OECD发起的MAI谈判，最终以失败告终。但20多年来在双边及区域投资协定的推动下，市场开放及投资自由化程度已取得较大进展。然而BIT主导下的国际投资活动效率低下、成本高昂，侵蚀了不发达国家的谈判议价能力，投资法严重“碎片化”等弊端越发凸显，明显不能适应国际投资自由化发展的现实需要，重启多边投资协定谈判日趋迫切。然而，美国贸易保护主义抬头导致OECD继续引领谈判基本无望，中国适时引领启动多边投资协定谈判的时机趋向成熟。2016年G20杭州峰会，中国倡议的《G20全球投资指导原则》获得广泛支持，系一次有益尝试。但笔者不建议把国际争端解决法庭协定与多边投资协定“一揽子”协商。理由如下：首先，多边投资协定涉及市场准入、国民待遇、征收补偿标准等诸多复杂的实体问题，分歧多难度大，国际争端解决法庭协定如若一并谈判，将更加困难，可能大大降低谈判成功的概率。因此，宜分两步走：先“程序”后“实体”。其次，争端解决程序性谈判相对容易，再加上已有“一带一路”沿线国家的共识基础，亚投行的前期铺垫，国际争端解决法庭协定成功签署的可能性较大。如是，亦可为第二步多边投资实体规则谈判积累经验，奠定基础。最后，多边投资协定达成后，把国际争端解决法庭协定纳入其中也就顺理成章，国际争端解决法庭可以直接作为多边投资协定的争端解决机构，实现国际投资实体法与程序法的最终统一，犹如 WTO 的争端解决机制的安排。另外，有学者建议把多边投资协定的谈判并入 WTO，升级为 WITO。但在美国贸易保护主义抬头、多边贸易体制踯躅不前、WTO 上诉机制瘫痪的背景下，再把多边投资议题纳入其中，将使得多边贸易体制更加不堪重负，很可能成为压垮骆驼的最后一根稻草。

### （三）国际争端解决法庭具体制度的构建

国际争端解决法庭具体制度的设计与建构，可以借鉴 WTO、ICSID 等已有机制的成功经验，结合 ICSID 改革最新草案文本，当然也要鉴戒其不足与缺憾。其基本原则是立足“一带一路”域内投资争端解决的实际需要，对标国际先进的仲裁规则，提高透明度，保证仲裁员选任的客观公正，设立仲裁上诉机制，强化仲裁监督，确保仲裁裁决的公平公正。也只有输出高质量的产品（公平公正的裁决）才能赢得沿线国家的信任和支持。

1. 程序性规则的拟定。首先，规则或规范，尤其是程序性的规则是国际争端解决法庭常态化运行的前提和基础。需要根据国际争端解决法庭协定或条约制定系列规则，包括但不限于仲裁规则、调解规则、仲裁员选任规则、立案规则、透明度规则、上诉规则、执行规则等。其次，这些规则制定应参照 ICSID 以及其他商业仲裁机构的投资仲裁规则的经验，力争制度设计合理，程序简洁高效，制度稳定、透明、可预期。最后，国际争端解决法庭的争端解决方式应以仲裁为主，调解为辅。

ICSID机制将调解与仲裁并列作为两种平行的争端解决方式，仲裁或调解程序的启动均取决于当事双方的自愿选择。调解作为一种相对便捷、节约成本的解纷方式，有望成为仲裁的一个重要补充。但如将调解作为独立于仲裁的程序，则有碍于当事人及时、有效地进行救济。国际争端解决法庭在此基础上，可以仲裁为主，调解为辅，将调解程序附加于仲裁过程的事前及事中，在裁决作出前，当事方可随时启动调解程序。如是，不仅可以节约国际争端解决法庭的资源，还能更好地维护投资者母国与东道国之间的关系，同时调解程序可以与仲裁程序同时进行，提高纠纷解决效率，避免损失扩大。

2. 尽可能扩大受案范围。目前ICSID仅受理缔约方与另一缔约方国民之间发生的投资争端，导致非缔约方投资争端诉诸ICSID存有一定困难。考虑“一带一路”沿线投资争议实际情况，国际争端解决法庭应适当扩大受案范围。首先，应扩展到非成员与另一成员投资者之间或非成员与另一非成员投资者之间的投资纠纷。只要争议双方书面同意提交给国际争端解决法庭管辖，那么国际争端解决法庭应尽可能地受理，不应拒绝裁判。其次，争端适格主体范围扩展到平等主体之间的投资纠纷，即国家之间或投资者之间的所有投资纠纷均可提交国际争端解决法庭裁断。一是可以保证国际投资法的适用与解释标准的统一。二是可以为国际争端解决法庭带来一定额度的数量收益。最后，可仲裁的事项范围从“征收与补偿争议”扩大到“一切投资争议”。如是，可以最大限度地实现投资纠纷的管辖，促进裁决的一致性以及“一带一路”域内投资法的统一性。当然，国际争端解决法庭的受案范围可以逐步扩展，有序推进。设立最初几年可以只管辖成员之间的ISDS类型的案件。待到运行比较通畅后，可以渐趋把受案范围扩大到平等主体之间的投资争议，以及非成员之间的投资争议。

3. 提高透明度。ICSID的合法性也因其透明度问题而备受质疑。“一带一路”沿线多数国家的市场化程度不高，法律政策不透明，为营造“稳定、透明、可预期”的投资环境带来挑战。首先，国际争端解决法庭的仲裁、调解程序应以公开为原则、以不公开为例外，尤其是涉及公共利益的投资争端。如是，投资者能够根据公开案例合理预测、评估商业风险，促进沿线以规则为主导的、公平透明的投资秩序的形成。其次，针对仲裁员遴选程序、仲裁员行为规范、仲裁员裁决理由等内容也应提升其透明度，确保程序的可预期性。最后，应适当考虑是否接受第三方或“法庭之友”的意见。笔者建议可以适度听取“法庭之友”的书面建议，并可以要求其出庭质证，以期最大限度地提升透明度。

4. 上诉监督程序。《ICSID 仲裁规则》本身对于仲裁裁决的监督来说，设有专门的裁决撤销程序，但不审查实体权利义务，只是纠正程序瑕疵，不会在原有错误裁决基础上作出新裁决，导致部分错误裁决难获纠正。这也是迫使 ICSID 启动新一轮改革的主要原因之一。因此，国际争端解决法庭可以在传统仲裁机制的基础上大胆创新，改变传统仲裁程序一裁终局的设置，借鉴 WTO 上诉机制的经验创设仲裁上诉纠错机制，对于初裁程序中存在的事实认定（尤其是严重认定错误的事实）、适用法律等实体性错误进行纠正。但应注意以下几点：首先，应对上诉审查的期限进行严格限制，如是初审期限的一半或者 3 ~6 个月等，否则可能丧失原本高效、便捷的特点和优势。其次，应对上诉审查的范围进行限定，否则可能导致重复审查的情况。笔者建议，借鉴 ICSID 改革经验，在汲取 WTO 教训的基础上，国际争端解决法庭上诉审查的范围可以限定在法律适用错误和明显、严重的事实认定错误。最后，国际争端解决法庭初审机制可以是临时的个案组成，但上诉审查庭应该是由一定任期的专职仲裁员组成，即上诉审查庭是常设性的。只有相对固定的上诉审查法官才可以保证法律解释适用的一致性，以及案件终审裁决的一致性。因为，国际投资仲裁实践一再证明，不同的仲裁员基于不同的法律文化和价值立场，对同一个案件事实和法律适用可能产生不同的观点，仲裁员的稳定是确保裁决一致的重要条件。由此，增设上诉审查，一方面可以避免类似ICSID矛盾裁决而引发的“正当性”危机；另一方面可以促进投资法律规则解释的一致性及裁决的可预期性，为重启多边投资协定的谈判奠定基础。

国际争端解决法庭机制的其他具体内容，诸如实体与程序的关系、具体程序性规则、上诉仲裁庭仲裁员的人数及确定、裁决的承认与执行、自成一体的封闭系统特点等，鉴于第四章和第五章已经述及，此处不再赘述。

综上，该国际争端解决法庭成员资格不宜与亚投行成员挂钩，但应以“一带一路”沿线国家为主，同时向域外国家开放。另外，建构国际争端解决法庭与亚投行良好的协同合作关系，亚投行投资争端可由国际争端解决法庭处断，国际争端解决法庭亦可向亚投行申请贷款支持。另外，拟要签署的RCEP中未涉及的投资争端解决部分，在未来的谈判中可以把国际争端解决法庭机制纳入其中，至少作为选择之一。当然，将来重签的BIT亦可把国际争端解决法庭作为争端解决机构之一。国际争端解决法庭协定的成功签署及运行，将为我国参与、推动MAI积累经验，赢得声誉。

伴随“一带一路”倡议全面推进，我国海外投资者与东道国之间的投资争端将趋于频发。国际投资争端的传统解决路径已无法适应“一带一路”域内投资争端解决的现实需求。由于ICSID内生性的制度缺陷及与“一带一路”沿线国家契合度不高的实况，备受争议的ICSID仲裁机制亦无法胜任化解域内投资纠纷的重任。故，基于“一带一路”倡议凝聚而成的广泛共识基础，中国应抓住全球投资规则新一轮变迁与改革机遇，及时启动国际争端解决法庭谈判，建构面向“一带一路”倡议的独立投资争端解决机制，推动“一带一路”倡议由“政治导向”向“规则导向”演进，对接“稳定、透明、可预期”的高标准国际投资法则，促进亚欧区域经济的一体化发展，尝试域内投资争端解决程序规则的中国引领。

# 结　语

亚投行和“一带一路”倡议在促进亚太区域贸易投资自由化以及经济均衡发展方面具有高度相关性，在提升我国亚太区域治理能力方面具有高度契合性，在投资利益保护方面具有高度一致性。因此，面向该区域的多元化投资争议解决框架的完善和建构是亚投行和“一带一路”面临的共同课题，也是共同任务。同时，多元化争端解决机制框架的完善与建构意义重大。首先，可以推动亚投行和“一带一路”实现由“政治驱动”向“法治驱动”的根本转向，实现以规则为导向的法治治理模式，提升其治理水平。其次，纠纷解决机制是保护投资利益的最后一道防线，多元化纠纷解决机制可以助益实现保护投资权益的共同目标。最后，可以有效降低治理成本。规则为导向的法治治理可以实现统一、稳定、透明、可预期的低成本治理，这恰好是文化多元、法系多样、规则繁杂的“一带一路”区域最需要解决的现实难题。

如何建构契合亚投行实际，又面向“一带一路”沿线实际情况的多元化投资纠纷解决机制，无疑需要借鉴已有多边争端解决机制的经验，鉴戒其失败的教训。就亚投行内部纠纷解决机制而言，最好的实证范例无疑是世行和亚开行。就亚投行外部纠纷解决机制而言，WTO 和 ICSID 是最需要参照的实证范例。无论是世行还是亚开行，本身与成员之间的纠纷解决机制以及与员工之间的劳动纠纷解决机制相对较完善，但外部纠纷解决途径却较滞后，则需要借鉴其他国际多边争议解决机制的成功经验。

WTO 争端解决机制曾一度被誉为 WTO“皇冠上的一颗明珠”，多年来，对解决国际贸易纠纷、促进贸易自由化、监督成员恪守 WTO 义务等方面，可以说成效凸显、成绩斐然。这一成绩主要源于 WTO 争端解决机制的科学、高效与公正。但其上诉机构停摆危机也暴露了其潜在的缺陷，这也是需要汲取的教训，诸如法官的资格、遴选、任期，规则解释权限，裁决时限等，需要在借鉴时进一步修正完善。此外，WTO 争端解决机构以一整套成熟的程序规则为主导，初审和上诉审的两审终审制度、初审专家组的裁决规则、上诉机构的裁决权限及类型等有益经验值得国际争端解决法庭学习。

ICISD 则是国际投资争端解决机构，尤其是 ISDS 类型投资争端的专门解决机构，也是第一个以条约为驱动的多边国际投资争端解决机构。自 20 世纪 60 年代运行以来，已发展成为国际投资争端解决的权威机构，对国际投资的自由化流动提供了强大的司法保障。但由于其裁决监督（裁决撤销）机制过于简陋，再加之上诉机构的缺失，导致其公信力一度受到国际社会的质疑。这也是其长期以来不断改革的重要原因之一，尤其是 UNCITRAL 晚近的一系列改革方案，颇有针对性，值得国际争端解决法庭研究。

欧美在双边或区域的 FTA 中对投资争端解决的创新与改革，是晚近国际投资争议解决发展的另一个重要趋势。尤其是欧盟的 ICS 机制，以及美国渐趋保守的立场和双重标准的显现。

在全面研判现有多边争议解决机制以及晚近发展趋势后，可以厘定亚投行和“一带一路”多元化投资争端解决机制有 4 个维度：一是投资东道国的属地诉讼。如果投资目的地是法治水平较高的发达国家，可以考虑选择当地的法院诉讼解决投资争议。但是如果投资目的地是法治相对落后的国家，则应尽可能地避免属地管辖。二是合理选择 ICSID 仲裁。如果投资目的国与我国签订有 BIT，且 BIT 中有 ICSID 仲裁条款，或者投资协议中有 ICSID 仲裁条款，则可以考虑诉诸 ICSID 管辖。三是适度选择商事仲裁机构。如果 ICSID 没有管辖权或者投资争议主体不符合 ICSID 的管辖范围，又可以克服商事仲裁的主要障碍，则可以考虑协商诉诸公信力较好的商事仲裁机构。四是积极选择国际争端解决法庭。因为该国际争端解决法庭是我国主导的亚投行框架下面向亚太地区的专门性投资争端解决机制，国际争端解决法庭为我国投资者提供了一种更多元、更有利、更便捷的争议解决途径，意义深远。

由此，为了确保国际争端解决法庭自成一体，从初审到上诉审，再到裁决执行，应充分利用条约和程序规则，建构一个完整的闭环式纠纷解决系统。当然，为了减少条约谈判的阻力，可以借鉴 ICSID 管辖的灵活安排，即加入基础性公约，并不必然意味着接受亚投行争端解决机制的管辖，接受其管辖需要另行提交书面同意。该国际争端解决法庭成员资格不宜与亚投行成员挂钩，但应以“一带一路”沿线国家为主，同时向域外国家开放。此外，RCEP 后续的投资争议解决谈判，以及中欧投资协定中的投资争议解决机制，可以考虑将国际争端解决法庭纳入其中，并作为一个关键选项。此后，重签的 BIT 亦可把国际争端解决法庭作为投资争议的主要选择。

本书对亚投行和“一带一路”多元化争端解决框架的搭建，以及具体的细节问题进行了较全面、深入的论证。但亚投行主要成员的立场如何，以及协定应如何修改，才能契合、容纳该国际争端解决法庭；为国际争端解决法庭提供宪法性保障的基础条约的具体约文应如何拟定；国际争端解决法庭与其他国际投资争端解决机制的管辖权如何协调、运行中如何协作等问题，尚待持续深入的研究。